古代歷史文化研究輯刊

二六編

王明蓀 主編

第29冊

民俗・生活與禮制

俞美霞 著

國家圖書館出版品預行編目資料

民俗‧生活與禮制／俞美霞 著 -- 初版 -- 新北市：花木蘭文
化事業有限公司，2021〔民110〕
序 4+ 目 4+214 面；19×26 公分
（古代歷史文化研究輯刊 二六編；第 29 冊）
ISBN 978-986-518-612-8（精裝）
1. 禮俗 2. 民族文化 3. 文化研究
618　　　　　　　　　　　　　　　110011835

ISBN-978-986-518-612-8

9 789865 186128

古代歷史文化研究輯刊
二六編　第二九冊　　　　　　　ISBN：978-986-518-612-8

民俗‧生活與禮制

作　　者　俞美霞
主　　編　王明蓀
總 編 輯　杜潔祥
副總編輯　楊嘉樂
編　　輯　許郁翎、張雅淋、潘玟靜　美術編輯　陳逸婷
出　　版　花木蘭文化事業有限公司
發 行 人　高小娟
聯絡地址　235 新北市中和區中安街七二號十三樓
　　　　　電話：02-2923-1455／傳真：02-2923-1452
網　　址　http://www.huamulan.tw 信箱 service@huamulans.com
印　　刷　普羅文化出版廣告事業
初　　版　2021 年 9 月
全書字數　158712 字
定　　價　二六編 32 冊（精裝）台幣 88,000 元　　　版權所有‧請勿翻印

民俗‧生活與禮制

俞美霞 著

作者簡介

俞美霞，台師大國文系學士、文化大學藝術研究所（美術組）碩士、文化大學中文研究所博士。研究範疇以民俗、器物、工藝美術、書畫、文字為主。甫退休，現職台北大學民俗藝術與文化資產研究所兼任教授，並先後任文化部文資局、台北市文化局、桃園市文化局、台北市文獻委員會、台北市殯葬處等評審委員；曾經擔任民藝文資所所長，台灣藝術行政暨管理學會理事長，並於南天、藝術家、花木蘭出版專書 9 本，發表研討會論文、專書論文、期刊論文計 70 餘篇。

提　　要

　　本書之目的在於探討「禮」之內涵、儀式與功能。畢竟，「禮」不僅是安身立命的修為，更是安定社會、富國強兵的重要憑藉，「不學禮，無以立。」也可見「禮」和我們的生活關係密切並影響久遠。

　　是以本書就「禮」之內涵與儀式為依據，並以「犧牲玉帛」具體物質為規範，闡述「禮」與習俗、物質文明及社會制度發展之關係，是以羅列八篇論文以貫串全書宗旨，希冀於「禮」能有更深入之理解，進而發揚光大。

　　至於這八篇論文分別是：〈端午之源起與歲時飲食〉探討節氣轉換時的歲時飲食以養生、〈生命禮俗中的湯餅宴探析〉則是作壽延命的生命禮俗飲食象徵、〈國宴食單與臺灣飲食文化探析〉則可視為「賓禮」進退應對的飲食活動；當然，不可或忘地，「玉」是祭祀儀式中最高規格的珍貴器物，是以本書收錄〈從兩岸故宮倣古玉件談其尊古意識〉及〈玉件作舊剖析——以兩岸故宮博物院藏為例〉二文，說明玉件與禮制間的關係，畢竟，「玉」是文化載體的重要內涵，寓意尊古之旨；類似的思想也可見於北方民族，並可與〈從捺缽談北方民族的用玉習俗與鑒定〉一文相印證。

　　另外，本書又輯錄〈從絲織品看楚人墓葬習俗及其影響〉一文，闡述絲綢的重要性及與禮俗制度間的關係；又有〈禘祫文化考——兼論古蜀王國源起〉，探討古蜀王國的源起及祭祀習俗，希冀對祭祖儀式——尤其是大合祭祖先的祫祭——能有更清楚的認知，從而理解「禮」是生命核心價值的重要意義。

禮是生命的核心價值——代序

禮是甚麼？如何形成？又為甚麼要訂定為制度，使後人遵循？

《論語‧八佾》有言「子入太廟，每事問。或曰：孰謂鄹人之子知禮乎？入太廟，每事問。子聞之曰：是禮也。」便是說明對祭祀儀式的慎重，唯恐失禮，所以凡事請教。

而《左傳‧莊公十年》也稱「犧牲玉帛，弗敢加也，必以信。」這是說明祭祀時必備的牲禮、玉件及絲帛，各有定制，不可任意妄作，唯有誠信相待，才能表達對上天的虔敬，是以訂定制度，俾便後世遵循。這樣的禮制，流傳後世，並對人們的生活影響頗劇，不敢或忘。至於祭祀的實物則是：作為「分福」食物的犧牲、玉及絲帛，這樣的形式即使到了現代也不曾改變，而本書即是以這三者作為研究的本體，並就「犧牲玉帛」禮俗儀式中的飲食、玉件、絲帛部分，分別予以闡述。

事實上，《禮記‧禮運》早已指出「夫禮之初，始諸飲食。」即是說明上古時期的禮儀制度、風俗習慣都是以飲食活動為終始。尤其祭祀活動更是生活中極為重要的儀式，是以孔老夫子於《論語‧鄉黨》稱「食不厭精，膾不厭細。食饐而餲，魚餒而肉敗，不食。色惡，不食。臭惡，不食。失飪，不食。不時，不食。割不正，不食。不得其醬，不食。肉雖多，不使勝食氣。惟酒無量，不及亂。沽酒市脯不食。不撤薑食。不多食。祭於公，不宿肉。祭肉不出三日。出三日，不食之矣。食不語，寢不言。雖疏食菜羹，瓜祭，必齊如也。」這樣不厭其煩地詳細說明，即是強調飲食和祭祀之間關係的重要性。

是以本書以〈端午之源起與歲時飲食〉、〈生命禮俗中的湯餅宴探析〉、〈國宴食單與臺灣飲食文化探析〉三篇文字為基底，分別闡述飲食在歲時

禮俗、生命禮俗以及國宴重要場合——「五禮」中的賓禮等，各有其特定的飲食習俗，並說明在不同場合、身分、功能或目的等因素下，人們飲食的習俗與禮儀也各異。《詩‧小雅‧伐木》所謂「民之失德，乾餱以愆。」便是以「禮」來制約人們的行止，使合乎規範，久而久之，人們相沿成俗，甚或形成制度，這就是禮制。

當然，論及「禮」的起源，不可忽略的則是「三代」時期，所謂「三代」是上古時期夏、商、周三個朝代的合稱，這是中國歷史上先王聖王的時代，並也是禮制奠定的重要時期。所謂「三代」，最早見於《論語‧衛靈公》所稱「斯民也，三代之所以直道而行也。」這樣的稱謂在戰國時期，都是指夏、商、西周；直到秦朝以後，「三代」一詞才開始包含東周，並因此沿用於後世。

至於《論語‧為政》則稱「殷因於夏禮，所損益可知也；周因於殷禮，所損益可知也。」都可見三代禮制的傳承與道統。是以《論語‧季氏》謂「不學禮，無以立。」這種對「禮」的尊崇，是歷代帝王治國時奉為圭臬的重要憑藉，不僅可以立身處世，更可以安定社會，使國富兵強。這也是《論語‧八佾》所載：子曰「周監於二代，郁郁乎文哉！吾從周。」

這種崇敬禮制並三代聖王賢者的「尊古」意識，也可與孔老夫子所謂的「信而好古」、「好古，敏以求之者也。」的思想相互呼應。而其行為表現於生活中，便是「倣古」，甚或在各個朝代又有好古、稽古、復古、博古、師古等行徑，其中，表現最為強烈而又明確的即是「倣古玉件」。

事實上，兩岸故宮所收藏的玉件，無論是新仿或舊刻老玉，在宋及明末清初時期，都有大量的倣古形制並作舊玉件，這樣的現象都與「禮制」有密切關聯，尤其不可或忘地是，「玉」是祭祀儀式中最高規格的珍貴器物，是以本書收錄〈從兩岸故宮倣古玉件談其尊古意識〉及〈玉件作舊剖析—以兩岸故宮博物院藏為例〉二文，說明玉件與禮制間的關係，畢竟，「玉」是文化載體的重要內涵。

類似的思想，也可見於北方民族，尤其遼、金、元民族都有四時「捺缽」的習俗，受到中華文化的影響，也以「玉」作為禮俗的憑藉，是以〈從捺缽談北方民族的用玉習俗與鑒定〉一文，即是呼應「玉」和北方民族生活關係的密切，並對禮俗的影響久遠，進而記載於史籍文獻中。

另外，〈從絲織品看楚人墓葬習俗及其影響〉一文，則是從「服飾」的角度，闡述絲綢的重要性以及和禮俗制度間的關係。尤其「絲織品」不僅是重

要的民生物資，並也是絲綢之路上不可或缺的經濟貨物，及歐亞文化交流的憑藉；同時，華美的絲綢也是身分地位的象徵，運用於喪葬習俗中，則更能彰顯其豐富的文化內涵和寓意，並是考古挖掘中極為重要的出土文物。

雖然，絲織物早在四、五千年前的河姆渡文化早已存在，只是，上古時期的有機物留存極為有限。是以本文藉著楚漢以來出土的絲織品為證，說明其紋飾及運用，這是楚人面對生死的態度和觀念，並是當世喪葬制度和習俗的具體呈現；更重要地是，楚文化的繁榮，絲織品的精絕，不僅深深影響漢文化的發展，更是兩漢思想、制度的濫觴，這是中華文化奠定的基石，也是漢民族長久以來盛行不輟的禮俗憑藉，影響不可謂不深遠。於是，小小的絲綢，在華美的外表下，蘊育的不僅是經濟效益，更是文化內涵及禮制的提昇與記實。

至於〈禘祫文化考——兼論古蜀王國源起〉一文，過去因刊物篇幅所致，並未正式發表，此文於《壇墠文化考》一書中也曾局部收錄，強調地是三星堆遺址出土祭祀文物的研究。事實上，禘祫文化的辯證，自古以來即是歷代禮學研究者亟欲考證的重要課題。這不僅是因為禘祫禮制在上古時期是規格極高的重要禮俗，同時，在生命延續或生殖崇拜的習俗下，祠祀祖先的行為也一直都是人們社會意識的準則與規範。只是，在急劇變遷的政權轉移，及春秋戰國以降禮制窳墮之餘，禘祫文化的原貌已日趨式微，並在禘祫名稱更異之際，後代學者詮釋歧出，以致引起極大的爭議。

然而，隨著文字、文物的大量出土，今人對上古時期資料的掌握益形豐富，因此，本文將以三重辯證法——文字、文獻、文物等資料交互運用，並以四川廣漢三星堆祭祀坑遺址出土文物為依據，希冀對禘祫禮俗進行考證，進而印證三星堆遺址的文化現象即是祠祀祖先，並是毀廟之主與未毀廟之主皆合食于太祖的祫祭儀式，畢竟，姬蜀與中華民族的共主——黃帝，和夏、商王朝間關係非常緊密，這是華夏文明的奠基與精神所在。

犧牲玉帛，不僅是物質文明中重要的禮俗與制度象徵，更是人們生活裡不可或缺的精神依附，唯有深入了解並闡明其文化內涵，「禮」才能見其初衷與本質，而「禮制」的訂定及存在才有價值，終致使人遵循並流傳久遠，成為民族文化中堅韌的血脈與磐石。

歲次辛丑桐月　俞美霞　謹誌

目次

一、端午之源起與歲時飲食

【內容提要】

　　民俗是人們生活習尚的經驗累積，無論是貴族或平民，在長久風俗的薰陶下，都不可或免地會遵循一些古老的思想傳承，約定成俗，並成為人們生活中行為的重要指標與規範，而在這些習尚中，又以歲時節慶的淵源最為長久，對人們生活的影響也最為深遠。

　　歲時節慶的習俗最早見於《禮記‧月令》的記載，這是農業社會中人們在節氣交替、陰陽違和的狀態下，所衍生出來的生活智慧，因此，唯有妥善「養生」並「遵月令」，才是長生或延續種族的因應之道。

　　尤其是「端午」，今日多崇尚食粽、懸艾、競渡等活動，世人也習以為常，並認為是紀念屈原而設；事實上，據文獻所載，「重五」源起於「遵月令」之旨，食粽、懸艾也祇是為禳毒去惡以養生而已！然而後人不察，甚或因陋就習，本文是以不辭羅縷，多方考證，以便正本清源，從而樹立歲時民俗正確的態度與觀念。

　　關鍵詞：歲時民俗、禮俗、端午、角黍、糯米。

一、前　言

　　民俗的融合，是約定俗成的習慣與制度，並有其傳承性、地域性、時代性、變異性、錯綜性等特質，因此，隨著時空的轉換，民俗的遞變與融合也就成為人們生活的依附和行為的準則。只是，中國的民俗和文化在這樣長遠的流變中，不免有許多增損減益的部分，甚或因時代異動、帝王的好惡，以致有所變革，相沿成習，使後世的子孫反倒對其淵源不明所以，不僅有違民俗淳厚的本質，也喪失了民俗中良善的習氣及先民睿智的生活經驗。

　　是以本文從民俗中的歲時節慶著手，這是常民生活中極為重要的民俗活動，並以端午為例，對其流傳至今各種不同的傳說和故實究其淵源、詳其變異；同時，個人以為，民俗節慶中的許多活動都與宗教或民間信仰有密不可分的緊結關係，尤其是節慶中的餽贈物或飲食禮俗，即使在忙碌的工商業社會中，也都仍需從眾並不可隨意忽略，只是，這樣的應時禮品和飲食習慣，純粹只是為了節慶還是別有旨趣？則是本文所欲探討的另一課題。

二、端午源起考辨

　　端午，又稱為端五、重午、端陽、蒲節、天中節、天長節、沐蘭節、解粽節、女兒節、女媧節、娃娃節、五月節、詩人節、龍船節、粽包節等等，這樣的習俗盛行於大多數華人地區，並是中國傳統文化中極為重要的民俗節慶。

　　「端午」一詞始見於《太平御覽‧時序部 16》引晉周處《風土記》所謂「仲夏端五，端、初也。俗重五日，與夏至同。」〔註1〕的記載，也就是指陰曆五月的第一個初五日，古時「五」和「午」可以互通，因此，「端五」也就是「端午」。直至現今，人們過端午，仍然秉持著許多古老傳統的習俗，如：懸蒲艾、掛香包、吃粽子、賽龍舟等，至於其源流，則眾說紛紜，莫衷一是，且一般坊間書籍的文字論述都極為簡略，缺乏考證，無甚新意。

　　至於在學術方面的研究，則以聞一多的〈端午考〉〔註2〕較為引人注目，並認為無論是「龍舟競渡」或「吃粽子」的活動，都是和「龍」有關的節日，因此，端午節也就是古代吳越民族──一個龍圖騰團族舉行圖騰祭的節日。只是，「龍圖騰」信仰的崇拜，在東北紅山文化挖掘出土後，已不再是南方信仰的專利，而「競渡」之風早已見於句踐遺俗，非為拯溺，〈端午考〉一文中

〔註1〕宋‧李昉等撰，《太平御覽》（大化書局，1977），卷31，頁2。
〔註2〕聞一多著，《神話與詩》（藍燈文化事業股份有限公司，1975），頁221～238。

也已提及，且端午習俗的生成，無論是應景節物或習俗都極為多樣且全面，如：沐蘭、懸艾、飲菖蒲酒等，筆者以為未必都與「龍」有關，也未必都和吳越民族習俗相當，是以〈端午考〉一文仍有許多缺失並可以考證之處；至於又有學者以為端午應起源於紀念伍子胥這樣的說法，由於確證不足，也需多加斟酌。事實上，端午的緣起眾說紛紜，而其真實面貌與淵源，則唯有窮其原始，才終能究其濫觴。

五月五日慶端陽，其俗由來已久，然而，根據典籍文字所載，此日的活動極為豐富，並依不同的年代、空間和習俗發展，其緣起大約可歸納出七種不同的原由，本文列舉於後以為參酌考證：

1. 源起於三代沐蘭的習俗——《大戴禮記・夏小正》所謂「五月五日蓄蘭為沐浴也。」又稱「此日蓄采眾藥，以黜除毒氣。」〔註3〕這樣的觀點也同樣可見於《周禮・春官・女巫》所謂「女巫掌歲時祓除，釁浴。」句下並注曰「釁浴謂以香薰草藥沐浴。」〔註4〕另外，《韓非子・內儲說下》則有「浴以蘭湯」之句，《楚辭・九歌》也有「浴蘭湯兮沐芳華」的記載，都說明在陰陽之交的節氣轉換中，先民早已有採藥沐浴，並藉以禳惡辟邪的習俗。

2. 源起於春秋時代，越王勾踐於此日操練水軍，以致成為後世龍舟競渡的淵源——這樣的論點可見於宋高承《事物紀原・競渡》曰「楚傳云：起於越王勾踐。荊楚歲時記曰：五月五日為屈原沒，汨羅人傷其死，並將舟楫拯之，因以為俗。歲華紀歷曰：因勾踐以為成風，拯屈原而為俗也。」〔註5〕

3. 源起於紀念介子推而不舉火——東漢蔡邕〈琴操〉載介子綏（即介子推）割股以啖重耳，重耳復國，「子綏獨無所得，綏甚怨恨，乃作龍蛇之歌以感之，遂遁入山。文公驚悟，迎之終不肯出，文公令燔山求之，子綏遂抱木而燒死。文公令民五月五日不得發火。」〔註6〕此事雖引申為「寒食」之起，卻是以訛傳訛。只因《事物紀原・禁火》稱「鄴中記曰：舊云寒食斷火起於介子推，左氏、史記不見子推被焚之事。按周禮司烜：仲春以木鐸修火，禁於國

〔註3〕西漢・戴德，《大戴禮記》（《景印文淵閣四庫全書》，冊128，臺灣商務印書館，1986），卷2，頁13。

〔註4〕十三經注疏《周禮》（台北：藝文印書館，1993），卷26，頁10。

〔註5〕宋・高承，《事物紀原》（《景印文淵閣四庫全書》，冊920，臺灣：商務印書館，1986），卷8，頁35。

〔註6〕清・張英、王士禎等奉敕撰，《淵鑑類函》（《景印文淵閣四庫全書》，冊982，臺灣：商務印書館，1986），卷19，頁3。

中。注謂季春將出火。今寒食推節氣是仲春末，清明是三月初，然則亦周人出火之事也。」〔註7〕

4. 源於楚國愛國詩人屈原——梁‧吳均《續齊諧記》載楚大夫屈原遭讒不用，五月五日投汨羅死，楚人哀之，每至此日，以竹筒貯米投水祭之，並命舟楫拯之。〔註8〕這樣的習俗演變至後世，也就是在重午日吃粽子以及龍舟競渡的由來。

5. 源起於紀念伍子胥——南朝梁‧宗懍《荊楚歲時記》引邯鄲淳所撰之〈曹娥碑〉云「五月五日，時迎伍君，逆濤而上，為水所掩，斯又東吳之俗事在子胥，不關屈平也。」〔註9〕史載伍員因盡忠卻反為吳王所殺，拋屍於江，化為濤神，傳說中，伍員死於五月五日，是以江浙一帶仍有「迎濤神」的習俗。

6. 源起於紀念曹娥——據《會稽典錄》載「女子曹娥者，會稽上虞人，父能弦歌為巫。漢安帝二年五月五日於縣江泝濤迎波神溺死，不得屍骸。娥年十四，乃緣江號哭，晝夜不絕聲，遂投江而死，數日抱父尸出。」〔註10〕是以五月五日江浙一帶仍有紀念曹娥的活動情事。

7. 源起於祭「地臘」——《道書》云「五月五日為地臘，五帝校定生人官爵，血肉盛衰，外滋萬類，內延年壽，記錄長生。此日可謝罪，求請移易官爵，祭祀先祖。」〔註11〕這是道教在吸收民間信仰的同時，藉民俗的力量強化以祭祖的風氣，並因此訂定制度而承襲。

在這許多不同的典籍記載中，雖然各家說法有異，然而，若以年代先後而論，則仍以「沐蘭」的習俗為先，並在陰陽之交蹋百草藉以禳毒黜惡，以收「遵月令」之旨，此說多為一般學者所忽略，本文於「端午的習俗」一節中再予以印證；另外，端午的緣起除了祭「地臘」的習俗之外，其地區多發生在江浙、荊楚之地，這是古時沼澤鬼魅出沒的地方，以當時的民情風俗和現代流傳的習尚相比擬，其間也有前後接續的因果延襲，尤其是「浴蘭湯」的習俗

〔註7〕景印文淵閣四庫全書《事物紀原》，冊920，卷8，頁32。
〔註8〕梁‧吳均撰，《續齊諧記》（《景印文淵閣四庫全書》，冊1042，臺灣：商務印書館，1986），頁8。
〔註9〕梁‧宗懍，《荊楚歲時記》（《景印文淵閣四庫全書》，冊589，臺灣：商務印書館，1986），頁17。
〔註10〕景印文淵閣四庫全書《淵鑑類函》，卷19，頁3、4。
〔註11〕景印文淵閣四庫全書《淵鑑類函》，卷19，頁1。

直接承繼自《禮記》中的「沐蘭」和《周禮》中的「釁浴」記載，這和四民蹋百草、採艾、懸蒲、佩香囊的社會風氣，也都有前後呼應，相互銜續的緊密關係。

因此，根據典籍所記載的年代及先後衍生的關係而論，可以肯定地是：端午的淵源，最早應是源起於季節交替時，先民「遵月令」採藥以禳惡辟邪的習俗，其後，則因各地的風物人情所致，以及食粽、競渡和屈原、伍員、曹娥等人物事蹟的流傳，衍生附會，並都為五月初五更增添了許多神秘且古老的傳奇，代代相傳，再加上聞一多先生頗具民族意識的〈端午考〉一文，更使端午節的形式和內涵益趨鮮明，成為色彩、風格極為強烈的民俗節慶，而豐富的活動長久流傳並廣佈，也在歲時民俗中獨樹一幟，成為中國人重要的「三節」之一。

三、端午的習俗

端午節的時序在農曆五月初五，是中國傳統民俗極為豐富的節慶之一，也是中國「三節」不可忽略的重要日子。而其習俗流傳久遠、分布甚廣，即使是中國境內許多少數民族也都有過端午的習俗，可見其影響既深且遠。而端午的習俗也隨著時空的變遷以致各地略有差異，是以本文略作梳理，期望就端午的本意和真相略作探討，不僅還其原貌，更希望藉此能夠發揚民俗中美好的本質與精神，對民俗的認知能更上層樓，庶不負先民之睿智與傳承。

至於中國傳統端午的習俗，根據典籍中文字所載，無論在衣食、生活以及傳說、故實方面，都有豐富的習俗流傳，本文略作歸納，並就下列六個向度分別探討其源起和宗旨，俾便深入了解歲時民俗的真諦。

1. 禳毒止惡

五月五日時序仲夏，正是節氣轉換、酷暑炎熱的開始，惡氣、瘴癘、毒蟲的孳生，使人們在警戒之餘，對夏至以及端午這個陰陽交替的日子十分重視，也因此衍生出許多風俗和生活經驗，以便禳毒止惡、消災去邪，這是人們內心普遍且基本的祈求，然而，從歷史演進的發展和角度來看，卻也是端午習俗的濫觴。

《大戴禮記・夏小正》言及五月初昏即稱「心中種黍、菽糜，時也。煮梅為豆實也。蓄蘭為沐浴也。」〔註12〕說明在仲夏之時，民事以黍、菽糜為時

〔註12〕景印文淵閣四庫全書《大戴禮記》，卷2，頁13。

令之所食，並煮梅為祭，蓄蘭沐浴以淨身（蘭科植物大多可供藥用、香味料用、觀賞用），以便防止惡癘；這樣的習俗流傳至後世，也仍有食黍、食梅、共浴戲的傳承。

及至梁‧宗懍《荊楚歲時記》載及五月「俗稱惡月，多禁忌，曝床薦襲及忌蓋屋。」而荊楚風俗「五月五日謂之浴蘭節，四民並蹋百草之戲，採艾以為人，懸門戶上以禳毒氣，以菖蒲或鏤或屑以泛酒。」又稱「是日競渡採雜藥」、「以五綵絲繫臂」〔註13〕這是端午習俗較早見之於地域性劃分的文字，盛行於南方炎熱並多沼澤蟲虺的荊楚，也是環境所致，至於類似的文字也同樣見於《楚辭》、《事物紀原》、《歲時雜詠》等書，並直接影響漢世以降的生活習俗，而其出發點都只是為了在盛暑之際「止惡」而已！

2. 應時景物

端午習俗的濫觴在於禳毒止惡，因此，為了因應「惡月」，人們應時的節物也就極為繁盛，也間接說明端午在先民心目中的份量與重要性，是以除了浴蘭、蹋百草、採艾、飲菖蒲酒等藉以禳毒外，更在生活中備有許多「厭勝物」以止惡，並漸進成為人們不可任意輕忽的習尚。

《續漢書》云「仲夏之月，陰氣萌作，恐物不茂，以朱索連葷，以施門戶。注：漢家以五月五日用朱索連五色剛卯為門戶飾，止惡祿也。」〔註14〕這種飾朱索以止惡的風俗，也同樣見於《續漢禮儀志》「五月五日朱索五色，桃印為門戶，飾以止惡氣。」的記載，另外，《風俗通》也稱「五月五日續命縷，俗說以益人命。」《風土記》則謂「造百索繫臂，一名長命縷、一名續命縷、一名辟兵繒、一名五色縷、一名五色絲、一名朱索，又有條達等織組雜物以相贈遺，采艾懸於戶上，蹋百草、競渡，是月俗多禁忌，蓋屋及暴薦席。」〔註15〕這樣的習俗直至宋、元時期仍存，《歲華紀曆譜》即曾載及「五月五日宴大慈寺，設廳，醫人鬻艾、道人賣符，朱索綵縷、長命辟災之物，筒飯、角黍莫不咸在。」〔註16〕都說明在端午繫「綵縷朱索」有「長命」、「續命」的意義與作用，而其形制則應類似現今社會中「香囊」、「香袋」的前身，而其填充物及內涵則是「採藥」與「繫朱索」風俗的融合，並都有

〔註13〕景印文淵閣四庫全書《荊楚歲時記》，頁16～18。
〔註14〕景印文淵閣四庫全書《淵鑑類函》「五色剛卯以施門戶」句下注，卷19，頁7。
〔註15〕景印文淵閣四庫全書《淵鑑類函》，卷19，頁1、2。
〔註16〕元‧費著，《歲華紀曆譜》（《景印文淵閣四庫全書》，冊590，臺灣：商務印書館，1986），頁7。

止惡之意。

另外，自北朝以來，人們又有進五時花的習俗，《開元遺事》即載「北朝婦人五日進五時圖、五時花，施之帳上。」〔註17〕同時，端午節戴艾虎，並以艾為虎形，或翦綵為虎黏艾葉戴之（見《荊楚歲時記》、王沂公詩「釵頭艾虎辟群邪，曉駕祥雲五色車。」），以及畫天師像置于門上以辟邪（見蘇轍詩「太醫爭獻天師艾，瑞霧長縈堯母門。」），也都是為禳毒辟惡所設之節令飾物，流傳也十分普遍。

3. 飲食果品

當然，歲時節慶除了有辟惡的作用外，農業社會中更不可少的儀式就是祭祀與飲食。於是，人們刻意準備的食物果品除了謝神、止惡之外，更少不了的就是祭祭自己的五臟廟，也因為這樣的原因，歲時飲食就不只是在特定的日子裡歡欣慶祝而已，還要配合時令製作出別具特色的飲食果品，而這許多特質，也正是民俗之所以吸引人，並能流傳久遠的因素。

端午節吃粽子，這是由來已久的習俗。以《淵鑑類函・歲時部八》〔註18〕而論，所載及的文字便不在少數。例如：《風土記》所謂「仲夏端午，烹鶩、角黍。端、始也，謂五月初五日也，以菰葉裹黏米煮熟謂之角黍。又曰，端午進筒粽，一名角黍，一名粽。」這樣的習俗流傳於後世，在晉朝時則有九子粽（見晉無名氏〈古折楊柳五月歌〉「折楊柳作得九子粽」），劉宋時又有「益智粽」，唐時又有百索粽、九子粽以續千春（見《文昌雜錄》），形形色色，的確是不勝枚舉，然而，從粽名來看，卻都寓涵延壽（或國祚）、益智的美意，並符合止惡祈福的宗旨。

當然，屆端午以禳毒止惡，其形式並不只是吃粽子而已！據〈歲時部〉所載，早在漢朝時便已有食梟羹、飲蒲酒的習俗。《樂府》注云「漢令郡國賜梟，五月五日為梟羹賜百官，以惡鳥故食之。」又稱「歲時記云：端午以菖蒲或鏤或屑泛酒。」而《風俗通》也有「菹龜、烹鶩」以贊時的風氣，都說明先民在端午時節有藉飲食以「贊時」或「去惡」的習俗，而其目的則是消災辟邪。

4. 遊藝活動

競渡是端午節流傳至今最為熱鬧的遊藝活動，一般都認為投粽飼蛟是汨

〔註17〕景印文淵閣四庫全書《淵鑑類函》「五時花」句下注，卷19，頁6。
〔註18〕景印文淵閣四庫全書《淵鑑類函》，卷19，頁2～8。

羅遺風，並是為紀念屈原而設，而其緣由最早則可見於《續齊諧記》所稱，漢建武年間歐回與一自稱三閭大夫者之間的對話〔註19〕，這樣的記述語多傳說，且無法考證和端午之間的關係，應屬於後人的附會發展而來。

《荊楚歲時記》曰「按五月五日競渡，俗為屈原投汨羅日，傷其死所，故並命舟楫以拯之，舸舟取其輕利謂之飛鳧。」〔註20〕宋・郭功父詩也稱「競渡傳風俗，旁觀亦壯哉，櫂爭飛鳥疾，標奪彩龍回，江影渾翻錦，歡聲遠震雷，輕生一餉樂，時序密相催。」〔註21〕都可見競渡活動的熱鬧景象及流佈久遠，只是，競渡的原始意義、作用和端午節令並無直接關聯，且據前言《歲時記》中也引越地傳云，競渡之風「起於越王勾踐，不可詳矣！」同時，句踐競渡「州將及士人悉臨水而觀之」，其目的則在於訓練水師「以舟為車，以楫為馬也。」至於後人妄加附會並與荊楚之地民俗相結合，則應是後世的渲染之詞。

端午節令的遊藝活動至唐、宋時期可以說發展至極，這樣的文字屢見於詩文典籍之中。例如：唐太宗五日謂長孫無忌、楊師道曰「五日舊俗必有服玩相賀，朕今各賀卿以飛白扇三枚，庶動清風，以增美德。」〔註22〕另外，《開元天寶遺事》也稱「宮中每到端午節造粉團、角黍貯於金盤中，以小角造弓，子纖妙可愛，架箭射盤中粉團，中者得食，蓋粉團滑膩而難食也，都中盛於此戲。」〔註23〕

至於端午節其他的遊樂活動，《淵鑑類函》又載及漢武時有「宮人塗臂」、唐太宗「增賀扇」以相玩、中宗時安樂公主「翦鬚」以鬥草、玄宗時宮中也以「射團」為戲，這許多節令活動由於多止於宮中，或為個人偶發，並未普及於民間，久而久之便也式微。

5. 供佛祀祖

端午節這樣流傳久遠的日子，考其形式與內涵，最早見於典籍文獻記載的應是《禮記》所述的「月令」之旨，並在節氣轉換之際，自天子以降，率身恭奉遵行，禮敬上天、先祖，期望藉此禳毒止惡，身心安泰，因此，在形式上

〔註19〕景印文淵閣四庫全書《續齊諧記》，冊1042，頁8，臺灣：商務印書館，1986。
〔註20〕景印文淵閣四庫全書《荊楚歲時記》，冊589，頁16～18。
〔註21〕景印文淵閣四庫全書《淵鑑類函》，卷19，頁6。
〔註22〕同註21。
〔註23〕五代・王仁裕，《開元天寶遺事》（《景印文淵閣四庫全書》，冊1035，臺灣：商務印書館，1986），卷2，頁8。

不可或免地必然也和祭祀祖先、神祇有關，甚至因而不舉火，也都和五月五日的時令習俗有密切的關聯。

《鄴中記‧附錄》云「并州俗以介子推五月五日燒死，世人為其忌，故不舉餉食，非也。北方五月五日自作飲食祀神，及作五色新盤相問遺，不為介子推也。」[註24]則是說明北方民俗在五月五日有「不舉餉食」的習尚，而其目的則在於祀神，並非只是因為介子推而已。事實上，從民俗的角度來看，個人事件無論影響如何深遠，然而，畢竟有其時空性的限制，倒不如風俗習性和環境因素對廣大群眾的生活來得實際與深刻，並能真正蔚然成風。

另外，《燕京歲時記‧端陽》有言「每屆端陽以前，府第朱門，皆以粽子相饋貽，並副以櫻桃、桑椹、畢薺、桃杏及五毒餅、玫瑰餅等物，其供佛祀先者，仍以粽子及櫻桃、桑椹為正供，亦薦其時食之義。」

這種在端午時節，先民不舉餉食或藉時令蔬果、餅餌等物以供佛祀祖的習俗，考之《禮記‧月令》仲夏之月「農乃登黍。是月也，天子乃以雛嘗黍羞，以含桃先薦寢廟。」又稱「是月也，日長至、陰陽爭、死生分，君子齋戒，處必掩身、毋躁。」[註25]的記載也仍相當，並可視為先民於仲夏之月「遵月令」的濫觴。

6. 道教民俗

道教的衍生吸收了許多先民的思想和習俗，因此，在眾多仙家或道教信仰的典籍中，也有許多和五月五日這個特定日子相關的民俗和活動。

《抱朴子‧僊藥》有言「或得千歲、二千歲肉芝者謂萬歲蟾蜍，頭上有角，頷下有丹書八字，體重，以五月五日中時取之陰乾，百日，以其左足畫地即為流水，帶其左手於身辟五兵，若敵人射己者，弓弩矢皆反還自向也。」[註26]

〈雜應篇〉也有或問不熱之道，抱朴子曰「或以立夏日服六壬六癸之符，或行六癸之氣，或服玄水之丸，或服飛霜之散，然此用蕭丘上木皮，及五月五日中時，北行黑蛇血，故少有得合之者也，唯幼伯子、王仲都此二人衣以重裘，曝之於夏日之中，周以十二爐之火，口不稱熱、身不流汗，蓋用

〔註24〕晉‧陸翽，《鄴中記》（《景印文淵閣四庫全書》，冊463，臺灣：商務印書館，1986），頁15。

〔註25〕十三經注疏《禮記》（台北：藝文印書館，1993），卷16，頁5、6。

〔註26〕東晉‧葛洪，《抱朴子》（《景印文淵閣四庫全書》，冊1059，臺灣：商務印書館，1986），卷2，頁45。

此方者也。」又有問自然解脫法，則稱「或以五月五日石上龍子單衣，或衣夏至日霹靂楔，或以天文二十一字符，或以自解去父血，或以玉子餘糧，或合山君目，河伯餘糧、浮雲渣以塗之，皆自解。」〔註27〕

至於辟五兵之道，則是「以五月五日作赤靈符著心前，今釵頭符是也。」〔註28〕

另外，崔寔《四民月令》也有「五月五日取蟾蜍可合惡疽瘡，取東行螻蛄治婦難產。」〔註29〕的記載，則是和端午節令有關的民俗療法。

總括道教信仰中許多重要的活動和儀式，甚或民間流傳的民俗療法，都必須在端午這個特定的時日完成始見成效，究其目的，也不過是為遵循〈月令〉中所謂「陰陽爭、死生分」的關鍵時令而已。是以《增提要錄》稱「五月五日午時為天中節」，而《道書》也稱「五月五日為地臘」〔註30〕，這是道教所舉行的祭祀，並都可見五月五日在道教思想以及民間信仰中的重要地位。

四、遵月令以養生

端午節源起於先民遵月令採藥以黜除惡氣的習俗，因此，節日中有許多沐蘭、禳惡辟邪，並藉食膳以養生的生活經驗。

《禮記・月令》言及立夏之日，則「聚蓄百藥」，正是因為此時熱毒方盛，必須藉聚蓄百藥以去毒黜惡。《養生要集》也稱「朮，味苦、小溫，生漢中南鄭山谷，五月五日采之。」〔註31〕而朮即是秫，《本草綱目・黍》「正誤」有言「蓋稷之粘者為黍，粟之粘者為秫，稉之粘者為糯。」〔註32〕都是具有黏性、氣味甘溫的作物，並有釀酒、補中氣，去毒解惡的作用，而其產地分布則北方多黍秫、南方多植糯，可以說是相當普遍化的作物。

另外，《風土記》言及端午也稱「先節一日，以菰葉裹黏米，以栗、棗、灰汁煮令熟。節日啖煮肥龜，令極熟，去骨加鹽豉蒜蓼，名曰菹龜。黏米一

〔註27〕景印文淵閣四庫全書《抱朴子》，卷3，頁37、39。
〔註28〕景印文淵閣四庫全書《荊楚歲時記》，頁18。
〔註29〕景印文淵閣四庫全書《淵鑑類函》，卷19，頁2。
〔註30〕景印文淵閣四庫全書《淵鑑類函》，卷19，頁1。
〔註31〕景印文淵閣四庫全書《淵鑑類函》「采朮」句下注，卷19，頁6。
〔註32〕明・李時珍著，《本草綱目》（《景印文淵閣四庫全書》，冊773，臺灣：商務印書館，1986），卷23，頁4。

名粳、一曰角黍，蓋取陰陽尚包裹未之象也，龜表肉裏，陽外陰內之形，所以贊時也。」〔註33〕這是端午節吃粽子的由來，不僅藉粽子象陰陽之形，更因此禮讚時序，民間諺語所謂「端午過，收棉被。」也正是說明時序交替所寓涵的生活經驗。

然而，更重要、也最被一般研究者所忽略的是，在節氣陰陽之交「食黍」還具有養生的作用。《太平御覽‧百穀部六》言「春秋說題辭曰：精移火轉生黍，夏出秋改。黍者緒也，故其立字禾入米為黍，為酒以扶老。」句下並有注曰「為酒以序尊卑，且禾為柔物，亦宜養老也。」〔註34〕則是明確指出「禾為柔物」以及「以黍為酒」的養生作用。

粽子，也就是角黍，是以箬葉裹糯米，製成角形狀之食品，煮熟後食之，取用極為便利。《事物原始》稱「粽子，其制不一，有角粽、菱粽、錐粽、筒粽、九子粽、秤錘粽，宋時有楊梅粽。」另外，《本草綱目‧粽》也載及時珍曰：「古人以菰蘆葉裹黍米煮成，尖角如棕櫚葉心之形，故曰粽、曰角黍。近世多用糯米矣。今俗五月五日以為節物相餽送，或言為祭屈原，作此投江以飼蛟龍也。」〔註35〕

至於粽子又稱為角黍，並是以菰葉裹黏米而成。至於所謂的黏米，除了江南盛產的糯米之外，事實上，北方的黍米也極具黏性，這或許就是粽子也稱為角黍的真正原因。尤其在晉北，所謂的「糕」除了是由米、麥磨粉製成之外，更是指由黍子磨製烹煮而成的食物。

按：所謂的「黍」是一年生草本植物，北方人也稱黃米，性黏，磨成粉後可作糕餅或釀酒，至於其不黏者則稱為稷，只做成糕而不釀酒。《說文解字注》所謂「黍，禾屬而黏者也。以大暑而種，故謂之黍。」〔註36〕《本草綱目‧黍》「集解」則稱「弘景曰：北人作黍飯方藥，釀黍米酒，皆用秫黍也。」〔註37〕過去，整個晉北山區，土地貧瘠，十年九旱，大部分地區只能種植黍子。《應縣志‧俗篇》有這樣的記載：「黍耐乾旱，耐瘠薄，抗鹽鹼，對土地的適應性強，無論土壤氣候均適宜于本縣種植。故黍子的種植歷史

〔註33〕《太平御覽》，卷31，頁2。
〔註34〕《太平御覽》，卷842，頁1。
〔註35〕景印文淵閣四庫全書《本草綱目》，卷25，頁16。
〔註36〕漢‧許慎著、清‧段玉裁注，《說文解字注》（蘭臺書局，1977），七篇上，頁56。
〔註37〕景印文淵閣四庫全書《本草綱目》，卷23，頁3。

最長，面積也最大。」〔註 38〕以這樣具有黏性的黍子製成糕點、麵食或粽子，而且又是北方地區所盛產，都頗能符合「角黍」平民化、大眾化的本質與特性。

粽子大多是以黏米裹製而成，而吃粽子也對人體有相當程度的養生、滋補功能。繆士毅〈端午話粽子〉一文中〔註 39〕，曾對古今中外粽子的特色及營養成分有所涉略，並稱：宋人吳氏《中饋錄》述及做粽子的方法「用糯米淘淨，夾棗、栗、柿乾、銀杏、赤豆、以艾葉或箬葉裹之。」這樣的粽子的確是風味獨特而又兼具滋補養生的功能。今日，中國各地的粽子五花八門，口味也大異其趣，香甜軟糯，滋味大不相同，無論是配料講究的蘇州粽子、甜鹹兼具的潮州粽子、入口即化的湖州粽子以及海南的煎粽、兩湖的辣粽、山東的黃米粽、貴州的酸菜粽、徽式的綠豆火腿粽、西安的蜂蜜涼粽等，都頗具地方特色並獨創一格。

另外，吃粽子的習俗在國外也時有所聞，朝鮮、越南和中國的習俗大同小異；新加坡的粽子則如廣東的鮮肉、豆沙粽；日本粽子的原料是以米粉製成，節日則是在陽曆的五月五日；至於緬甸人吃粽子，則是以香蕉為餡，氣味清新香甜。這許多頗具地方特色的習俗以及飲食習慣，除了中國和鄰近國家歷史的淵源因素之外，也說明人們對粽子的喜好口味近似，並在亞洲盛產「黏米」的地區，相互影響，廣泛流傳。

在先民「遵月令」的觀念裡，端午「食黍」有養生的作用，尤其在農業社會中，人們對粽子的喜好有增無減，也應和粽子本身的營養成分有相當關係。據分析，每 100 克的糯米，含蛋白質 5.1～8.1 克、碳水化合物 75.6～85 克，此外，糯米的鈣、磷、鐵、維生素等含量也相當高，《本草經疏》並稱糯米是「補脾胃、益肺氣之穀」，其中，又以紫糯米素有「貢米」之稱，並依其功能又稱為「長壽養生米」、「坐月子米」、「接骨米」及「補血米」等；而裹粽子的箬葉也有清熱止血、解毒消腫之效；至於其中所包裹的內餡，則多以豬肉、花生、豆沙、棗泥、香菇、蛋黃或棗、栗、銀杏、胡桃、松仁、果脯等合成，這些豐富的內餡也多具有滋補營養的功效和食療作用，使粽子不僅味美價廉、形制多樣且營養豐富，並是歲時節慶最佳的食膳與餽贈。

〔註38〕孫玉卿，〈晉北有關「糕」的民俗與方言詞〉，《語文研究》2000 年第 1 期，頁 61～63。

〔註39〕繆士毅，〈端午話粽子〉，《中國土特產》1998 年第 3 期，頁 40。

　　端午「包粽」不是為了屈原，更不是餵飼蛟龍，而是為遵月令、求長生之旨。這樣古老的習俗直至唐、宋時期仍普遍可見。宋‧蒲積中所編《歲時雜詠》〔註40〕即對當時風俗流傳頗有記述。例如：

　　「端午臨中夏，時清日復良；鹽梅已佐鼎，麴糵且傳觴。事古人留跡，年深縷續長；當軒知槿茂，向水覺蘆香。億兆同歸壽，群公共保昌；忠貞如不替，貽厥後昆芳。」──端午武成殿宴群臣，唐玄宗。

　　「喜辰共喜沐蘭湯，毒沴何須採艾禳；但得皋夔調鼎鼐，自然災祲變休祥。」──皇帝閣四首之二。

　　「香菰黏米著佳名，古俗相傳豈足矜；天子明堂遵月令，含桃初薦黍新登。」──皇帝閣四首之三。

　　「歲時節令多休宴，風俗靈辰重祓禳；肅穆皇居百神衛，滌邪寧待浴蘭湯。」──皇帝閣十三首之十三，夏竦。

　　「披風別殿地無塵，辟惡靈符字有神；九子粽香仙醴熟，共瞻宸極祝千春。」──內廷四首之二。

　　「九子粽新傳楚俗，赤靈符驗出新方；漢宮盡祝如天壽，鵲尾爐煙起瑞香。」──御閣四首之二。

　　「有酒不病飲，況無菖莆根；空懷楚風俗，角黍弔沉魂。」──端午日三首之一，梅堯臣。

　　這種在陰陽之交食黍、辟惡的習俗，即使是同為酷暑的「夏至」也仍然通行，白居易〈和夢得夏至憶蘇州呈盧賓客〉即言「憶在蘇州日，常詣夏至筵；粽香筒竹嫩，炙脆子鵝鮮。水國多臺榭，吳風尚管絃；每家皆有酒，無處不過船。交印君相次，襄帷我在前；此鄉俱老矣，東望共依然。洛下麥秋月，江南梅雨天；齊雲樓上事，已上十三年。」〔註41〕從這些文字中，都可見先民因時制宜的養生之道。

　　今日，在台灣所盛行的糯米粽，以角錐形的台灣粽和長圓形的湖州粽最受歡迎，尤其是台灣粽更是一年四季都可隨意品嚐的美食小吃。雖然，北部粽強調以糯米、蔥頭先行爆炒過後，再加入豬肉、香菇、花生、蝦米、魷魚乾、栗子、蛋黃等內餡蒸煮，顆粒碩大，滋味鮮肥甜美，的確是令人回味無

〔註40〕宋‧蒲積中編，《歲時雜詠》（《景印文淵閣四庫全書》，冊1348，臺灣：商務印書館，1986），卷20，頁1～卷21，頁19。

〔註41〕景印文淵閣四庫全書《歲時雜詠》，卷22，頁1、2。

窮；而南部粽的製作方式則是糯米不需經過爆香，只以傳統水煮的方式，使粽子的口感細軟綿密，清香甘純，兩者都各有特色，並受到社會大眾的喜愛。

這樣簡便可口而又營養豐富的食品，在過去農業社會中，尤其是物質生活條件較差的環境下，無異等同於珍饈美饌，同時，糯米具有溫補的功能，且不論其內餡為何，並都有飽食的作用，是以昔日許多勞動工作者往來各地奔波，只要腰間攜帶兩個粽子就可上工幹活去了，也是極為便利，這樣的習性，至今仍可以台北橋下販賣的肉粽為代表；至於在夜裡遠遠傳來小販「燒肉粽」的叫賣聲，更是五○、六○年代許多學生苦讀記憶中最深刻的回憶，悠長的聲音不僅是時代生活的反映，更在寒冬的夜裡令人暖澈心扉；而一曲盪氣迴腸的「燒肉粽」也成為台灣民謠的經典代表作品。

於是，一粒小小的粽子，是民族文化的傳承，並牽繫著升斗小民果腹養生的食膳與習俗，而其便於攜帶、可以貯存及速食的特性，更是中國飲食文化中的異數與菁華，那麼，粽子的精神與特色，又怎能不令人深入思考並加以發揚光大呢？

五、歲時飲食的睿智

四時的運行是農業社會中農事、農時的重要關鍵，也是人們長久以來生活經驗的依據與指標，尤其是在季節交替或日長、晝短的特殊時日，人們莫不祈神祭祖、驅邪辟惡，期望來日平安、五穀豐收，這種長久以來所累積的智慧與習俗也就是歲時祭祀和飲食民俗的由來。

即以「食粽」為例，其原料無論是北方的黍或南方所盛產的糯米，都可見其淵源久遠，尤其是「黍」在先民的典籍中是極為重要的作物，而「食黍」或「食粽」的習俗和制度，在文字中也早有記載，例如：

《史記・封禪書》言及管仲說桓公，曰「古之封禪，鄗上之黍，北里之禾，所以為盛；江淮之閒，一茅三脊，所以為藉也。」〔註42〕另外，《太平御覽・飲食部八》也稱「孔子稱黍為五穀之長，荀卿亦云食先黍稷，古人所尚，寧可違乎？」又稱「幽明錄曰：漢武帝與近臣宴于未央殿，噉黍臛也。」「襄陽記曰：司馬德操嘗造龐德公，值其渡沔上先人墓，逕入上堂呼德公妻子，使速作黍。」「風俗通曰：今宴飲大會皆先黍臛。」另外，「盧諶祭法曰：

〔註42〕漢・司馬遷，《史記》（洪氏出版社，1975），卷28，頁1361。

祠用白黍、黃黍。」〔註43〕這許多記載，都說明了「黍」雖然只是尋常百姓
的主食之一，然而，在封禪、祭祀或重要的宴飲之中，卻是「五穀之長」，
並具有不可或缺的重要地位。

另外，關於「食粽」的記載，《太平御覽·飲食部九》也有許多故實：
《晉書》有言「廣州刺史盧循遺使遺劉裕益智粽子，裕答以續命湯。」而《宋
書》曰「後魏太武至彭城求酒及甘橘，張暢宣孝武帝旨，致螺盃、雜粽，南
土所珍。」《齊書》曰「范雲永明十年使魏，魏人李彪宣命至雲所，甚見稱
美，彪為設甘蔗、黃粽隨盡復益彪，謂曰，范散騎小儉之一，盡不可復得。」
〔註44〕在這些文字中，由於朝廷地處南方，都不約而同地記述「粽子」是南
方的食物，並為南土所珍。

至於前言「食黍」的習俗和制度是先民「遵月令」之旨。然而，細究《禮
記·月令》所載「食黍」的時令，也只有仲夏之月「農乃登黍。是月也，天
子乃以雛嘗黍羞，以含桃先薦寢廟。」以及孟冬之月「天子居玄堂左個，乘
玄路、駕鐵驪、載玄旂、衣黑衣、服玄玉、食黍與彘，其器閎以奄。」同時，
「食黍與彘」的內容在仲冬之月與季冬之月也有類似的記載，只是天子所居
之處有所不同而已。〔註45〕當然，值得注意地是，古之天子在這些特定的時
令祭祀後「食黍」，其季節正和歲時中的端午、立冬、冬至、臘八等節氣相
當，而這些節令即使延續至今，也仍然有食黍或吃糯米製品（如：粽子、湯
圓、年糕、糯米粥等）的飲食習俗，相延承襲，都可見其淵源及影響；另外，
據〈月令〉所載，在冬、夏以外的其他時令，天子所食或賞賜群臣的應時之
物，則是菽、稷、麥之屬，這固然是因時制宜之舉，也更可見其配合時令的
飲食風氣與習俗，是以訂定制度並確實遵守，也益見其重要性與深信不疑的
歲時傳統文化。

當然，在食黍以遵月令的同時，《禮記·月令》在言及仲夏之月的文後，
又有「令民毋艾藍以染，毋燒灰（或作炭），毋暴布。」之句，這許多禁忌，
都是在仲夏炎熱的氣候中，寓意有不因火氣而傷身的作用；又稱「是月也，日
長至，陰陽爭、死生分；君子齋戒，處必掩身毋躁，止聲色毋或進。」〔註46〕

〔註43〕《太平御覽》，卷850，頁8、9。
〔註44〕《太平御覽》，卷851，頁1。
〔註45〕十三經注疏《禮記》，卷16，頁5及卷17，頁9、16、21。
〔註46〕十三經注疏《禮記》，卷16，頁5、6。

這樣的認知，也和後世視端午（在「夏至」前）為陰陽之交，須齋戒、不餉食的習俗相當，都可見先民在仲夏之月的禁忌與應變，唯有齋戒、止聲色、不躁進才是在酷熱節氣中的養生之道。

至於前言端午節是因為紀念介之推以至於不舉火、餉食（其意有二：指饋食或贈送食物）的淵源，甚或緣於屈原、伍子胥、曹娥等事蹟，以現今的眼光來看，倒似乎只是個人事件的附會，不如節氣對人們生活習尚的影響較為深遠，因為，在整個亞洲地區都有「食粽」的習俗，並且也多是在炎熱的夏季，且不論其飲食的習慣是否受到中國的影響，然而，其他地區的「食粽」習俗與屈原、伍子胥、曹娥等事蹟無關則是必然的事實。

若以此觀點而探究，那麼，粽子的特性，在煮熟之後可以略為貯存並冷食，且據典籍所載，先民食粽，無論是「取陰陽包裹之象」的象徵意涵，或是箬葉的清熱解毒、以及糯米和果核內餡這樣清淡且營養的素材，事實上，都寓意有養生的作用，並完全符合在炎熱的節氣中齋戒以及不舉火的宗旨，因此，粽子的製作，可以說完全是先民生活經驗和智慧的行為反映，並是為因應炎熱的節氣，禳毒去惡而產生的飲食文化，則是十分合理且可印證典籍文字記載的說法，不僅更能與五月五日沐蘭湯、蓄百草、懸蒲艾、飲雄黃、掛香囊、繫五色絲等民情習俗相互呼應，且對人體無論是內在、外在或主、客觀的環境和因素各方面，都具有去惡以養生的積極作用。

先民對養生保健的注重，不僅反映在歲時飲食，即便是和養生有關的思想、健身、醫術等也都能全面性地發展與配合。即以西漢馬王堆所出土的帛書「老子」、「大一出行圖」、「導引圖」、「醫書」等，都詳盡地記述了先民養生的方法和觀念，且中國以農立國，自神農嚐百草開始，早就累積了許多對植物特性、藥效功能的經驗，並在戰國、西漢時期以前即已著書立說、廣為流傳，都可見先民對養生的重視與肯定，而這樣的思想和實踐，也在歷史發展的過程中，為後世道教信仰所吸收，並以養生、長生作為道教信仰的宗旨與目標，於是，在五月五日便有「地臘」這樣的儀式，以延壽、長生祈求先祖，並成為道教祭祀中重要的活動。

另外，前言曾提及晉北山區多植黍子，而黍飯也是當地百姓的主食。直至今日，以佛教五大聖地之一聞名的山西五臺山，風景秀麗，景色宜人，山中遍生菌藻、蔬果等植物，其中的佛門美饌除了著名的羅漢素齋之外，就以「金粟供佛」最為稱道。而所謂的「金粟」即是「秫」，又稱黍、黃米、軟

米、黃糯米，是五臺山地區所特產。而用黃米加紅棗製成的軟米飯，因色澤金黃，稱「金粟」，又因是佛祖釋迦牟尼喜歡吃的齋飯，所以命名為「金粟供佛」。常食此齋最利於身，並有歌曰：「滋益身軀顏容豐盛，補益滋陰增長氣力，補養元氣保健益壽，清淨柔軟食到安樂，滋潤喉吻論議無礙。調和通利風氣消除，溫暖脾味宿食消化，氣無礙滯辭辨清揚，適充口腹飢餓頓除，喉吻露潤渴想隨消。」〔註47〕它道出了食秫米的食療效果，再加上當地的同川紅棗，製成甜糯棗粥，清香軟粘，甘甜可口，既是供品，又是食物，更是當地的風味小吃和藥膳。

歲時飲食除了禳惡去邪的寓意之外，更有贊時、養生的功能與作用。前言古之天子於仲夏、孟冬、仲冬、季冬之月食黍而祭，這樣美好的習俗與制度流傳至後世，民間的重陽與嫁女，這是慶賀長壽以及象徵種族延續的重要日子，也不可免俗地以食黍作為特殊的禮讚。例如：

《風土記》曰「九月九日律中無射而數九，俗尚此日，折茱萸房以插頭，云辟除惡氣而禦初寒。」《玉燭寶典》則云「九日食餌，其時黍稌並收，因以黏米加味嘗新。」〔註48〕另外，《酉陽雜俎》有言「近代婚禮女嫁之明日，其家作黍臛。」則是在嫁女的第二天，以黍雜之肉羹為饌，這樣的習俗流傳至今，南方人家在嫁女時，無論是文定或喜宴，也仍然有吃湯圓的習俗，都說明「黍」這樣的食物，在中國傳統習尚中，具有美好、長生的寓意和象徵，並在特殊節慶、儀式中佔有不可或缺的重要地位。

因此，「食黍」不只是重五的專屬，也不是屈原的特例，而是先民在長久的生活經驗和節氣交替中探索、歸納出來的養生之道，人們行之已久，視為當然，即使見諸文字，也只是遵奉先民的習俗行「月令」而已。

六、結　論

良好的飲食不僅是要吃得飽，還要吃得好、吃得巧。而中國以農立國，在歲時節慶和民俗飲食之間，不僅有長久的觀察，更有深刻的體認與啟發，從而在兩者之間取得巧妙的平衡和智慧，並奉行不渝，代代相傳。且民俗原本即是族群思想、行為的聚集與累積，有其因時、因地制宜的權變性，其影

〔註47〕林汝法、譚學良，〈佛門美饌──五臺山羅漢素齋〉，《中國飲食文化基金會會訊》，卷9，期1，頁11～14，財團法人中國飲食文化基金會，2003年1月。
〔註48〕景印文淵閣四庫全書《淵鑑類函》，卷20，頁11。

響力既深且遠，即使在繁忙的工商業社會中，也不可任意輕忽。

同時，民俗是先民生活經驗、文化與智慧的累積，而歲時節慶也不只是季節的交替與感懷，更在時序轉換中孕育人們生理、心理的調適以及對身心的洗滌和淨化；因此，對於歲時民俗活動的舉行和推廣，有慶祝或紀念先民事跡的正面意義，對提倡社會善良風俗也有積極肯定的作用和效果，惟應正本清源，不可背離史實；尤其是歲時飲食，長久以來，更寓意先民適時、適物以「養生」的目的和內涵，這是民俗形成最為寶貴的部分，不應視為陋習，而應在加強或充實民俗本質及內涵上予民眾更多的認知，使民俗更能發揚光大，並更見其精神與特色。

歲時飲食只是先民在節氣轉換中的生活經驗與習尚，而歲時民俗也只是人們「遵月令」思想下的行為依歸與準則而已。只是，當民俗的流播可以無遠弗屆，並和廣大群眾的生活緊密地結合在一起，甚至歷經數千年之久而不衰，民俗之所以為民俗，就不再只是「節慶活動」或「傳統文化」一詞所可以輕易解釋地清楚了！

七、引用書目

（一）傳統文獻

1. 十三經注疏《周禮》，台北：藝文印書館，1993。

2. 十三經注疏《禮記》，台北：藝文印書館，1993。

3. 西漢‧戴德，景印文淵閣四庫全書《大戴禮記》，冊 128，臺灣：商務印書館，1986。

4. 晉‧陸翽，景印文淵閣四庫全書《鄴中記》，冊 463，臺灣：商務印書館，1986。

5. 梁‧宗懍，景印文淵閣四庫全書《荊楚歲時記》，冊 589，臺灣：商務印書館，1986。

6. 元‧費著，景印文淵閣四庫全書《歲華紀麗譜》，冊 590，臺灣：商務印書館，1986。

7. 明‧李時珍，景印文淵閣四庫全書《本草綱目》，冊 773，臺灣：商務印書館，1986。

8. 宋‧高承，景印文淵閣四庫全書《事物紀原》，冊 920，臺灣：商務印書館，1986。

9. 清・張英、王士禎等奉敕撰，景印文淵閣四庫全書《淵鑑類函》，冊982，臺灣：商務印書館，1986。

10. 五代・王仁裕，景印文淵閣四庫全書《開元天寶遺事》，冊1035，臺灣：商務印書館，1986。

11. 梁・吳均，景印文淵閣四庫全書《續齊諧記》，冊1042，臺灣：商務印書館，1986。

12. 東晉・葛洪，景印文淵閣四庫全書《抱朴子》，冊1059，臺灣：商務印書館，1986。

13. 宋・蒲積中編，景印文淵閣四庫全書《歲時雜詠》，冊1348，臺灣：商務印書館，1986。

14. 漢・司馬遷，《史記》，洪氏出版社，1975。

15. 宋・李昉等撰，《太平御覽》，大化書局，1977。

16. 漢・許慎著、清・段玉裁注，《說文解字注》，蘭臺書局，1977。

（二）近代論著

1. 林汝法、譚學良，〈佛門美饌——五臺山羅漢素齋〉，《中國飲食文化基金會會訊》，卷9期1，頁11～14，財團法人中國飲食文化基金會，2003年1月。

2. 孫玉卿，〈晉北有關「糕」的民俗與方言詞〉，《語文研究》2000年第1期，頁61～63。

3. 繆士毅，〈端午話粽子〉，《中國土特產》1998年第3期，頁40。

4. 聞一多著，《神話與詩》，藍燈文化事業股份有限公司，1975。

原文載《人文集刊》創刊號，頁1～18，臺北大學人文學院，2003.4。

二、生命禮俗中的湯餅宴探析

【內容提要】

　　華夏民族的米食製品，南方有稻米、糯米，而北方則是黍米，並都是稻禾科，尤其糯米和黍米是具有黏性的米，在生命中重要的日子，無論是歲時禮俗或生命禮俗，並都是以具有黏性的米製品作為特殊的飲食活動，例如：過年吃年糕、元宵吃湯圓、端午吃粽子；生子送油飯、訂婚吃湯圓等，都與米食製品的關係密切。至於湯餅，又稱為水引子、麵條，雖然是北方民族普遍可見的日常飲食，卻也是生命禮俗中——婚姻、三朝、滿月、週歲及喪葬等特殊日子的重要飲食，人們不可免俗地以麵食湯餅待客，並藉此彰顯風土民情；這樣的習俗，自唐朝開始，也影響到南方，帝王作壽或生日宴，賞賜群臣湯餅為壽，寓意長生之旨，這樣的習俗有其淵源，並都和生命禮俗有關，是本文所欲探討的重要的課題。

　　關鍵詞：生命禮俗、湯餅、水引子、壽麵

一、前　言

　　民俗可分為歲時禮俗和生命禮俗兩大類，這是先民生活經驗與智慧的累積，也是禮俗制度的重要內涵，和我們的生活息息相關，也和民族歷史文化的發展緊密結合。尤其是禮俗中的飲食習俗，更是牽引著人們每日的作息和溫飽，對國計民生影響甚鉅，也和文化的形成密不可分。

　　《禮記‧禮運》有言「夫禮之初，始諸飲食。其燔黍捭豚，污尊而抔飲，蕢桴而土鼓，猶若可以致其敬於鬼神。及其死也，升屋而號，告曰：『皋！某復。』然後飯腥而苴孰。故天望而地藏也，體魄則降，知氣在上，故死者北首，生者南鄉，皆從其初。」〔註1〕這是人們藉著飲食致敬於鬼神，並因此形成禮俗的濫觴。基於這樣的觀點，因此，個人於歷史博物館《台灣傳統民俗節慶講座文集》曾發表〈民俗與米食文化探析——兼論端午食粽以養生的習俗〉〔註2〕一文，即是闡述「米文化」的形成以及和民俗發展間的緊密脈絡。米食，這是亞洲地區人們的主食，在生活中特別的日子裡，先民以重要且普遍可及的主食作為對天地、祖先禮敬的形式表現，並以各種形式的米製品——尤其是糯米製成的年糕、湯圓、粽子、臘八粥、油飯等，表達人們對天地神祇以及生命的尊重與虔誠，這是禮之初始，也是飲食文化的重要內涵。

　　當然，亞洲地區人們的主食，除了米之外，「麵條」（即湯餅）的享用也不在少數，尤其在北方地區，多是以麵食為主食，這樣的習俗影響人們的飲食習慣，並在生命禮俗和歲時禮俗中遵行，同時，湯餅在祭祀、婚姻、壽誕、生子、滿月、週歲、喪葬等儀式中也經常出現，相沿成習，對生命禮俗的影響甚鉅。是以本文將針對此部分予以剖析，並就湯餅與生命禮俗間之關係，闡述其沿革原委，俾便明其流變，知其終始才是。

二、水引、湯餅與壽麵

　　「湯餅」一詞原名水引、水引餅，《正字通‧麥部‧䴸》謂「今切䴵曰水引，六朝人常言水引餅。」〔註3〕這是北方民族生活的主食，就字面的意義來

〔註1〕十三經注疏《禮記》（台北：藝文印書館，1993），疏卷21，頁9。

〔註2〕俞美霞等，〈民俗與米食文化探析——兼論端午食粽以養生的習俗〉，《台灣傳統民俗節慶講座文集》（國立歷史博物館，2010），頁2～19。

〔註3〕張自烈，《正字通》（《中華漢語工具書書庫》第五冊亥集下，安徽教育出版社，2002），頁16。

看，這是一種結合熱湯澆頭和麵餅狀的食物，也就是後人所稱的「湯麵」。《事物紀原・酒醴飲食部・湯餅》也稱「魏晉之代，世尚食湯餅，今索餅是也。語林有魏文帝與何晏熱湯餅，即是其物，出於漢魏之間也。」〔註4〕

「水引餅」一詞最早見於史料典籍的是《南齊書・何戢列傳》卷三十二載「太祖為領軍，與戢來往，數置歡讌。上好水引餅，戢令婦女躬自執事以設上焉。」〔註5〕說明南齊高帝時，由於帝王喜好，宴請時多以水引餅宴客，何戢每每為帝王設宴，並因此平步青雲。

另外，《南史・西域》也載及高昌國的習俗為「人多噉麵及牛羊肉」，至於滑國、呵跋檀、周古柯、胡密丹等，及滑旁之國如白提國王等的飲食習俗則是「國人以麵及羊肉為糧」〔註6〕，也可見當時西域諸國的飲食習慣，而「麵」則應是當地俗稱，從麥面聲，也可見其材質為小麥製成；至於北朝，麵除了做為主食可以令人飽腹之外，柔軟易消化的特性更是「養老」、「敬老」的象徵，《北史・魏高祖孝文皇帝本紀》卷三即稱「秋七月辛亥，行幸火山。壬子，詔會京師耆老，賜錦綵、衣服、几杖、稻米、蜜、麵，復家人不徭役。」〔註7〕都說明南北朝時期對「麵食」的看重，以及食麵在生活中的普及性。

直到唐朝，帝王宰相興起舉辦壽筵的風氣，「湯餅」成為生日筵宴應景的必備食品，這也就是後世所稱的「壽麵」或「長壽麵」。最具體的記載，即是《新唐書・玄宗王皇后列傳》載王皇后因久無子，廢為庶人。「始，后以愛弛，不自安。承間泣曰：『陛下獨不念阿忠脫紫半臂易斗麵，為生日湯餅邪？』帝憫然動容。阿忠，后呼其父仁皎云。繇是久乃廢。當時王諲作〈翠羽帳賦〉諷帝。未幾卒，以一品禮葬。後宮思慕之，帝亦悔。寶應元年，追復后號。」〔註8〕這是藉王皇后親手為玄宗生日作湯麵的往事，並明確指出湯餅作為壽誕飲食的意義和作用。

另外，《新唐書・方技・姜撫列傳》卷二百四也稱「宰相裴耀卿奉觴上千萬歲壽，帝悅，御花萼樓宴群臣，出藤百匲，徧賜之。擢撫銀青光祿大夫，號

〔註4〕宋・高承，《事物紀原》（《叢書集成新編》，冊39，新文豐出版社，1985），卷9，頁332。

〔註5〕梁・蕭子顯撰，《南齊書》（台北：鼎文書局，1987），卷32，頁583。

〔註6〕唐・李延壽撰，《南史》（台北：鼎文書局，1985），卷79，頁1983～1985。

〔註7〕唐・李延壽撰，《北史》（台北：鼎文書局，1985），卷3，頁96。

〔註8〕宋・歐陽修等撰，《新唐書》（台北：鼎文書局，1989），卷76，頁3491。

沖和先生。撫又言：『終南山有旱藕，餌之延年。』狀類葛粉，帝作湯餅賜大臣。右驍衛將軍甘守誠能諸藥石，曰：『常春者，千歲蘲也。旱藕，杜蒙也。方家久不用，撫易名以神之。民間以洒漬藤，飲者多暴死。』乃止。」〔註9〕

至於《宋史‧賓禮四‧朝臣時節餽廩》也稱「時節餽廩。大中祥符五年十一月，以宰相王旦生日，詔賜羊三十口、酒五十壺、米麵各二十斛，令諸司供帳，京府具衙前樂，許宴其親友。」〔註10〕則都說明唐宋時期，帝王宰相競相以湯餅為壽，同時，賞賜米麵以賀壽的習俗也已經相當普遍。

這樣的習俗流傳於後世，即使是台灣也仍然留存。《臺灣文獻叢刊‧澎湖紀略‧風俗紀‧壽辰》即載「生辰祝壽致賀者，送禮點燭、留食壽麵、設席謝客諸事，澎俗亦與內郡相同，無足異者。」〔註11〕

三、湯餅的內涵與作用

湯餅作為壽筵的飲食文化象徵已如前述，然而，湯餅在生命禮俗中所扮演的腳色與地位卻並不僅止於此而已，舉凡婚姻、三朝、滿月、週歲以及喪葬等重要的日子，人們也仍然以湯餅待客，並藉此彰顯風土民情。例如：

《臺灣文獻叢刊‧臺灣縣志‧輿地志一‧風俗》即載婚姻之禮「二日，父母遣人賚湯餅餽房；三日、廟見；七日旋馬，乃執婦事。是之謂婚姻之俗。」〔註12〕至於澎湖地區「若聘金，澎俗不論家之貧富、女之美惡，定例用番銀三十六圓；女家回三圓，以為折買鞋襪之禮，實收三十三圓。又備禮一擔，內豬腿一肘（重十六斤，輕亦須十二斤）並雞、麵、糖、棗等物共十色、婚書一紙、禮燭一對（約重數斤）、小燭一對以及檳榔禮香啟書等儀。」而「請期之禮，澎俗名為『壓定』。於某月迎娶，先期數月備禮一擔，亦用豬腿、雞麵、糖棗等物十色並禮燭，婚期逐一開列，送往女家。其禮物或受一半不等。至期，乃迎娶焉。」〔註13〕都說明在台灣的婚姻禮俗中，從聘金、請期以至於婚後二日，不論貧富，依俗都必須備妥麵食以為禮，以示慎重。

〔註9〕《新唐書》，卷204，頁5811、5812。

〔註10〕元‧脫脫等撰，《宋史》（台北：鼎文書局，1983），卷119，頁2802。

〔註11〕清‧胡建偉，《澎湖紀略》（《臺灣文獻叢刊》第109種，台灣銀行經濟研究室編印，1961），頁150。

〔註12〕陳文達，《臺灣縣志》（《臺灣文獻叢刊》，第103種，台灣銀行經濟研究室編印，1961），頁55。

〔註13〕《臺灣文獻叢刊‧澎湖紀略》，卷7，頁152。

　　至於生命禮俗中的生子，是人生的大事，也是禮俗中非常值得慶賀的重要日子，因此，無論是做三朝、滿月或週歲，也都必須舉行湯餅宴以昭告諸親好友。

　　《臺灣文獻叢刊‧窺園留草‧庚戌三十六首‧己酉除夕》有詩記三朝曰「名心官派盡消除，承乏匆匆一載餘。迎歲喜開湯餅會（臘月二十八日添一孫兒，此日適三朝），課兒預買教科書（兒輩明年升入中學甲班）。居民門貼桃符豔，吏舍堂懸水鏡虛。吉利紅箋勞問訊，故久遠道寄雙魚。」〔註14〕

　　另外，小孩滿月或週歲，依俗也須以「壽桃、壽麵」餽贈。《澎湖紀略‧風俗紀‧誕育》即稱「到滿月剃頭，主家則分送雞蛋，亦仍前宰雞煮油飯請客。是日，外家備米粉和紅麴做丸一百枚送來，邀新外甥到家。其親朋於滿月時，亦有送銀牌、手鐲如內地者，亦有送月餅、桃麵者。至周歲，外家送紅綾衣一領、帽鞋襪俱備及桃麵、紅雞等物，親朋亦有致送者，主家亦備酒席以酬謝云。」〔註15〕

　　至於喪葬儀式中，湯餅也是重要的祭奠物。《北史‧皇甫遐列傳》載遐遭母喪，乃廬於墓側，負土為墳。復於墓南作一禪窟，陰雨則穿窟，晴霽則營墓。「遠近聞其至孝，競以米麵遺之，遐皆受而不食，悉以營佛齋焉。郡縣表上其狀，有詔旌異之。」〔註16〕

　　類似的文字，也可見於《宋史‧凶禮志‧諸臣喪葬等儀》載熙寧七年，參酌舊制著為新制：諸臣、宗室、府相等之外，「餘但經問疾或澆奠支賜或敕葬者，更不支賻贈。前兩府如澆奠只支賻贈，仍加絹一百、布一百、羊酒米麵各一十。」〔註17〕都說明「麵」在生命禮俗中的重要性，並是儀式中鮮明的飲食文化象徵。

（一）歲時、敬老與湯餅

　　固然，湯餅宴與生命禮俗息息相關，然而，湯餅在歲時禮俗的儀式中也不可或缺，尤其是歲時祭祀、敬老、致仕、臘八的時刻，也都以湯餅作為禮俗的文化符號呈現。

〔註14〕許南英，《窺園留草》（《臺灣文獻叢刊》，第147種，台灣銀行經濟研究室編印，1962），頁88。

〔註15〕《臺灣文獻叢刊‧澎湖紀略》，卷7，頁151。

〔註16〕《北史》，卷84，頁2833。

〔註17〕《宋史》，卷124，頁2908。

《元史‧祭祀三‧宗廟上》卷七十四載及牲齊庶品，即稱「春正月，皇太子言薦新增用影堂品物，羊羔、炙魚、饅頭、粸子、西域湯餅、圓米粥、砂糖飯羹，每月用以配薦。」〔註18〕便明確指出湯餅是北方民族新春宗廟祭祀必備的物品。

另外，《明史‧嘉禮一‧大宴儀》卷五十三也載「永樂間，俱於奉天門賜百官宴，用樂。其後皆宴於午門外，不用樂。立春日賜春餅，元宵日團子，四月八日不落莢，端午日涼糕糭，重陽日糕，臘八日麵，俱設午門外，以官品序坐。」〔註19〕其中的臘八也都是歲時禮俗的重要日子，食用湯餅，也可見人們對湯餅的重視。

至於敬老與辭官致仕，依例也都賞賜米麵以為禮。前言，《北史‧魏高祖孝文皇帝本紀》載太和四年秋七月「壬子，詔會京師耆老，賜錦綵衣服几杖稻米蜜麵，復家人不徭役。」〔註20〕即是以麵敬老的具體例證。

而《宋史‧職官志‧致仕》也稱「景祐三年詔曰：「致仕官舊皆給半奉，而未嘗為顯官者或貧不能自給，豈所以遇高年養廉恥也？其大兩省、大卿監、正刺史、閤門使以上致仕者，自今給奉並如分司官例，仍歲時賜羊酒、米麵，令所在長吏常加存問。」〔註21〕這種退休後，帝王於歲時仍賜羊酒、米麵的制度，除了有照顧並禮遇官員之意，也非常符合「敬老」、「養老」之旨，並都是行之有年的風俗與制度。

（二）徵稅、糧餉與官職

說到米麵的運用，除了是生命禮俗與歲時禮俗儀式中的文化象徵外，在民生經濟與職官制度上的運用也十分普遍，這種行之久遠並約定俗成的規定或制度，如：商旅、徵稅、職官糧餉等，張紫晨《中國民俗與民俗學》〔註22〕一書則視之為「商業貿易民俗」或「制度民俗」的範疇。例如：

《臺灣文獻叢刊‧臺海使槎錄‧赤崁筆談‧商販》言及「關東販賣烏茶、黃茶、綢緞、布匹、碗、紙、糖、麵、胡椒、蘇木，回日則載藥材、瓜子、松子、榛子、海參、銀魚、蟶乾。海壖彈丸，商旅輻輳，器物流通，實有資

〔註18〕明‧宋濂等撰，《元史》（台北：鼎文書局，1990），卷74，頁1845、1846。
〔註19〕清‧張廷玉等撰，《明史》（台北：鼎文書局，1982），卷53，頁1360。
〔註20〕《北史》，卷3，頁96。
〔註21〕《宋史》，卷170，頁4089。
〔註22〕張紫晨，《中國民俗與民俗學》，南天書局，1995。

於內地。」〔註23〕這是商旅間來往貿易，有其特定的物資運送，以便輸通有無，形成商業風氣。

至於以「麵」作為徵稅的內容，這也是長久以來即已成型的制度，《宋史·食貨志·商稅》卷一百八十六即稱建中靖國「七年，以歲歉之後，用物少而民艱食，在京及畿內油、炭、麵、布、絮稅并力勝錢並權免。」〔註24〕又，紹興三年，「又以稅網太密，減併者一百三十四，罷者九，免過稅者五，至於牛、米、薪、麵民間日用者並罷。」〔註25〕

而《臺灣文獻叢刊·東瀛識略·糧課》也稱所徵糧課有官莊、叛產二類。而「官莊者，歸官之業，莊乃所在處也；有田、有園、有牛磨、有塭、有蔗車，所徵有粟、有麵、有魚、有青白糖、有芝麻，而皆按價折銀以繳。」〔註26〕至於稅餉則是「蔗車、牛磨餉：一以糖徵，一以麵徵。蔗車，製糖具也，以張計；牛磨，磨麵具也，以首計。每張、每首，均歲徵銀五兩六錢。」〔註27〕都是以「麵」作為糧課或賦稅計量的標的物。

麵的作用及其影響層面如此廣泛，因此，百官志中也有專人司掌其職，以便運作。如：《元史·百官志·大司農司》卷八十七「蔚州麵戶提領所，提領一員，副使一員。掌辦白麵蔥菜，以給應辦，歲計十餘萬斤。右屬供膳。」〔註28〕另外，《元史·百官志三·宣徽院》卷八十七也有「尚食局，秩從五品。掌供御膳，及出納油麵酥蜜諸物。」及「上都生料庫，秩從五品。掌受弘州、大同虎賁、司農等歲辦油麵，大都起運諸物，供奉內府，放支宮人宦者飲膳。」〔註29〕從這些制度中，可以發現酷好麵食的元朝宮廷，不僅有蔚州麵戶提領所，還有尚食局、上都生料庫等單位，專門掌理食麵的機構，以供給帝王宮人膳飲。

〔註23〕黃叔璥，《臺海使槎錄》(《臺灣文獻叢刊》，第 4 種，台灣銀行經濟研究室編印，1957)，頁 48。

〔註24〕《宋史》，卷 186，頁 4545、4546。

〔註25〕《宋史》，卷 186，頁 4546。

〔註26〕丁紹儀，《東瀛識略》(《臺灣文獻叢刊》，第 2 種，台灣銀行經濟研究室編印，1957)，卷 2，頁 17。

〔註27〕《臺灣文獻叢刊·東瀛識略》，卷 2，頁 20。

〔註28〕《元史》卷 87，頁 2189。

〔註29〕《元史》卷 87，頁 2203。

（三）忌日與壽文化

當然，麵作為禮俗中的文化象徵，其影響最大也最長久的莫過於生命禮俗，尤其是其中的湯餅宴，更是壽誕習俗中不可或缺的飲食文化象徵。

「長生」、「長壽」是世界各民族所共有的期待，《尚書‧洪範》所謂的「五福：一曰壽、二曰富、三曰康寧、四曰攸好德、五曰考終命。」〔註30〕即明確指出人們對「長壽」的渴望，並以之為「五福」之首；至於說到「作壽」的習俗，大約始於春秋戰國時期，只是，當時似乎未見舉辦筵席，盛大慶祝的文獻記載。《詩經‧豳風‧七月》有云「九月肅霜，十月滌場；朋酒斯饗，曰殺羔羊。躋彼公堂，稱彼兕觥，萬壽無疆。」〔註31〕《詩經‧小雅‧天保》也稱「如月之恆，如日之升。如南山之壽，不騫不崩。如松柏之茂，無不爾或承。」〔註32〕這種對生命的期許，「萬壽無疆」、「南山之壽」，都說明先秦時期已然具備對「長生」、「長壽」的祈願與祝福。

至於先秦時期人們對生辰的概念，有所謂「忌日」或「疾日」的舊俗，尤其是親歿後不可舉行吉事，是以人子之生日宴自當避諱。《禮記‧檀弓上》第三稱「故君子有終身之憂，而無一朝之患，故忌日不樂。」〔註33〕而《左氏‧昭公九年》疏卷第四十五「辰在子卯謂之疾日」句下疏也稱「故國君以為忌日，惡此日也。檀弓云：君子有終身之憂，故忌日不樂。鄭玄云：謂死日也，彼謂親亡之日，至此日而念親故，此日不用舉吉事，非是惡此日也。此與忌日名同意異。」〔註34〕

可見在先秦時期人子對思親的觀念的確十分看重。因此，父母健在，人子不得過生日，更不可大事慶祝；至於父母辭世，人子不可舉吉事，不滿六十歲，也不得稱壽；這樣的觀念和《詩經‧蓼莪》所謂「哀哀父母，生我劬勞。」、「欲報之德，昊天罔極。」〔註35〕的思想也都十分吻合。

事實上，於忌日「不做壽」的文獻記載也屢見於史籍，《後漢書‧申屠蟠列傳》卷五十三言及申屠蟠「九歲喪父，哀毀過禮。服除，不進酒肉十餘年，

〔註30〕十三經注疏《尚書》（台北：藝文印書館，1993），疏12，頁24。
〔註31〕十三經注疏《詩經》（台北：藝文印書館，1993），疏8-1，頁21、22。
〔註32〕十三經注疏《詩經》疏9-3，頁10。
〔註33〕十三經注疏《禮記》（台北：藝文印書館，1993），疏卷6，頁8。
〔註34〕十三經注疏《左氏》（台北：藝文印書館，1993），疏卷第45，頁8。
〔註35〕十三經注疏《詩經》疏13-1，頁4、5。

每忌日，輒三日不食。」〔註36〕《南齊書‧張融列傳》也載「融有孝義，忌月三旬不聽樂，事嫂甚謹。」〔註37〕而《隋書‧帝紀第二‧高祖下》則載高祖文帝仁壽三年「夏五月癸卯，詔曰：六月十三日是朕生日，宜令海內為武元皇帝、元明皇后斷屠。」〔註38〕

另外，《顏氏家訓‧風操第六》也稱「禮云：忌日不樂。正以感慕罔極，側愴無聊，故不接外賓，不理眾務耳。必能悲慘自居，何限于深藏也？世人或端坐奧室，不妨言笑，盛營甘美，厚供齋食；迫有急卒，密戚至交，盡無相見之理，蓋不知禮意乎。」〔註39〕都說明自先秦以至六朝時期，古人有以父母死亡之日為忌日的習俗，並禁止飲酒作樂；即或是生辰之日，也有斷屠之舉，不可恣意鋪張。

這種「不稱壽」的舊習，直至秦漢又有「上壽」的風氣，才略為轉變，這也就是後世所謂的「祝壽」。如：《史記‧秦始皇本紀》載始皇三十四年（213）「適治獄吏不直者，築長城及南越地。始皇置酒咸陽宮，博士七十人前為壽。」〔註40〕又，《史記‧項羽本紀》述及劉、項鴻門宴，「項伯即入見沛公，沛公奉卮酒為壽，約為婚姻。」〔註41〕且項莊舞劍「則入為壽」〔註42〕。只是，這樣的「祝壽」也僅止於口頭上的祝詞而已，並未有其他專屬的儀式或筵宴。

（四）萬壽節與千秋節

至於初唐，國勢壯盛，經濟繁榮，帝王過聖壽已不再有任何禁忌，並將生辰之日明定為節日，如：天子的「萬壽節」與皇后的「千秋節」；至於天寶七年秋八月丁亥，又改千秋節為「天長節」，至肅宗時則又稱為「地平天成節」，都說明唐代的帝王已不再有「忌日不樂」的觀念，反而在壽誕當天放假一日、舉行盛大的喜慶活動、接受各方使節的進獻，甚或進表、設宴、歌舞、減刑，使君民共歡，普天同慶。

〔註36〕南朝宋‧范曄撰，《後漢書》（台北：鼎文書局，1993），卷53，頁1750。
〔註37〕《南齊書》，卷41，頁728。
〔註38〕唐‧魏徵等撰，《隋書》（台北：鼎文書局，1987），卷2，頁49。
〔註39〕北齊‧顏之推，《顏氏家訓》（上海古籍出版社，2016），卷第2，頁79。
〔註40〕漢‧司馬遷，《史記》（台北：洪氏出版社，1975），卷6，頁253、254。
〔註41〕《史記》，卷7，頁312。
〔註42〕《史記》，卷7，頁313。

這樣的賀壽習俗到宋朝益形壯大，《宋史・禮志》〔註43〕卷一百十二更明定帝王生日為「聖節」，以示慶賀之忱。如：太宗的乾明節（復改為壽寧節）、真宗的承天節、仁宗的乾元節、英宗的壽聖節、神宗的同天節、哲宗的坤成節（後改為興龍節）、徽宗的天寧節、高宗的天申節、孝宗的會慶節、光宗的重明節、寧宗的天佑節（尋改為瑞慶節）、理宗的天基節、度宗的乾會節等。

如此隆重的「壽誕節」，並有上壽、進獻、祝萬福等儀式，甚或建道場，舉辦戲劇、舞蹈等活動，在在突顯了帝王作壽習俗的普遍性與正當性，而地方官吏為了討好聖上，更不惜搜刮民脂民膏，取悅於帝王；《水滸傳》「吳用智取生辰綱」〔註44〕一節，即是生動地反映民間對地方政府以太湖石作為帝王生日賀禮的厭惡，是以劫富濟貧，群起抗爭，表達民心之怨懟與憤恨。

至於明清以降，帝王過「萬壽節」的風氣依然不減，除了接受各方的祝賀之外，祭祀、上尊號、大赦、減稅之舉也不在少數；及至清季，尤其是道光、同治、光緒年間，由於飢饉頻仍，民不聊生，於是，停朝賀筵宴，不再有任何慶祝做壽的活動，奢靡的風氣才暫歇止。

四、滿漢全席中的湯餅

湯餅是北方民族所喜愛的食物，不僅是平民的家常飲食，而其美味也常博得帝王青睞，其兼具精緻而又平民化的特質，是禮俗制度的文化象徵；尤其值得注目的是，湯餅在滿漢全席中也佔有一席之地，更可見湯餅的魅力無窮，令人不可小覷。

滿漢全席源起於清朝，是集滿族、漢族菜餚精華而形成的盛筵。乾隆甲申年間李斗《揚州畫舫錄》〔註45〕即載有一份滿漢全席的菜單，便是流傳至今有關滿漢全席最早且最明確的文字記述。

滿漢全席可說是中華飲食文化中的極致，既有宮廷菜餚尊貴的特色，又有地方風味之精華，其菜色精美，食具考究，禮儀繁複，整體兼具濃郁的民族特色，並是宮廷盛筵的風格呈現。滿漢全席菜色總計一百零八道，分三天吃完。其取材之廣泛，烹調技藝之精湛，的確是中華飲食文化的瑰寶。至於

〔註43〕《宋史》，卷112，頁2671～2681。

〔註44〕施耐庵，《水滸傳》，五南書局，2013。

〔註45〕清・李斗，《揚州畫舫錄》（《續修四庫全書》冊733，上海古籍出版社，2003），卷4，頁25。

其內容依功能則可分為六大類：

（一）蒙古親藩宴——此宴是清朝皇帝為招待與皇室聯姻的蒙古親族所設置的御宴。《清稗類鈔·蒙人宴會之帶福還家》一文即載「年班蒙古親王等入京，值頒賞食物，必攜之去，曰帶福還家。若無器皿，則以外褂兜之，平金繡蟒，往往為湯汁所沾濡，淋漓盡致，無所惜也。」〔註46〕

（二）廷臣宴——廷臣宴於每年上元後一日即正月十六日舉行，是時由皇帝親點大學士，九卿中有功勳者參加，宴所設於奉三無私殿，宴時循宗室宴享之禮進行，是帝王犒賞或聯繫群臣情感的筵席形式。

（三）萬壽宴——萬壽宴是清朝帝王的壽誕宴，也是內廷的大宴之一。后妃王公，文武百官，無不以進壽獻壽禮為榮，其間名食美饌更是不可勝數。

（四）千叟宴——千叟宴始於康熙，盛於乾隆時期，是清宮中規模最大，與宴者人數最多的盛宴。康熙五十二年在陽春園第一次舉行千人大宴，玄燁帝席賦《千叟宴》詩一首，因得宴名。乾隆五十年於乾清宮舉行千叟宴，與宴者三千人，即席用柏梁體選百人聯句。且無論是康熙或乾隆所舉辦的千叟宴，都是在皇帝六十聖壽後，因此，赴會者也都是六十以上的老人。

（五）九白宴——九白宴始於康熙年間。康熙初定蒙古外薩克等四部落時，這些部落為了表示投誠忠心，每年以九白為貢，即：白駱駝一匹、白馬八匹，以此為信。蒙古部落獻貢後，皇帝則設宴招待使臣，謂之九白宴。

（六）節令宴——節令宴係指清宮內廷依歲時節令而設的筵宴。如：元日宴、元會宴、春耕宴、端午宴、乞巧宴、中秋宴、重陽宴、冬至宴、除夕宴等，皆按節次定規，循例而行。

滿清入關後，國勢壯盛，飲食也日益講究。而「滿席」、「漢席」的飲食文化原本就存在於民間和官府之中，自清朝中葉以後，由於滿、漢官員經常相互邀宴，競相豪侈，為了不偏頗、獨厚於滿族或漢族，以至於有「滿漢全席」的飲食習俗形成，其初衷並有族群融合的深刻意涵。

尤其值得注意地是，在滿漢全席中，和聯姻、萬壽、表忠心（視為同一族人）的食單中，必定有湯餅這一道菜餚。如：蒙古親藩宴有餑餑二品：肉末燒餅、龍鬚麵；萬壽宴則是餑餑二品：長壽龍鬚麵、百壽桃；而九白宴則有御

菜一品：紅燒麒麟麵。並都是與生命禮俗關係密切，且具濃厚文化象徵的應景食物，而這樣的文化象徵，在滿族、漢族的飲食文化中原本也都扮演著重要的腳色和地位，前言文獻也多可印證。

至於廷臣宴、千叟宴與節令宴，其作用及與會對象則是無親屬關係或屬於歲時禮俗的意涵，是以滿漢全席中並未見湯餅之設置，由此也可見湯餅所獨具的文化象徵，並在不同族群的飲食文化激盪下，更突顯它的特殊性與內涵寓意。

五、生命延續象徵的壽麵

（一）慈禧太后的生日宴

至於清宮的飲食，清末的慈禧太后也是非常講究並不可不提的一位人物，慈禧太后長年居住於頤和園，凡遇宮中節慶，必然大事鋪張。光緒十年（1884）慈禧太后五十歲壽誕，從九月二十二日至二十八日在暢音閣演大戲，十月十日生日時，又邀光緒皇帝及后妃、王公大臣、大學士、六部尚書等一同觀賞，並賞賜麵食、包子、壽桃、燕菜一碗，這些都是壽誕文化中必備的飲食習俗。

及至慈禧六十花甲，宮中更是舉辦盛大的慶典、筵宴，文武百官都要向慈禧進獻壽禮。其中，又以山東孔府的孔子七十六代孫孔令貽的母親和妻子，向慈禧進壽宴兩桌最受矚目，由於壽宴做的精美，並博得慈禧「聖譽」、食品相贈以及賞銀二百兩，也可見當時用心，至於其菜單內容則可作為研究慈禧壽筵的依據，並錄於後，以為參酌：

海碗菜二品：八仙鴨子、鍋燒鯉魚。

大碗菜四品：燕窩萬字金銀鴨塊、燕窩壽字紅白鴨絲、燕窩無字三鮮鴨絲、燕窩疆字口蘑肥雞。

中碗菜四品：清蒸白木耳、葫蘆大吉翅仔、壽字鴨羹、黃燜魚骨。

懷碗菜四品：溜魚片、燴鴨腰、燴蝦仁、雞絲翅子。

碟菜六品：桂花翅子、炒茭白、芽韭炒肉、烹鮮蝦、蜜製金腿、炒黃瓜醬。

克食二桌：蒸食四盤、爐食四盤、豬肉四盤、羊肉四盤。

片盤二品：掛爐豬、掛爐鴨。

餑餑四品：壽字油糕、壽字木樨糕、百壽桃、如意卷。

湯碗菜一品：燕窩八仙湯。

壽麵一品：雞絲滷麵。

這樣豐盛的壽宴，除了有慈禧最愛的燕窩、鴨肉之外，而「雞絲滷麵」這一道麵點也經常出現在慈禧進膳的食單之中，都可見慈禧對食麵的喜好，即使是生日宴也仍然不可免俗。

事實上，滿族人原本即嗜食麵點，且婚姻、壽誕、除夕宴也必定吃麵，而雞絲麵、雞絲滷麵、雞絲煨魚麵則是清宮御膳房經常製作的麵點，平實中見其精巧細膩，頗能表現清宮御膳房的卓越廚藝。今以吳正格所編著的《滿族食俗與清宮御膳》〔註 47〕一書所載，記述「雞絲滷麵」的製作方式以饗讀者，這是出自《清宮瑣記》中提到慈禧進膳的一份菜單，其料理方式並不困難，卻也可以一覽清宮御膳的真實面貌。

雞絲滷麵：將細麵條三兩煮熟，撈出，置碗內。另用湯勺置火上，放入豬油（一兩），熱時，用蔥末（一分）、薑末（一分）熗鍋，放入切好的生雞絲煸透，再加醬油（八錢）、雞湯（二兩）、味精（三分），沸時，用水淀粉（約七錢）勾成薄芡，淋入香油（二錢），澆在煮好的麵條上即成。特點是鮮香筋滑，鹹度適口。

（二）《紅樓夢》中的生日宴

至於明清小說中，也有許多對「作生日」的生動敘述，很能反映當時社會的思想與習俗。例如：《水滸傳》中的「生辰綱」、《西遊記》中的「蟠桃會」、《紅樓夢》中的「湊分子」以及《歧路灯》中「送米麵」，其描繪細膩，並有送禮、祝賀、筵宴等活動，都說明前人對壽誕文化的重視並不能免俗。

至於《紅樓夢》雖是明清小說的巨擘，文字精要，刻畫生動。然而，對於壽筵內容的描述卻多輕描淡寫，並不刻意深入，這或許和作者想要藉著「筵席」象徵大觀園中聚散無常的理念有關，以致每回筵席之後，卻總又有些許不幸的事件發生，徒然令人空留憾恨而已！今將《紅樓夢》〔註 48〕中言及壽筵吃麵的情節，略作擷取陳述如下：

《紅樓夢》第十一回言及賈敬壽辰，賈珍將上等可吃的東西，稀奇些的果品裝了十六大捧盒，著賈蓉帶領家下人等與賈敬送去。第四十三至四十四

〔註 47〕吳正格編著，《滿族食俗與清宮御膳》（遼寧科學技術出版社，1986），頁 327
　　　〜339。

〔註 48〕潘重規主編，校定本《紅樓夢》，中國文化大學中文研究所印行，1983。

回則是王熙鳳生日，賈母揭議「湊分子」，共湊了一百五十兩有零，請戲班子、說書等，並命專人採辦，大擺酒宴。

至於第六十二回述及平兒生日，探春、李紈、寶釵、黛玉等人也以「湊分子」的方式，並傳柳家一應下麵弄菜，備了兩桌酒席賀壽。接著又寫賈寶玉過生日，當日，寶玉還在庭院燒天地香燭、行禮、奠茶、焚紙，並在宗祠、祖先堂兩處行禮，凡送壽禮，有壽星、紙馬、疏頭，並本命星宮、值年太歲、週年換的鎖；又有衣服、鞋襪、壽桃、壽麵及各色器玩等；而後，第六十三回又言及襲人、晴雯等八人各出銀兩若干，預備了四十碟果子，以及一罈好紹興酒，划拳吃酒，單獨替寶玉過生日。

（三）《歧路灯》——明清小說中的壽誕飲食習俗

《歧路灯》〔註49〕是清朝李綠園所著的長篇小說，約六十餘萬言，計一百零八回，與《儒林外史》、《紅樓夢》等書同於乾隆年間問世，是一部寫實主義思想的重要著作，文字中並有大量對於壽誕及生子習俗的飲食描繪，且無論是賀壽、生子、洗三、滿月、週歲，都要「贈米麵」以報喜、並招待親友鄰里吃湯餅大麵，平實而又具地方特色的文字，很能生動並真實地反映當時社會的民情風尚。如：

第二十七回寫紹聞得子，接生的穩婆宋婆就對王春宇說「譚奶奶恭喜了，得了孫孫，王大爺吃麵罷。大爺你是幾時回來的？剛剛趕上送米麵。」笑嘻嘻的走了。接著又寫王春宇對王氏說「這有何難。男胎是難得哩，這是俺姐夫一個後代。明日就出帖請街坊鄰舍吃湯餅，明明白白的做了。怕甚麼？」而後，春宇去叫的紹聞回來，到了樓下，說道：「沒別的話，作速寫帖備席，請人洗三吃麵，我後日來陪客，叫你妗子送米麵來。你別要把臉背著，寫帖子去罷。」紹聞只得依命而行。到了三日，街坊鄰居都吃麵去，討個喜封兒。

第七十七回寫王氏對想要為母親慶壽兼賀生孫之喜的紹聞說「女客已各回家，唯有你外母住下。如今且暫請吃個小麵兒，到滿月再請吃湯餅大麵。」又稱「備辦不出來，比不的前幾年，手頭寬綽。如今米麵豬羊酒菜都費周章。不如辭了他們好意，你只辦兩三桌酒，明日請請送禮的女客，還想多請幾位久不廝會的，吃個喜麵。到滿月再請一遍，就算完了局。」紹聞當晚即寫了湯

〔註49〕李綠園，《歧路灯》，廣雅出版社，1983。

餅喜柬,次日差人分送。

　　第九十九回寫到王象藎雇個小廝,擔了個大盒子及大藍子,擔進後院。「送到堂樓,冰梅取了菁纓兒一看,卻是一百個紅麴煮的紅皮雞蛋。掀開盒子一看,乃是十幾握盤絲白麵條兒,上邊插著一朵通草紅花兒。忙叫道:『奶奶來看!』王氏掀開榻子軟帘一看,笑道:『王中喜了,好!好!』王象藎道:『小的得了晚生子,與奶奶送喜蛋并闔家的喜麵。』」

　　同時,小說中對壽席的座位安排以及壽禮的記述也十分詳盡。如:譚母收到的賀禮擺滿了二十張桌子,而壽麵、壽桃則是必不可少的壽禮,如:「第九對桌子是壽麵十縷,上面各貼篆字壽花一團。」、「第十對桌子是壽桃蒸食八百顆,桃嘴上俱是點紅心。」也可見賀壽儀式的熱鬧與盛大。

六、結　論

　　麵文化的重要性已如前述。然而,在吃麵的當下,你是否可曾思考過食麵本身所具有的文化特質與精神內涵?以及湯餅在生命禮俗與歲時禮俗中所扮演的腳色與地位。同時,飲食之於禮俗文化的涵養與重要性,當有更高層次的反省與回顧,而不只是止於口腹之慾而已!

　　固然,本文所探討的主旨只是湯餅本身,而未涉及和湯餅相關的壽桃、壽糕、壽酒、麵線等食物,然而,湯餅本身便已豐盛至極,且色香味俱佳,於是,飲食文化之趣味,便不再只是感官的刺激與饗宴,而是心靈的富足與悸動了。

七、引用書目

(一)傳統文獻

1. 十三經注疏《尚書》,台北:藝文印書館,1993。
2. 十三經注疏《詩經》,台北:藝文印書館,1993。
3. 十三經注疏《禮記》,台北:藝文印書館,1993。
4. 十三經注疏《左傳》,台北:藝文印書館,1993。
5. 漢·司馬遷撰,《史記》,台北:洪氏出版社,1975。
6. 南朝宋·范曄撰,《後漢書》,台北:鼎文書局,1993。
7. 梁·蕭子顯撰,《南齊書》,台北:鼎文書局,1987。

8. 唐‧李延壽撰，《南史》，台北：鼎文書局，1985。

9. 唐‧李延壽撰，《北史》，台北：鼎文書局，1985。

10. 唐‧魏徵等撰，《隋書》，台北：鼎文書局，1987。

11. 宋‧歐陽修等撰，《新唐書》，台北：鼎文書局，1989。

12. 元‧脫脫等撰，《宋史》，台北：鼎文書局，1993。

13. 明‧宋濂等撰，《元史》，台北：鼎文書局，1975。

14. 清‧張廷玉等撰，《明史》，台北：鼎文書局，1982。

15. 北齊‧顏之推，《顏氏家訓》，上海古籍出版社，2016。

16. 宋‧高承，《事物紀原》，《叢書集成新編》，冊39，新文豐出版社，1985。

17. 清‧李斗，《揚州畫舫錄》，《續修四庫全書》，冊733，上海古籍出版社，2003。

（二）近代論著

1. 丁紹儀，《東瀛識略》，《臺灣文獻叢刊》，第2種，台灣銀行經濟研究室編印，1957。

2. 黃叔璥，《臺海使槎錄》，《臺灣文獻叢刊》，第4種，台灣銀行經濟研究室編印，1957。

3. 陳文達，《臺灣縣志》，《臺灣文獻叢刊》，第103種，台灣銀行經濟研究室編印，1961。

4. 胡建偉，《澎湖紀略》，《臺灣文獻叢刊》，第109種，台灣銀行經濟研究室編印，1961。

5. 許南英，《窺園留草》，《臺灣文獻叢刊》，第147種，台灣銀行經濟研究室編印，1962。

6. 徐珂編撰，《清稗類鈔》，北京：中華書局，2010。

7. 張自烈，《正字通》，《中華漢語工具書書庫》，安徽教育出版社，2002。

8. 張紫晨，《中國民俗與民俗學》，台北：南天書局，1995。

9. 吳正格編著，《滿族食俗與清宮御膳》，遼寧科學技術出版社，1986。

10. 潘重規主編，校定本《紅樓夢》，中國文化大學中文研究所印行，1983。

11. 李綠園，《歧路灯》，廣雅出版社，1983。

12. 施耐庵，《水滸傳》，五南書局，2013。

13. 俞美霞等，〈民俗與米食文化探析——兼論端午食粽以養生的習俗〉，《台灣傳統民俗節慶講座文集》頁 2～19，國立歷史博物館，2010。

原文載《中華飲食文化基金會會訊》，第 17 卷第 1 期，頁 13～26，財團法人中華飲食文化基金會，2011.02。

三、國宴食單與台灣飲食文化探析

【內容提要】

　　國宴是重要的飲食文化活動，不僅賓客特殊，並且是國際間情誼或文化交流重要的時刻，這樣的宴飲自然必須慎重其事，精心擘劃，才能賓主盡歡，達成聯誼或聚會的目標。是以本文以歷史文獻中的國宴為例，並台灣國宴食單內容，闡明國宴食單與飲食文化並食材間之關係，俾便彰顯食材的特色與重要性，以及台灣飲食文化的精神與發展方向。

　　關鍵詞：國宴、食單、飲食文化

一、前言──筵席與食單

筵席的內容依性質可分為官宴與私宴。私宴大多是家族、親戚、友朋之間的聚會，舉凡節慶、壽誕、結婚、生子、喪葬等，都可以藉餐飲相聚，並因此聯絡情誼；至於官宴則是官場上元首（國君）、官員或重要賓客之間的送往迎來，或聯誼、或履新、或祝賀，其影響甚至牽繫到國與國之間邦交的友好與否，尤其是國宴（或御宴），這是筵席中最高的規格，雖仍是聚宴形式，然而，由於參與人員的身分特殊，其內涵並包含國際禮儀、民族文化、飲食習俗，甚或有促進國際情勢與盟約的效果，其重要性自然非比尋常，不可輕忽。

至於說到食單，也就是一般餐飲中所謂的菜單（Menu），個人採用「食單」一詞，是因為典籍文獻中早已有「食單」一詞，卻不見「菜單」稱謂，這是宴饗中對菜色的紀錄並以文字具體呈現，頗能顯示飲食文化在社會功能的反映與思維。同時，《周禮‧天官》也早有「膳夫」〔註1〕一職，專門掌理王及后妃、世子之飲食膳饈，而所謂的「膳」正是指庖人調味必稱嘉善，是以从善；另外，《禮記‧中庸》也稱「人莫不飲食也，鮮能知味也。」〔註2〕可見要懂得吃，且吃得有品味、有文化，並不是一件容易的事，於是，食單的流傳就不僅僅只是個人飲食的習尚好惡而已，而是社會思想與飲食文化的整體反映了。

歷史上著名的食單不在少數，例如：明‧王志堅《表異錄》載「晉何曾有安平公食單」〔註3〕，這樣的記述相較於《晉書‧何曾傳》言及何曾奢豪華侈，「廚膳滋味，過於王者。每燕見，不食太官所設，帝輒命取其食。蒸餅上不坼作十字不食。食日萬錢，猶曰無下箸處。」〔註4〕都可見何曾對飲食之講究，甚至已到揮霍無度的地步，至於其廚膳滋味，精燴細炙，則又遠勝於王侯。另外，唐‧鄭望之《膳夫錄》也有「韋僕射巨源有燒尾宴食單」〔註5〕的記錄，而清‧袁枚也有飲食心得《隨園食單》〔註6〕的流傳，都可見「食單」在生活

〔註1〕十三經注疏《周禮》（台北：藝文印書館，1993），疏卷4，頁1。

〔註2〕十三經注疏《禮記》（台北：藝文印書館，1993），疏卷52，頁3。

〔註3〕明‧王志堅《表異錄》（《百部叢書集成》，冊58，台北：藝文印書館，1969），卷10，頁20。

〔註4〕唐‧房玄齡等，《晉書》（台北：鼎文書局，1982），卷33，頁998。

〔註5〕宋‧鄭望之，《膳夫錄》（清順治丁亥兩浙督學李際期刊本，1647），卷第95，頁2。

〔註6〕清‧袁枚，《隨園食單》（《叢書集成三編》，冊30，台北：新文豐出版社，1996），頁187～202。

中佔有重要的地位，並與文化息息相關。

至於清同治年間，淡水林占梅（1821～1868）有詩集收入《台灣文獻叢刊・潛園琴餘草簡編》，其中載及庚申（咸豐十年）〈宜泉太守回任鹿港，由滬尾口登岸，遣伻函示一切，復以乳酥卷、山查膏見饋；喜作長篇，代柬奇謝，並速其來〉一詩〔註7〕，作者以詳盡的文字記述餅餌味美以及受贈時的欣喜之情，並稱賞此為「豪門侈食單」，也可見「食單」一詞運用之普遍。茲略記如後，以見當時台灣飲食之事二三。

> 陡聞天外飛鴻到，迎來不覺屨為倒；
> 問余何事輒倉皇？佳味平生觸所好。
> 一方木篋雙鯉魚，剖縅未讀意先舒；
> 唇舌君卿谷永札，情懷鮑叔右軍書。
> 此時吻肉已流沫，口饞心急難徐徐；
> 食盒乍開香透紙，裝潢色相生歡喜。
> 眉公餅餌胡足方，閣老膏環差可比；
> 酸甜膩馥舌津津，老饕特嚼肯遽止！
> 不聞有蟹無監州，嗜癖王侯等敝屣。
> 嫩胎烈烈炙豹鮮，濃乳油油蒸豚美；
> 此是豪門侈食單，由他廚子誇妙技。
> 我道此味已極佳，無怪連朝動食指。
> 更有山查品益珍，留甘齒頰絕其倫；
> 吳劍切開紅玉潤，漢章鈐出紫泥勻。
> 儼若葡萄產大宛，攜來亦自乘槎人；
> 賴有酪奴資品飲，舉家屬饜朵頤新。
> 宜泉丈人惠良厚，使我餔歠亦添神。……

這樣詳盡的文字，都說明前人對美饌珍饈的喜好，並特別藉「食單」予以保存記錄，其流傳有緒，並頗見飲食文化脈絡之發展。因此，本文行文也恪遵前賢之旨，謹以「食單」稱之。

〔註7〕林占梅，《潛園琴餘草簡編》（《台灣文獻叢刊》，第 202 種，台灣銀行經濟研究室編印，1964），頁 119。

二、文獻中國宴的內涵與形式

國宴，典籍中又作御宴或官宴，且依賓客身分高低，參與人數多寡，以致規模大小也略有不同。宴席間除了宴飲之外，並多有音樂、舞蹈以娛嘉賓，務使賓主盡歡，達成宴飲的目的與作用。《左氏‧昭公‧五年》「宴有好貨」句下注即稱「宴飲以貨為好，衣服車馬在客所無。」疏「正義曰：謂主國宴賓以貨才為恩好；謂衣服車馬，在客所無者與之也。」〔註8〕則是一語道盡宴飲的功能，應提供良好的物品以饗賓客，甚或餽贈衣服車馬，以示友好。

據史載：唐、宋以後的國宴形式較為盛大，並有具體的文字記述。《宋史‧禮志》即稱「宴饗之設，所以訓恭儉，示惠慈也。」則是更進一步闡明宴飲的作用並非在於特別強調飲食的精緻，而是在於態度的恭儉惠慈，藉以寓涵敦睦情誼的作用；並指出北宋宮廷宴飲自仁宗天聖（1023～1031）之後，又分為三個等級：「大宴率於集英殿，次宴紫宸殿，小宴垂拱殿。」〔註9〕其排場、裝潢、菜色各有等差，不可任意錯置。

這種對宴客形式或地點明顯區分的作法，也可見於《舊唐書‧德宗本紀》載及貞元六年，「二月戊辰朔，百僚會宴於曲江亭，上賦〈中和節群臣賜宴〉七韻。」至十一年三月，又載「辛未，賜宰臣兩省供奉官宴於曲江亭。」及「九月己卯，賜宰臣兩省供奉官宴於曲江，賦詩六韻賜之。」〔註10〕由於這是宮廷內部的官宴，且曲江（或曲江亭）也是朝廷宴請新科進士的場所，因此，選在景色宜人，氣氛較為輕鬆的內苑舉辦即可，這樣的文化傳承延續至宋代，便有在瓊林苑舉行瓊林宴的習俗。至於若是邦國、使節間的國宴則仍是於內殿、東宮、尚書省、祕書省或奉天門等地舉行，除了有其安全性的考量之外，賓客的身分、排場也都是列入考慮的重要項目。

歷史上重要的國宴不在少數，有的宴會甚至因為必須依時舉辦，已成為例行的公事。如：唐代的曲江宴、宋代的瓊林宴（亦稱恩榮宴）、聞喜宴等是為新科進士及諸科及第者所舉辦的國宴，另外，宋代的春秋大宴、飲福大宴，元代的詐馬筵（一名只孫宴），明代的百官宴以及清代的宗室宴（元旦）、廷臣宴（上元後一日）、九白宴、外藩宴、蒙古親藩宴等，也都是在科舉選

〔註8〕十三經注疏《左傳》（台北：藝文印書館，1993），疏卷43，頁10。

〔註9〕元‧托克托等撰，《宋史》（台北：鼎文書局，1993），卷113，頁2683。

〔註10〕五代‧劉昫等編撰，《舊唐書》（台北：鼎文書局，1976），卷13，頁369、381、382。

才，或是重要的節慶時日，所舉行的盛大國宴，除了慶賀之意，並多寓涵聯絡情誼的宗旨。

同時，在國宴的場合上，除了飲食珍饈之外，歌舞雜技，吟詩戲曲，儀節排場，或另有餽贈賞賜的也都不可少，務必使賓主同樂，達到宴饗的目的。《明史·外國列傳七》載及西洋大國忽魯謨斯「永樂十年，天子以西洋近國已航海貢琛，稽顙闕下，而遠者猶未賓服，乃命鄭和齎璽書往諸國，賜其王錦綺、綵帛、紗羅，妃及大臣皆有賜。王即遣陪臣巳即丁奉金葉表，貢馬及方物。十二年至京師。命禮官宴賜，酬以馬值。比還，賜王及妃以下有差。」〔註11〕豐厚的餽贈與賜宴，即是為了彰顯大國的氣勢與威儀。

三、宋朝國宴的儀式

文獻中有關宮廷宴饗的記述，除了史書上略見提及外，則以宋·吳自牧的《夢粱錄》以及孟元老《東京夢華錄》所載最為詳盡。由於宋朝是個重文輕武的朝代，也是歷史上藝文氣息最為濃厚的時代，其對飲食之講究，自然頗具特色。《夢粱錄》卷三〔註12〕，即載四月初八皇太后聖節，以及四月初九日度宗生日；而《東京夢華錄》卷九〔註13〕，也完整地記錄了宋朝國宴的過程與食單，使後人得以一窺宮廷宴饗的儀節與形式。茲舉其大要，節錄於後，以為讀者參酌。

宰執親王南班百官入內上壽賜宴（《夢粱錄》卷三）

初八日，宰執親王南班百官入內起居，邀駕過皇太后殿上壽起居舞蹈。嵩呼回詣紫宸殿，宴樂作，殿前山棚綵結，飛龍舞鳳之形。（下載樂人、親王、百官、外國賀使座次，略）

殿上坐兀係品位高低，坐第三四行黑漆矮偏橙坐物，每位列環餅、油餅、棗塔為看盤，若向者，高宗朝有外國賀生辰使副朝賀赴筵於殿上坐，使副餘三節人在殿廊坐，看盤如用豬羊雞鵞連骨熟肉，并蔥韭蒜醋各一楪，三五人共漿水飯一桶而已。（而後上公稱壽，率以尚書執注碗斟酒進上，宰執親王及外國使節進酒三次，群臣拜於坐次後，捧卮飲而再拜。其後記樂部、

〔註11〕清·張廷玉等撰，《明史》（台北：鼎文書局，1982），卷326，頁8452。
〔註12〕宋·吳自牧，《夢粱錄》（《景印文淵閣四庫全書》，冊590，台灣：商務印書館，1983），卷3，頁2。
〔註13〕宋·孟元老，《東京夢華錄》（《叢書集成新編》，冊96，台北：新文豐出版社，1985），卷9，頁171。

舞者服飾，歌舞畢。）

第一盞御酒。

歌板色一名，唱中腔一遍，並簫笛歌舞。

第二盞御酒。

（文字闕漏）

第三盞進御酒。

凡御宴至第三盞方進下酒鹽豉、雙下駝峰角子，宰執百官以殿侍側身跪傳酒饌，即茶酒班仗役也；而後百戲藝人皆紅巾綵服表演雜技。

第四盞進御酒。

宰臣百官酒，送酒歌舞，並搬演祝君壽雜劇，奏罷，下酒盃、炙子骨頭、索粉、白肉、胡餅。

第五盞進御酒。

琵琶、玉琵琶演奏並樂部、舞、雜劇入場，再下酒，群仙炙天仙餅，太平畢羅乾飯，縷肉羹、花肉餅。

前筵畢，駕興，少歇，宰臣以下退出殿門，幕次伺候。須臾，傳旨追班再坐後，筵賜宰臣百官及衛士殿侍伶人等花，各依品位簪花，上易黃袍小帽兒，駕出再坐，亦簪數朵小羅帛花帽上。

第六盞再坐，斟御酒。

笙起，慢曲子，宰臣酒，龍笛起，慢曲子，百官酒，舞三臺，蹴毬人爭勝負；此時，下酒，供假黿魚、蜜浮酥、捺花。

第七盞進御酒。

箏上，宰臣酒，慢曲子，百官酒，舞三臺，參軍色作語勾雜劇入場三段，下酒，供排炊羊、胡餅、炙金腸；宰執親王使相侍從外國使副畢中使二員，至御座前三拜而飲。

第八盞進御酒。

歌板色長唱踏歌，宰臣酒，慢曲子，百官酒，舞三臺，眾樂作，合曲破舞；旋下酒，供假沙魚，獨下饅頭、肚羹。

第九盞進御酒。

宰臣酒並慢曲子，百官舞三臺，左右軍即內等子相撲；下酒，供水飯、簇飣下飯。宴罷，群臣下殿謝恩，退。

從這樣盛大的排場來看，不僅親王、百官及外國使節參與，同時，宴飲中九次進御酒，其間又穿插各種表演以娛嘉賓，並在第五盞進御酒之後，稍事歇息，賜花、換裝再行宴飲，且每一次進御酒，便享用不同的菜餚，駝峰、魚、羊、餅子、饅頭等，多是北方民族嗜食的口味，同時，食單中不僅有珍饈如駝峰，也有家常如各色餅子、饅頭等，足以飽食，並可符合外國使節的需求，而其儀節慎重，行事有序，威嚴中又有歡愉的氣氛，的確表現國宴的雍容大度與莊重氣勢。

至於《東京夢華錄》卷九載及〈宰執親王宗室百官入內上壽〉事宜，其上壽時日則為十月十二日，宰執親王宗室百官入內於集英殿慶賀，並有大遼、高麗、夏國等使節參與，其上壽儀式與前言《夢粱錄》所記〈宰執親王南班百官入內上壽賜宴〉一文大致類似，至於二者略有差異處，則是在文字敘述上，特別提及為大遼備菜事宜，並可補《夢粱錄》「第二盞御酒」所闕漏之文字，使上壽儀節更見完整。如：

每分列環餅、油餅、棗塔為看盤，次列果子；惟大遼加之豬羊雞鵝兔連骨熟肉為看盤，皆以小繩束之。又，生蔥韭蒜醋各一楪，三五人共列漿水一桶，立杓數枚。至於「第二盞御酒，歌板色唱如前，宰以酒，慢曲子，百官酒，三臺舞如前。」

總括而言，宋朝的國宴其儀節有序，無論是：地點、座次、拜謁、進酒次數、菜式、音樂、舞蹈、百戲、餽贈、簪花、中止歇息、進退等，不僅內容豐富，具有民族文化特色，並有一定的矩度，不可隨意錯置；同時，宴飲中顧慮賓客的飲食習俗而刻意備菜，以便迎合對方的口味，這種面面俱到，以客為尊的宴饗態度，贏得了友誼與邦交，也使賓主盡歡，真正達到了國宴的意義與功能。至於其菜式，並不奢華，的確有「訓恭儉，示惠慈」的作用。這樣的國宴內涵，令人深思。

四、國宴食單舉隅

台灣，雖然物產富饒，然而，在滿清政府或日治時期的統治下，自然無所謂國宴，因此，說到台灣的國宴，則可以國民政府遷台後為基始。尤其是歷任總統的飲食習慣各異，並在不同時代的氛圍中呈現當時的政治意識與外

交策略，這樣的主題已有相當論述，可參考〈從國宴菜單看我國飲食文化和政治變遷〉〔註14〕一文，本文不擬於此深入，而欲就一甲子以來的國宴食單，並《圓山經典食譜：五十周年典藏紀念》〔註15〕為基礎，和台灣的飲食習俗相呼應，探討其間的關係與特質，進而旁及相關的國宴食單互為比擬，俾便彰顯台灣的飲食文化，並作為國宴食單與重要筵宴的思考與參酌。

（一）台灣歷任總統的國宴食單

說到歷任總統的國宴食單，其內容的確南轅北轍，風格迥異，現依年代先後序，大致可分為以下六期：

1. 蔣介石時期——懷鄉念舊的川揚菜

蔣介石時期由於國民政府初播遷來台，物資缺乏，且邦交國有限，因此，國宴的作用多寓涵政治意識，並強調威權風格，是以當時的國宴多於圓山大飯店舉行，其菜色則可分為中、西二式，中式多為川揚口味，並是五菜一湯素樸的梅花餐。如：

1958 年 5 月，伊朗國王巴勒維到訪台灣。巴勒維在台北圓山大飯店，以「國宴」回請蔣介石、宋美齡夫婦，其食單則為：

> 黑魚子吐司、冷蕃茄濃湯、烙餡肉全魚、烤脯肋牛肉、青豆黃蘿蔔
> 炸洋芋、蘆筍鮮茄生菜，甜點是火燒冰淇淋，餐後飲品咖啡。

1966 年，蔣中正就職第四屆總統的國宴食單即是：

> 梅花拼盤、什錦香瓜盅、兩色龍蝦、生炒鴿鬆、黃燜嫩雞和八寶飯，
> 外加新鮮水果，飲料則為咖啡、紅茶或清茶。

至於 1966 年 2 月 15 日，於圓山大飯店歡宴大韓民國大統領朴正熙先生暨夫人的國宴菜色則是：

> 梅花拼盤、三絲鮑魚湯、咖哩雞餃、白汁魚翅、炒鹿脯拼炸肫、香
> 酥雞腿、冬菇菜心、火腿蛋炒飯、核桃酪、豆沙鍋餅、百果酥餅、
> 棗泥拉糕，各色新鮮水果，飲料則有咖啡、紅茶、清茶。

1969 年，越南共和國總統暨夫人於圓山大飯店宴請中華民國總統及夫人的國宴食單為：

〔註14〕卓文倩、劉佩怡、王萬，〈從國宴菜單看我國飲食文化和政治變遷〉，《第一屆美加中漢學會議》，淡江大學、加州州立大學等七校，2005。
〔註15〕圓山大飯店，《圓山經典食譜：五十周年典藏紀念》，漢光出版社，2002。

> 冷雀肉凍、三色清湯、烘鮮鯧魚、文烤牛肉、金色蕃薯、蘆筍尖及
> 小捲心菜、華爾道夫沙拉、楊梅兩色凍、鮮果菠蘿盅、咖啡紅茶。

1971 年 5 月沙烏地阿拉伯國王費瑟訪台的國宴食單則是：

> 梅花拼盤、雞茸粟米羹、牛肉包子、雞絲春捲、原盅排翅、生炒鴿
> 鬆、乾烤蝦丸、蠔油三菇、伊府炒麵、花色細點、杏仁甜菜，餐後
> 點心為各色鮮果，飲品則是清茶或咖啡。

及至離台前一天，費瑟國王也以「國宴」之禮，回請蔣介石、宋美齡夫婦，而其菜色則為：

> 冷鵝肝凍、蕃茄濃湯、烘石斑魚、文烤羊肉、阿拉伯飯、鮮芥蘭菜、
> 酪粉洋蔥、素菜色拉、火焰桃糕、咖啡紅茶。

1972 年，於圓山飯店，蔣中正就職第五屆總統的國宴食單則是：

> 梅花拼盤、金瓦塊魚、八寶全鴿、草菇菜心、醬豬肉、蒸飯、魚翅
> 清湯、五色奶油凍、各色鮮果、清茶咖啡。

2. 嚴家淦時期——因襲前賢的國宴餐

嚴家淦時代的「國宴」菜色，也不比蔣介石時代差，燕窩、鮑魚已成為「國宴」必備的菜式。並在因襲前賢的風氣下，不敢有所踰越。

3. 蔣經國時期——簡約樸實的梅花餐

蔣經國時代由於厲行簡約，國宴的次數大為減少，時間也大為縮短，雖然，為了國際禮儀，不失儉慢，龍蝦、排翅還是少不了，然而，其它的菜色卻十分家常化。如：

> 富貴雞、魚香牛腩、清蒸魚、清蒸鱸魚、干貝竹笙湯等。

4. 李登輝時期——珍饈美饌的鮑翅宴

李登輝嗜食美味，其菜色並多以粵菜、海鮮為主，除了總統就職國宴是於圓山飯店舉行外，已開始將國宴料理交予民間五星級飯店如：亞都、麗晶、西華飯店主持。至於 1990 年李登輝就職第八屆總統國宴，則是於總統府內舉行，圓山飯店主廚外燴，當時的食單菜色是：

> 錦繡冷盤、素食小包、一品排翅、翡翠蝦球、玫瑰黃魚、左宗棠雞、
> 干貝芋白、原汁牛肉、鮮嫩豆苗，水果和甜點，酒為花雕。

1996 年，李登輝就職第九屆總統國宴仍是於總統府內舉行，圓山飯店主廚外燴，而其食單則為：

> 龍蝦沙拉、一品排翅、海鮮金冠餃、蠔皇鮮麻鮑、蘆筍鮮干貝、黑

椒牛柳條、鳳梨雞球、蘑菇石斑魚、蓮蓉酥餃、椰汁凍糕、四季水
果，酒則是金釀陳紹。

至於李登輝宴請中南美洲宏都拉斯共和國總統阿斯柯納伉儷，其食單則
是：

梅花拼盤、通天排翅、金魚素餃、龍王鳳巢、蠔油鮑魚、中式牛排、
梅味三令、麒麟青衣、冰糖蓮藕，寶島鮮果。喝的則是台灣上等花
雕酒與清茶。

5. 陳水扁時期──遍地開花的小吃宴

及至 2000 年，國宴的地點、食材、菜色及形式都有重大的突破。陳水
扁總統第十屆就職國宴，即制定四季宴食單，並明確表明「國宴的食材多採
用台灣本地物產，甚至亦將家鄉小吃列入。」同時，「食單中不見保育類動
物」，以便塑造「平民總統」的形象，並希望藉「四季宴」喚起國人對寶島
的珍惜之心，獲得友邦的尊重。至於其食單內容則為：

春之孕：玫鮭白玉（以挪威鮭魚、加拿大帶子、日本鮭魚卵製成前
菜拼盤）。

夏之育：虱目丸湯（虱目魚漿、竹筍、地瓜葉佐以高湯）、台南碗粿
（香菇、蝦米、在來米漿）。

秋之美：龍騰珠海（澳洲龍蝦）、煙燻龍鱈（南非龍鱈）、烤羊小排
（岡山羊小排）。

冬之養：芋薯鬆糕（以嘉南的糯米粉、在來米粉、甲仙的芋頭和金
山的蕃薯製成）、參元甜粥（苗栗紅棗、白河蓮子、嘉南桂圓和糯
米）。

歲之時：寶島鮮果（有台南鳳梨、屏東青香瓜、花蓮西瓜、梨山水
梨），飲料則是精釀陳紹、陳年紹興、紅酒、白酒、清茶或咖啡。

至於 2004 年，陳水扁總統第十一屆就職國宴的食單則是：

南北一家親：宜蘭鴨賞、高雄烏魚子、東港櫻花蝦、台南燻茶鵝。

全民慶團圓：以台南虱目魚丸、花枝丸、蔬菜，佐以高湯製成的湯
品。

原鄉情意重：客家粿粽（以雞肉取代豬肉所製成的粿粽，並美其名
為「扁粿」）。

祥龍躍四海：清蒸台灣東部海域所產新鮮活龍蝦。

揚眉皆如意：南投梅子醬、台灣本土羊排、蘆筍、乳酪焗番茄。

豐收年有餘：澎湖海域所產新鮮海鱺魚，搭配菠菜醬汁。

故鄉甜滋味：大甲芋頭酥、原住民小米麻糬、杏仁露搭配油條。

寶島四季鮮：林邊蓮霧、屏東青香瓜、關廟鳳梨、台東西瓜。

餐後飲品：雲林古坑咖啡、阿里山高山茶。

2005 年 8 月 15 日陳水扁總統宴請瓜地馬拉總統的國宴，則首創由台北縣負責，從食材到原料都充滿台北縣物產的特色，很能彰顯台灣地方的農產與風情。負責烹調國宴的是台北凱薩飯店，其食單則為：

以金山甘薯做搭配的龍蝦盤、用土城土雞烹煮的山雞翡翠甕、以三峽竹筍料理的焗海鮮、以坪林綠茶入菜的香煎羊排、以石碇豆腐酥炸而成的三杯煨白芋、烏來的清蒸紅鱒，以及林口酒廠特產的紅麴葡萄酒。

6. 馬英九時期——鄉土本色的家常味

至於 2008 年，馬英九時期的國宴則是於高雄漢來飯店舉行，其內容仍是以鄉土飲食為本色。而其食單則是：

美樂小品皿、三元及第盅、香芋藏珍蝦、田園烤香雞、鮮筍百合果、香米點櫻紅、樹子海上鮮、寶島鮮水果、芒果甜品旺來酥。

（二）中國大陸的國宴食單

中國大陸的國宴多於釣魚臺國賓館舉行，隨著年代的先後，質量雖有所不同，然而，其菜色卻多平易近人。例如：

1986 年 10 月，英國女王伊莉莎白二世訪問北京，釣魚臺國賓館所準備的國宴食單是：

冷盤：水晶蝦凍、鳳梨烤鴨、白斬雞、如意魚捲、腐衣捲菜、梳子黃瓜、四樣小菜。

熱菜：茉莉雞糕湯、佛跳牆、小籠兩樣、龍須四素、清蒸鱖魚、桂圓杏仁茶。

點心：鮮豌豆糕、雞絲春捲、炸麻團、四喜蒸餃、黃油、麵包、米飯。

1991 年 9 月，李鵬總理款待英國首相梅傑一行訪問，其國宴規格的食單是：

主菜：鷄吞群翅、烤釀螃蟹、鮮菇燴湘蓮、紙包鱒魚、推沙望月湯。

小菜：炮綠菜苔、紫菜生沙拉、涼拌苦瓜、炸薄荷葉、櫻桃蘿蔔。

點心水果：豆麵團、六三卷、炸饊子、湯圓核桃露、新疆哈密瓜。

2009 年 11 月胡錦濤宴請歐巴馬的國宴食單是：

前菜：一道冷盤

　　　一份湯（翠汁鷄豆花湯）

主菜：中式牛排

　　　清炒茭白蘆筍

　　　烤紅星石斑魚

甜品：一道點心

　　　一道水果冰淇淋

2010 年上海世界博覽會，胡錦濤宴請世界各國政要的國宴食單是：

前菜：一冷盤

主菜：薺菜塘鯉魚

　　　春筍相豆苗

　　　墨魚籽花蝦

　　　一品雪花牛

甜品：一點心、一水果。

（三）國外宴請華人的國宴食單

在國外宴請華人的國宴，受限於食材及烹飪手法，因此，其菜式也多簡單，或為西式料理，例如，美國宴請胡錦濤的國宴食單是：

前菜：芝士梨沙拉

主菜：緬因龍蝦

　　　乾式熟成肉眼排配酪奶炸洋蔥

　　　釀馬鈴薯配忌廉菠菜

甜品：檸檬雪葩

　　　蘋果批

　　　雲呢拿雪糕

酒：2008 年產「俄國河」紅酒

　　2005 年產「哥倫比亞峽谷」紅酒

　　2008 年「詩人之躍」白酒

五、臺灣飲食與博覽會臺灣農產品文化特質

臺灣是海島型氣候，溫暖潮濕，物產豐富，並據亞洲大陸及南海群島咽喉的地理位置，雖為蕞爾小島，卻是環太平洋海域重要的前哨。

由於地理位置的特殊性，長久以來，臺灣島上的居民即是多元族群的融合，除了原住民外，明清以降，先後又有閩、粵、客家和外省族群的移入，再加上歷經荷蘭、西班牙、葡萄牙、英國、法國、日本等國家的侵略或佔領，外來文化紛乘，國際交流頻繁，種種變遷，都對台灣飲食文化的發展影響極為深遠。

臺灣居民的主食是米飯，各種米文化及米製品的食物類別繁多，如：粿粽、米粉、糕點、粄條等；加上位於洋流所經，漁獲量極為豐富，著名的介殼類如：蟹、龍蝦、蠔、蟶、蛤、螺、西施舌等，以及水產養殖魚類都極為豐盛，因此，早期居民傳統的食材都是以海鮮為主，其烹調手法並受閩粵族群移民所影響，多為蒸、煮、燉、滷等方式，口味清淡甘甜，再佐以各色調味或沾料，即是台式料理經常可見的形式與本色。

至於《台灣文獻叢刊·海東札記》言及臺灣土產，則有稻米、豆類、蕃薯等，而「蔬蓏與內地無別，黃瓜、茄、莧之屬，春初即入盤餐。又荷蘭豆如豌豆，角粒脆嫩，色綠味香。裙帶豆莢綠子黑，紅公豆莢紫子紅，御豆大如指頂，味尤滑嫩，皆食單佳品也。」〔註16〕

同時，台灣位於熱帶與亞熱帶地區，四季如春，物產富饒，水果的種類尤其繁多，即以《台灣文獻叢刊》中所載，如：香蕉、甘蔗、木瓜、柑橘、西瓜、鳳梨、番石榴、蓮霧等，都是汁多甜美又營養豐富的水果。無論是切盤或作成果汁、沙拉，入菜或製成糕點，如：橙汁排骨、鳳梨蝦球、拔絲香蕉、鳳梨酥等，都極具地方特色與風味。

總括來看，台灣食材最豐富的類別在於稻米、海鮮、豆類、水果等，因此，如何料理這些品類豐富，又具備台灣飲食文化特色的食材，便成為當務之急，並是可以深入探討的重要主題。

即以西班牙燉飯為例，這是當地人極為家常的主食，好吃、好看又健康營養，非常具有民族特色和風味，是西班牙的國飯，而其食材也不過就是米和海鮮。然而，台式料理中也能發展出這樣舉世聞名的風味餐嗎？是台灣鹹

〔註16〕朱景英，《海東札記》（《台灣文獻叢刊》，第 19 種，台灣銀行經濟研究室編印，1958），頁 32。

粥？港式海鮮粥？還是東港鮪魚料理？香烤烏魚子？回頭再看看歷年的國宴食單，米飯與海鮮是台灣食材重要的特色之一，然而，其運用似乎仍明顯不足，也少見搭配，於是，國宴食單中台灣文化的特質自然就面貌模糊，難以彰顯。

固然，國宴食材大多取自當地常見的農產品，或是其他地區少見的物品，除了可以彰顯民族的飲食特色外，更能透過不同的食材取樣和料理，使賓主盡歡，進而達成邦國聯誼的首要目標。

國際間飲食文化的交流，除了國宴僅限於少數人有幸得以參與外，另一個重要且普遍的管道就是「博覽會」。尤其是自十九世紀以來，在帝國主義殖民政策的影響下，為了展示殖民成果，各國更是競相於博覽會中將殖民地的工藝、紡織、飲食、生活等習俗具體展示或陳列，是以國際博覽會經常是參與國挖空心思，相互較勁，使殖民地的政治、經濟、文化、教育能夠整體呈現，以便達到國際宣傳的效果，因此，博覽會所展示的不僅是一個國家的國力，也是民俗、文化、生活習慣等軟實力的綜合完成。而其中不可或缺的必定有飲食文化的部份，這是常民生活的展示，是民生所需，也是國際間文化交流最平易近人，最具吸引力的項目之一，這種國際間飲食交流的習尚好惡，展現了各民族不同的生活習性，當然也可以作為國宴食單的評量與參考。

即以《始政四十周年記念臺灣博覽會誌》〔註17〕第二編〈會務〉所載，當時臺灣的展示品可大別為工藝品（如：大甲草蓆、眼鏡、玩具等）、紀念品（如：繪葉書、文房具、掛軸等）以及食品類等項目；其中，又以食品類的展示最為琳瑯滿目。例如：

第一會場即有：豚肉加工品（台北市）、果汁（台南市）、蜜餞（台北市）、食料品（台北市）、蜂王粉（台北市）、蕃產品（台北市）、蜜餞飴類（台北市）、飲食店（台北市）、來來軒食堂（台北市）、果子（台北市）、飲食店（台北市）、饅頭（台北市）、果物（台北市）、森永製果出張販賣店（台北市）、陸橋食堂（台北市）等。

至於第二會場則有海人草（高雄市）、果子（花蓮港）、乾燥木瓜（花蓮港）、沖繩特產（台北市）、蕃產物（台北市）、果物（新竹市）、漬物、罐頭

〔註17〕始政四十周年記念臺灣博覽會，《始政四十周年記念臺灣博覽會誌》，東京：凸版印刷株式會社板橋工場，昭和十四年發行。

（屏東市）、茶及喫茶（新竹州）、溫州蜜餞（宜蘭郡）、椰子實（台中市）、果子（台北市）、蜜餞（台北市）、食料品（台北市）、來來軒食堂（台北市）、饅頭（基隆市）、古董品、飲料水（台北市）、森永製果出張販賣店（台北市）等。

從以上的清單來看，博覽會中食品類的展示，品類繁多，的確涵蓋了台灣重要的農作產物，如：米（食堂）、茶（烏龍茶、鐵觀音、包種茶、紅茶）、糖（蜜餞、飴類、森永製果）、水果（蜜餞、乾燥木瓜、果物、椰子實、果汁等）以及原住民的蕃產物（飴類等），都很能代表台灣的飲食文化特色。至於在博覽會開幕式的祝賀會中，所提供的點心果物，其內容為：洋菓子、果物、臺灣料理、酒、冷紅茶等，也都是盛極一時的台灣重要農作。

固然，博覽會中展示的飲食代表的是庶民文化，然而，不可否認地，博覽會也是各民族文化交流的平台，有其重要性與普及性，因此，為了突顯各民族的特色，必須要展示具備民族風味的食品，那麼，不禁令人深思，這樣的民族風味特色是否也可以列入國宴食單？

而其中，米（食堂）、茶（綠茶、紅茶）、糖（飴類、糖果）、果物（脫水乾果、蜜餞），都是經常出現在博覽會並極受歡迎的農作產物，並和前言臺灣飲食文化特色的內涵也頗有重覆之處，只要再加上海鮮類、豆類，便可以完整勾勒出台灣食材特色的全貌，才能進一步掌握台灣飲食文化的精神，並將之融入國宴食單中。

國宴食單的擬定是一門複雜而又重要的學問，不僅寓涵政治智慧，且是外交禮儀、飲食習慣、宗教信仰、文化氛圍等各項因素的整體融合，唯有面面俱到，才能賓主盡歡。

事實上，國宴多是歡迎來訪元首或重要賓客，其對象多為外國人，因此，如何賓至如歸，不失禮儀，便是重要的行事準則；尤其是國宴食單中食材的考量必須用心周到，避免有違宗教習俗的食物，或使賓客吃相狼狽以致食慾全失。因此，須禁用保育類食材、動物內臟或特異的食材，海鮮、水果必須去殼、去籽、去皮，使容易入口，另外，食物的保鮮與保溫也很重要，必須避免過燙或冰冷的食物，才不至於失禮。

國宴料理有其精緻性與代表性，今日，隨著國宴食單的曝光，國宴不再是高不可攀的尊貴料理，卻反而走向親民務實的平易風格，即使是地方小吃也能改頭換面，登上國宴並備受矚目。因此，許多曾經替阿扁主廚過國宴

的飯店,也順勢推出國宴菜色以宴饗一般賓客,例如:圓山飯店就以陳水扁總統第十一屆就職國宴的食單為餐飲內容,推出一客定價為 2500 元加一成的套餐,民眾也趨之若鶩。只是,當國宴餐飲不再具有尊榮性與特殊性的本質,國宴的精神便也蕩然無存。

六、結　論

　　國宴是極為重要的餐飲場合,唯有適情適性,才能賓主盡歡,至於如何巧妙地將民族文化習俗藉著飲食融入宴飲,而又不著痕跡,則須縝密的規劃與設計,以及廚藝巧手,才能達成目標。《禮記‧禮運》所謂「夫禮之初,始諸飲食。」〔註18〕更何況國宴的禮儀更須周至,且中華料理素以「養生」為宗旨,而五味、五色、五臟之調和,則又非飲食莫屬,的確必須悉心從事才是;只是,除了阿扁的四季宴食單略有涉及外,我們的國宴食單是否也有思考到這樣的飲食文化精神?

　　另外,就國宴的特殊性與慎重性來看,個人以為國宴舉行的場地仍須以既定的空間為佳。除了安全顧慮,在特定的場所舉辦國宴,其裝潢、佈置、表演空間、儀式的進行,以及整體的文化氛圍較可掌控,也更能彰顯地主國既有的風格和特色,進而促進國與國之間的敦親睦鄰與友好情誼。

　　至於國宴食單,代表國家的文化內涵與品味,當然必須呈現民族的飲食特色與烹飪手法,只是,仍須顧及國宴整體的協調與特殊性,並須具備相當份量的主菜,或對方較易接受的食材與口味,以顯示地主國對賓客的用心和尊重,若菜色全然以地主國本位的思考為主體,則不免有失禮儀且貽笑大方,應予以避免才是,而其中分寸的拿捏,惟有賴經驗與用心,才能真正做到恰如其分罷!

七、引用書目

(一)傳統文獻

1. 十三經注疏《周禮》,漢‧鄭玄注,唐‧賈公彥疏,台北:藝文印書館,1993。

2. 十三經注疏《禮記》,漢‧鄭玄注,唐‧孔穎達正義,台北:藝文印書館,1993。

〔註18〕十三經注疏《禮記》,疏卷 21,頁 9。

3. 十三經注疏《左傳》，晉·杜預注，唐·孔穎達正義，台北：藝文印書館，1993。

4. 唐·房玄齡等，《晉書》，台北：鼎文書局，1982。

5. 五代·劉昫等編撰，《舊唐書》，台北：鼎文書局，1976。

6. 元·托克托等撰，《宋史》，台北：鼎文書局，1993。

7. 清·王鴻緒等撰，《明史》，台北：鼎文書局，1982。

8. 宋·鄭望之，《膳夫錄》，清順治丁亥（4年）兩浙督學李際期刊本，1647。

9. 宋·吳自牧，《夢梁錄》，《景印文淵閣四庫全書》，冊590，台灣：商務印書館，1983。

10. 宋·孟元老，《東京夢華錄》，《叢書集成新編》，冊96，台北：新文豐出版社，1985。

11. 清·袁枚，《隨園食單》，《叢書集成三編》，冊30，台北：新文豐出版社，1996。

12. 明·王志堅，《表異錄》，《百部叢書集成》，冊58，台北：藝文印書館，1969。

（二）近代論著

1. 始政四十周年記念臺灣博覽會，《始政四十周年記念臺灣博覽會誌》，東京：凸版印刷株式會社板橋工場，昭和十四年發行。

2. 朱景英，《海東札記》，《台灣文獻叢刊》，第19種，台灣銀行經濟研究室編印，1958。

3. 林占梅，《潛園琴餘草簡編》，《台灣文獻叢刊》，第202種，台灣銀行經濟研究室編印，1964。

4. 圓山大飯店，《圓山經典食譜：五十周年典藏紀念》，漢光出版社，2002。

5. 卓文倩、劉佩怡、王萬，〈從國宴菜單看我國飲食文化和政治變遷〉，《第一屆美加中漢學會議》，淡江大學、加州州立大學等七校，2005。

原文載《中華飲食文化基金會會訊》，第17卷，第2期，頁16～28，財團法人中華飲食文化基金會，2011.05。

四、從兩岸故宮倣古玉件
談其尊古意識

【內容提要】

　　倣古風格是宋朝及明末清初時期，玉件製作中經常可見的現象，且其淵源並可上溯自兩漢，這樣的風氣即使迭經世代交替，然而，模擬三代舊器的美學意識卻仍然不見中止。且其案例在台北與北京故宮博物院傳世的玉件中也為數不少；同時，這一類玉件，即使歷經不同時代的模擬及改制之後，許多玉件卻更能彰顯其倣古風格的過程與原貌。雖然，這樣的現象就某些層面來說，的確是一種「作偽」的行徑，只是，這樣製作精密，有意識的倣古，究其真實目的卻純然只是「尊古」思想的反映，而非玩古、泥古之意，這樣的思想令人深思；是以本文以兩岸故宮博物院所收藏的倣古玉件為例，印證文獻、玉件上之鐫刻文字，並依不同時期的風格剖析，分別提出好古、稽古、師古的「尊古」意識，使闡明倣古玉件中所寓意的歷史、文化意義及其美學內涵。

　　關鍵詞：尊古、倣古、好古、稽古、師古

一、前　言

　　玉，自古以來在中華文化中一直扮演著重要的腳色，其作用無論是禮玉、瑞玉、葬玉、佩玉等，都對人們的精神層面、社會制度以及物質文明產生深遠的影響，相關的文字並在先秦典籍中屢見不鮮。

　　例如：《左傳‧莊公十年》曹劌論戰，問何以戰？公曰「犧牲玉帛，弗敢加也，必以信。」〔註1〕即已指出古人以玉為祀的禮敬；而《周禮‧天官‧大宰》稱「大朝覲、會同，贊玉幣、玉獻、玉几、玉爵。」〔註2〕則是以玉作為朝覲、聘享、兵符信玉；至於《周禮‧天官‧大宰》有言「大喪，贊贈玉、含玉。」〔註3〕則是以玉斂屍的習俗，並都是生活中重要的儀節與制度，這樣的記載對照新石器時代出土考古挖掘，如：紅山文化、良渚文化、凌家灘文化等玉件出土，也可見其來有自。

　　另外，《禮記‧曲禮下》言及「君無故，玉不去身。」〔註4〕而《禮記‧玉藻》也稱「佩玉有衝牙，君子無故，玉不去身，君子於玉比德焉。」〔註5〕這樣的思想對照《詩經‧鄭風‧女曰雞鳴》所謂「知子之來之，雜佩以贈之。知子之順之，雜佩以問之。知子之好之，雜佩以報之。」〔註6〕這種以珩、璜、琚、瑀、衝牙之類的「雜佩」相互饋贈、問遺賓客、賢士的觀念，則不僅是文人美感的襟懷，知識分子「游於藝」思想的本質反映，同時，這種「於玉比德」及以玉作為行止媒介的習俗，更是一種「禮」的呈現，也都可見古人用玉習俗之普遍與廣泛。

　　玉件對人們生活的影響層面如此深遠，且其文化象徵既尊且貴。然而，在兩岸故宮博物院傳世玉件收藏中，卻保留著許多倣古的玉件，這樣的現象在器物的發展沿革中的確是令人深思。尤其是玉件的倣古風格，不僅見於宋朝及明末清初等時期，且其淵源更上溯自兩漢，可見這樣的形式絕非只是單一事件或偶發行為而已！這樣的現象當然值得深入研究，並也是本文所欲探討的重要標的。

　　固然，玉件的倣古風格若以某些層面來說，這的確是一種「作偽」的行

〔註1〕十三經注疏《左傳》（台北：藝文印書館，1993），疏卷8，頁22、23。
〔註2〕十三經注疏《周禮》（台北：藝文印書館，1993），疏卷2，頁22。
〔註3〕十三經注疏《周禮》，疏卷2，頁23。
〔註4〕十三經注疏《禮記》（台北：藝文印書館，1993），疏卷4，頁16。
〔註5〕十三經注疏《禮記》，疏卷30，頁13。
〔註6〕十三經注疏《詩經》（台北：藝文印書館，1993），疏4-3，頁5。

徑，並不值得鼓勵。只是，這樣的「作偽」無論是就玉件形制、紋飾的鐫刻而論，都製作精密，並刻意模仿高古彝器的老化現象，不僅施以細緻地燻烤，且刻意將玉件的顏色作舊。因此，可以肯定地是，這樣的「作偽」必是有意識地模擬，並在「倣古」的思維中，歷經不同時代美學風格的呈現，這是因其特殊的歷史背景和文化內涵因素所致，絕非一般以利益為前提的商業行為可以比擬，自然應予以深入闡述才是。

至於玉件的倣古與作舊，相關的論述有楊美莉〈晚明清初倣古器的作色——以銅器、玉器為主的研究〉〔註7〕一文，對台北故宮博物院晚明清初銅器、玉器的作色，提出了相當的研究與佐證。只是，這篇文字多偏重對銅器仿古的製作與闡述，且全文 27 頁的文字內容，倣古玉篇幅則不足 6 頁，同時，文中強調對「古色」的模擬是青銅、玉件倣古的目的，並是以「寒法」、「溫法」製成，只是，這樣的論述並不完全適用於玉器。

同時，台北故宮博物院又出版《古色：十六至十八世紀藝術的仿古風》〔註8〕一書，基本上，其觀點也仍是以模擬「古色」作為器物「倣古」風格的基礎和憑藉，且其年代同樣侷限於晚明清初，只是，晚明清初的器物何以要模擬「古色」？且其在模擬「古色」之餘，所寓涵的「古意」又是甚麼？則是未見闡述。

至於北京故宮博物院所收藏的仿古玉件，於《中國玉器全集》圖錄中闡釋地相當細密，且其圖說文字豐富，也足堪印證。另外，《中國玉器全集‧清》又有李久芳〈清代琢玉工藝概論〉〔註9〕一文，言及器形與裝飾風格時，於「仿古類型」一節中，將清代倣古玉器分為三類：1. 倣製古玉 2. 古玉器的利用和改作 3. 倣古彝器。並稱：

> 宋代以後，借鑑和倣造古代工藝美術的造型和紋飾，成為重要的社
> 會風尚。清代雍正和乾隆時代也格外注重倣古，以「返樸還淳」、「形
> 制古雅」為追求的樂趣。這種倣古的崇尚在琢玉工藝中亦很盛行，
> 不僅倣造部分古代玉器，還用玉倣造大量先秦時代的青銅禮器。

〔註7〕楊美莉，〈晚明清初倣古器的作色——以銅器、玉器為主的研究〉，《故宮學術季刊》，第 22 卷，第 3 期（台北：故宮博物院，2005 年春季號），頁 17～53。

〔註8〕李玉珉主編，《古色：十六至十八世紀藝術的仿古風》，台北：國立故宮博物院，2003。

〔註9〕李久芳，〈清代琢玉工藝概論〉，《中國玉器全集‧清》（河北美術出版社，1993），頁 10。

　　這樣的論述的確一針見血，只是，李文中雖已點出了玉件「倣古」的現象，卻也未見闡述其緣由，致使玉件倣作只是淪為以「返樸還淳」、「形制古雅」為追求的樂趣而已！從而錯失認知玉文化真諦與功能的機會，殊為可惜。

　　是以本文擬就玉件的「倣古」現象為範圍，以兩岸故宮博物院所收藏的倣古玉件為例，並與文獻、玉件上之鐫刻文字印證，進而探討倣古玉件中所寓意的歷史、文化意義及美學內涵，這是「玉文化」重要的精神與宗旨；至於玉件的形制、紋飾轉化與玉色「作舊」，雖也是「倣古」形式的一部分，然而，囿於篇幅所限，是以本文略而不談，而專注於玉件「倣古」的文化思維。

二、兩岸故宮博物院倣古玉件舉隅

　　歷代以來，「復古」、「倣古」、「摹古」的風氣極盛。這樣的思潮又以漢朝、宋朝以及明清之際的脈絡最為鮮明，無論是唐宋的古文運動、晚明的復古小品，這種「復古」的理念並完整地呈現在禮儀制度、社會典章、天文曆數、思想行為以及散文「質樸」風格的重現，並成為中華文化重要的本質。至於在器物方面，雖也有倣古、博古的風潮，卻以玉件的製作最為盛行，影響極為深遠，且其所謂的「古」並直指「三代」高古的思想與風格，這樣的現象的確令人深思。

　　是以本文以兩岸故宮博物院收藏為例，並就玉件的倣古及改制等現象，探討不同時期在「尊古」意識下，玉件所呈現的「好古」、「稽古」、「師古」等特質。同時，台北故宮博物院收藏的玉件圖錄，以《故宮玉器選萃》〔註10〕（簡稱《選萃》）、《故宮玉器選萃‧續輯》〔註11〕（簡稱《選萃》續輯）以及《故宮古玉圖錄》〔註12〕（簡稱《圖錄》）的蒐集最為完善，且其圖說詳盡，是以本文例舉時以此圖錄為依據；而北京故宮博物院收藏則以《中國玉器全集》〔註13〕（簡稱《玉全》）圖錄為基礎，另外，為尊重原著，圖說並仍以原貌呈現，以免文意不一而生訛誤。今略舉例如下以為參酌：

〔註10〕《故宮玉器選萃》，台北：故宮博物院，1969。
〔註11〕《故宮玉器選萃‧續輯》，台北：故宮博物院，1973。
〔註12〕《故宮古玉圖錄》，台北：故宮博物院，1982。
〔註13〕《中國玉器全集》，河北美術出版社，1993。

（一）宋代倣古玉件舉隅

宋代是玉件倣古最為盛行的時期，台北故宮博物院即有許多題為「宋舊玉」的收藏，其形制並多是「倣古」彝器思想下的作品。例如：舊玉蟠龍觥（《選萃》圖 23，圖 4-1）、舊玉蟠龍觥（《選萃》續輯圖 21，圖 4-2）、黃玉帶蓋瓶（《選萃》續輯圖 20，圖 4-3），這些彝器並都是禮器之屬，表現時人對高古器物的師法與尊崇。

圖 4-1　宋，舊玉蟠龍觥　　　　圖 4-2　宋，舊玉蟠龍觥

高 14.6、縱 5.8、橫 11.79cm，玉色瑩白　　高 15.4、徑 8.5cm，臺北故宮博
含青，沁處呈梭色，臺北故宮博物院藏。　　物院藏。

圖 4-3　宋，黃玉帶蓋瓶

高 13.1、最寬 8.6cm，黃玉有赭斑，底座雕一「乙」字，臺北故宮博物院藏。

　　至於在北京故宮博物院有關宋代倣古並作舊的玉件，其形式相較之下則較為簡略。例如：青玉獸耳雲龍紋爐（《玉全・隋唐—明》圖106，圖4-4），玉呈青灰色，曾經火灼燒，爐內底部陰刻清高宗弘曆御題詩一首。又，白玉鹿紋橢圓洗（《玉全・隋唐—明》圖111、112，圖4-5），玉呈深褐色，局部因經火燒，有黑褐色斑浸，體呈橢圓形，內底部凸雕十一朵如意頭式雲紋。

　　總括來看，宋代玉件的倣古與作舊風氣極為興盛，尤其是作舊的形式與技巧都達於顛峰，提油的技法也日益成熟。相對而言，北京故宮博物院所收藏的宋代玉件則因數量較少，且其作舊的形式，雖也施予局部燻烤，然而，在色澤及薰染的面積、細密度方面，卻都遠不及台北故宮博物院收藏來得精緻並多樣化。

圖4-4　宋，青玉獸耳雲龍紋爐　　　　圖4-5　宋，白玉鹿紋橢圓洗

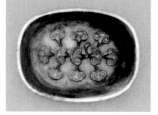

高7.9、口徑12.8cm，北京故宮博物　　　高6.4、口徑14.5＊10.7cm，北京故
院藏。玉呈青灰色，曾經火灼燒。　　　宮博物院藏。玉呈深褐色，局部因經
　　　　　　　　　　　　　　　　　　火燒，有黑褐色斑浸。

（二）明代倣古玉件舉隅

　　這種倣古的觀念流傳至明，尤其在台北故宮博物院的收藏中，最具代表

性的玉件即是「白玉鰲魚花插」（《選萃》圖25，圖4-6），不僅器型生動，且鰓處略帶絡紋，並於鰭、尾、頭、鰓部突出處，施以黑褐色細細薰染，明顯是作色所致；畢竟，這種白玉兼黑褐色的玉石在原生礦物中極為罕見，而糖玉則是紅褐色，至於若為沁色，則應是帶狀面積的沁蝕，而非只是邊緣勾勒式的呈現，且此器唯邊緣處略呈黑褐色，明顯是老提油技法，作舊並褪色所致。

圖4-6　明，白玉鰲魚花插

高 15.6、縱 4.26、橫 9.55cm，台北故宮博物院藏。玉質晶瑩，呈青白色，邊緣之處，則呈黑色。

　　至於北京故宮博物院所收藏的傳世玉件，原本即是以明、清時期為大宗。且無論是就器物的形制、紋飾、作色，或從其圖釋文字來看，「傲古」的玉件確實不在少數。例如：白玉獸面紋獸耳爐（《玉全・隋唐─明》圖237），明，青玉赭色沁，簋式。墨玉龍紋獸耳簋（《玉全・隋唐─明》圖238），明中期，傲西周青銅簋造型。青玉獸面紋衝耳爐（《玉全・隋唐─明》圖239），明中期，青玉，玉質顯舊，係明代傲古陳設、供器。相關的物件印證於明中期，1969年上海市陸氏墓出土，上海市博物館所收藏的玉剛卯、玉嚴卯（《玉全・隋唐─明》圖229），則是傲漢作品，都可見當時傲古風氣之盛。

　　至於又有青白玉夔鳳紋樽（《玉全‧隋唐—明》圖240，圖4-7），明，玉料呈青白色，局部有褐色斑浸，體為圓柱形。樽由蓋和體兩部分組成，蓋面呈弧形，上立雕三獸鈕，並飾淺浮雕游渦紋，邊沿飾凸出的夔形夔龍紋。樽週身飾變形龍鳳紋三組，一側中腰鏤空一雲形環狀把，底平，有三個獸蹄狀足等距分立。此器最早出於漢代，這件則是明代倣古。

圖4-7　明，青白玉夔鳳紋樽

高 15.9、徑 6.2cm，北京故宮博物院藏。玉料呈青白色，局部有褐色斑浸，體為圓柱形。此器最早出於漢代，這件為明代仿古。

（三）清代倣古玉件舉隅

　　及至清朝時期，由於平定回亂，新疆的玉料得以源源不絕進貢朝廷，再加上帝王喜好，治玉工藝大為精進，無論是老玉或新玉，玉件的倣古並改制，都不在少數。尤其是康熙、乾隆時期，由於帝王對中華文化及玉器的喜好，再加上倣古風氣盛行，因此，呈現於玉件中，便也形成獨特的時代風格。例如：

1. 康熙時期倣漢雞心珮玉件

　　清初時期，倣漢雞心珮玉件的出現，是極具特色的時代風潮，這樣的美學風格尤以康熙時期達至顛峰，之後便又少見。這樣的觀點實基於清初帝王極為仰慕中華文化，並可直溯三代，是以倣漢即是上承三代之旨，至於其相關玉件則略舉例如下：

（1）和闐碧玉雞心珮（《玉全‧清》圖159）

玉質深碧色，做漢玉珮式樣，鏤雕雲蝠和鴛鴦戲水，工藝精巧，展現出清初琢玉的水平。

（2）和闐白玉雞心珮（《玉全‧清》圖158，圖4-8）

玉質潔白，扁平體。鏤雕流雲紋。係做漢代雞心珮的形制。康熙時期玉器，極罕見，此為康熙時期墓葬出土，極珍貴。

圖4-8　清康熙時期，和闐白玉雞心佩

長8、寬5.7cm，1962年北京師範大學出土，首都博物館藏。玉質

潔白，扁平體，係仿漢代雞心珮的形制。康熙時期玉器，極罕見。

（3）和闐玉雲紋雞心珮（《玉全‧清》圖167）

白玉如脂，表面似玻璃之光亮。長方形，片狀，表面浮雕勾連相繞的雲氣紋，邊緣鏤雕雲氣紋上，又用極細的淺陰綫琢出小勾雲紋，其雕法和式樣是做照漢代韘形玉珮，珮中部為一圓孔，孔內有鏤雕的雲頭。

古人有佩韘之習，韘形玉珮產生的極早，到了漢代品種驟增，清代作品孔變小，而孔外裝飾變得複雜精緻，宮廷使用的雞心珮極多，有的完全做漢代作品，有的則是在漢代作品基礎上加以變形，這件玉珮為宮廷做漢代作品。

2.「大清乾隆做古」的社會意識

及至乾隆時期，治玉工藝達於極致，後人所謂的「乾隆工」便是大器、精緻的代稱。然而，值得注意地是，乾隆玉件底部經常鐫刻有「大清乾隆仿古」款識，充分顯示當時「做古」風氣盛極，且大多是做祭祀彝器；由此可

見，即使是貴為皇帝，且乾隆的鑑賞能力極高，竟也毫不避諱地自認所制之玉是為「倣古」之作，從而又鐫刻於器物底部，可見當時社會意識之一般，並不以「倣古」為忌諱。

　　同時，乾隆時期的玉件，又有對三代景仰之題材，表現最為淋漓盡致地便是揚州鹽商合力送給乾隆皇帝的「大禹治水圖山子」（成於 1788 年，北京故宮博物院藏），這樣高大而又珍貴的玉雕作品，不僅是以北方民族所熟悉的「山子」形式完成，充分迎合乾隆皇帝對玉器的喜好，且雕刻題材又以三代聖王大禹治水的事蹟相比擬，的確深具歌功頌德的言外之意。尤其是明確鐫刻「大清乾隆倣古」款識的玉件，在台北及北京故宮博物院都有相當數量的收藏，今略舉例如下，使印證乾隆時期「倣古」風氣之盛行。

　　（1）白玉瑞獸尊（《選萃》圖 29）

　　器身作麒麟，背負扁方瓶，侈口，深壁，腹微碩。有象首雙耳，各銜一活環，頸飾蕉葉紋，腹作雲紋。獸頂有獨角。玉色潔白。口沿鐫有隸書「大清乾隆倣古」六字款。

　　（2）白玉兕觥（《選萃》續輯圖 29）

　　仿古銅器兕觥之形，腹作饕餮紋，口沿雷紋一圈，足作繩紋及三角形紋。蓋作獸首形，有饕餮紋，龍目，底琢「大清乾隆倣古」隸款。蓋裏琢乾隆己亥仲春月御製詩。

　　（3）和闐玉魚鳥紋壺（《玉全‧清》圖 191、192）

　　青玉，有絡及白色瑕，倣古彝器。細頸、頸部凸起三道弦紋及蟠夔紋一週，並有細綫陰刻雲雷紋一週。壺腹較圓，上部凸雕三週帶紋，帶紋間浮雕魚、鴨、龜。壺上部兩側各凸雕一獸首啣環耳，環上套一活環。壺下部兩側又各雕一獸啣環耳，環上亦套活環，下部兩耳連綫與上部兩耳連綫垂直。圓形足，壺底陰刻隸書「大清乾隆倣古」款。壺頸雕隸書七言詩一首「和闐綠玉尺五高，纏頭歲貢罽以包。玉人琢磨精釐毫，漢銅鳧魚壺製標。魚泳鳧翔圍腹腰，不惟其肖其神超。文己丙辰相為曹，事不師古厥訓昭。無能擲山學神堯，熱海砂礫閒棄抛。來實翦拂成珍瑤，席上之珍何獨遙。」末署「乾隆壬午御題」陽文「會心不遠」陰文「德充符」二方章。

　　（4）和闐玉方壺（《玉全‧清》圖 198、199）

　　青玉質，一側有淺赭色斑。方形壺體。方口，方足。蓋頂微凸，蓋面光素，在四角斜棱上，凸起鳥首形飾。壺體光素無紋。腹部一側琢刻隸書乾隆

丙午年御題詩九十八字。底部中央淺刻豎行「大清乾隆仿古」六字隸書款。頸兩側為獸首耳套活環。

按乾隆御題詩，此器為蘇州專諸巷玉匠倣漢銅壺式樣製成。器型莊重，製作規矩，比例恰到好處。為乾隆倣古器之代表作。

尤其是此件方壺刻有「大清乾隆仿古」款。佐以詩文所言「夏商曰尊周曰壺，雖云遞降古猶允。返古在茲懼在茲，君人好尚可弗謹。」則是明確指出乾隆皇帝對三代的景仰之情，是以制壺以期「返古」，並時時在茲、懼茲；因此，即使方壺刻治的形制「遞降」，卻猶存古意；同時，乾隆又請賢達君子可以不必如此嚴謹地看待此件倣古器物的造型。都可見乾隆倣古之意是在於「返古」，並藉此器心生戒懼、惕勵，而非只是著眼於器物的賞玩而已！是以其下又鐫刻「比德」、「朗潤」二印，也頗有期勉之旨。

3.《清高宗御製詩文全集》中的玉文化思維

乾隆皇帝喜好書畫器物，博雅師古，又酷嗜題刻，無論是傳世或新制，相關的文物收藏及文字記載頗富，而其詩文經台北故宮博物院整理並收錄於《清高宗御製詩文全集》，俾便後人查詢、研究。今就玉件為例，條列並擇取其中有關材質、形制、倣古或改制的內容如下，使見乾隆時期玉件風格並玉文化之思維。

至於詩文內容，除了論及乾隆時期玉件的材質來源及其個人心得外，又載有：倣古玉件——為倣三代、倣漢、倣宋之作，又或有從宋式《博古圖》中倣漢、或倣三代彝器者，其相關例證則如下列編號 1～11；至於改制玉件，則多因玉件跌缺者而權變，頗有惜材之旨，其例證則如編號 12～14。這樣的現象與前述文獻或玉件鐫刻文字的內容完全相符，並可再次印證玉件倣古的作用是好古、稽古、師古意識的呈現無誤。尤其詩文中乾隆特別喜好「龍尾觥」，並指稱其為始自三代之器，是以倣件紋飾縱使已簡略歧出，然於三代之尊崇，已全然溢於言表。今略述如下：

（1）**詠漢玉蟠夔方壺**（《詩文全集》冊 7，4 集，卷 11，頁 27）

> 西清貯古器，銅范有方壺。切玉茲雖異，蟠夔卻弗殊。
> 不觚休致誚，如琢信非諛。方直義經義，寧惟用大夫。

（2）**詠和闐玉獸環尊**（《詩文全集》冊 7，4 集，卷 13，頁 34）

> 式擬宣和譜，攻如宵雅詩。不知秦與漢，尚友象兮犧。
> 豈必銅需範，何妨石藉治。雙環常附耳，可以貫繩絲。

（3）詠和闐玉饕餮觚（《詩文全集》冊7，4集，卷33，頁35）

精琢和闐玉，宛成饕餮觚。法圖述姬室，巧製異痕都。

象戒貪多者，名兼飲少夫，今惟插花用，似彼兩無須。

（4）詠和闐玉蟠螭壺（《詩文全集》冊7，4集，卷86，頁3）

琢玉作今器，范銅取古型。俗嫌時世樣，雅重考工經。

雖匪金銀錯，依然螭象形。酒漿原弗貯，祇備插花馨。

（5）題和闐玉倣古饕餮尊（《詩文全集》冊9，5集，卷2，頁12）

山玉數尺尚易得，水玉盈尺亦艱致。

嘉此巨材出玉河，延袤尺餘猶未暨。

弗令俗工騁新樣，博古圖中取古式。

琢為周代饕餮尊，饕餮本寓戒貪義。

不捐之山取諸河，責實循名可無愧。

（6）和闐玉龍尾觥（《詩文全集》冊9，5集，卷13，頁27）

和闐河裏閱千秋，水氣土華浸弗浮。

袪俗偏教一倣古，不殊漢器詠其觥。

（7）詠古玉龍尾觥（《詩文全集》冊9，5集，卷14，頁29、30）

龍尾為觥向所聞，於焉傾斗意猶勤。

珪璋鄙謝元常子，髣髴曾陪冥漠君。

青綠略露古銅色，璘玢欲隱臥蠶紋。

偶觀舊器成新詠，顯晦惟時物理云。

（8）詠和闐雲龍玉觥（《詩文全集》冊9，5集，卷15，頁20）

邇日吳工特弄奇，琢龍觥口守珠為。

鄙其俗巧取其義，莊語富言兩合之。

（9）詠古玉龍尾觥（《詩文全集》冊9，5集，卷19，頁14、15）

龍尾觥自三代有，稱之曰漢傳人口。

開闢來即有和闐，較之炎漢誠更久。

和闐雖無觥之名，玉自邃年土氣受。

留其土華鑿為觥，何異商尊及周卣，

五升七升奚必拘，刻木詎如刻瓊玖。

俗工時樣不可窮，入目翻憐為玉咎。

　　欲引之古返厥初，居然老工製精琇。

　　宋綠楚白乃雲仍，赤刀大訓堪朋友。

　　對斯穆然既憮然，器易反古世能否。

（10）詠和闐玉饕餮觚（《詩文全集》冊9，5集，卷25，頁24）

　　和闐貢美玉，量質製成觚。無取俗時樣，教摹博古圖。

　　圜方品殊矣，饕餮戒存夫。久弗為飲器，簪花佐詠娛。

（11）詠和闐玉漢獸環方壺（《詩文全集》冊9，5集，卷28，頁13）

　　邇來和闐玉來多，官貢私售運接軒。專諸巷裏，工匠紛爭出新樣，
無窮盡因之玉厄。有惜辭，凡涉華囂概從擯。知不獲利漸改為，方
壺茲以漢為準。獸琢雙耳連以環，既樸而淳纖巧泯。夏商曰尊周曰
壺，雖云遞降古猶允。返古在茲懼在茲，君人好尚可弗謹。

（12）題漢玉穀璧（《詩文全集》冊6，3集，卷73，頁20）

　　穀璧一具，車口完全，想邊幅磕損，被俗手刮去一面，改作荷葉形，命
玉人還其舊貫而係以詩。

　　璧製舊稱穀，葉形誰改荷。惜哉眩時尚，命與返初磨。

　　密理全皴土，縟文如溢波。民天名久寓，題句豈嫌多。

（13）題古玉斧珮（《詩文全集》冊7，4集，卷26，頁17）

　　古璧跌缺者，玉工即就缺處略為凹凸形，以售其技，人或獻之，因命改
為一珮一璜，於是缺體呈全質，各繫以詩，亦惜材之意也。

　　古璧何時缺，俗工強作能。謬稱堪救弊，實覺不相應。

　　取義斧惟斷，量材珮可勝。設如械樸詠，惡是作人曾。

（14）題古玉璜（《詩文全集》冊7，4集，卷26，頁17）

　　即缺璧所改為者，使無是，詩人將疑其本為璜矣。

　　使誠無昔缺，那見有今全。破一巧成二，因中直徹邊。

　　璧璜原得半，琚瑀可同懸。土色璘璘蔚，曾誰伴壞泉。

三、玉件倣古是三代道統思想的呈現

　　論及中華學術的道統，實濫觴於堯、舜、禹、湯、文、武、成王、周公、
孔子這一脈相承的思想，這樣的理念不僅是中華傳統文化的主軸，並也是
千古以來屹立不搖的「道」，其內涵並涉及禮樂教化、典章制度、天文曆法、
文章之事等層面，影響不可謂不深遠；至於玉件倣古，從文獻及玉件文字鑴

刻所載，明確是倣「三代」時期高古之彝器，並希冀從此器物中得見「三代」思想之精義，簡言之，玉件倣古反映地即是三代道統意識的理念呈現，因此，若要真正明白玉件倣古的原委，則須先對中華道統思想的淵源予以剖析，才能得其精要。

（一）三代至先秦——道統的奠定與「好古」

所謂「道」的內涵，即是指上古時期的堯、舜思想，尤其堯、舜時期最為後人所津津樂道地即是：尊王敬賢的「禪讓」政治，這是一個理想的社會制度，並也是政治制度最高的境界——世界「大同」，這樣的社會形式足堪為後世楷模，是以稱為「典」。《尚書‧堯典》所謂「堯典，曰若稽古帝堯。」其注曰「言堯可為百代常行之道。」又言「若順稽考也，能順考古道而行之者帝堯。」〔註14〕都可見帝堯時期是「古道」之始，其後又有舜承續前賢，並傳之久遠。

至於三代時期，則是踵繼堯、舜，再加上這是聖王、賢者輩出的時代，不僅有禹、湯、文、武、成王、周公等六君子的勠力傳承，同時，禮樂教化、典章制度也在聖王、賢者先後的奠定下，達成「小康」的目標。是以後世帝王以及知識份子莫不對三代景仰有加，並時時以三王、賢者的言行為依歸。

相關的文字，也可詳見於《禮記‧禮運》載及大同與小康的社會制度。並有仲尼之歎曰「大道之行也，與三代之英，丘未之逮也，而有志焉。」至於大道既隱，天下為家之後，孔子則稱「今大道既隱，天下為家，各親其親，各子其子，貨力為己，大人世及以為禮。城郭溝池以為固，禮義以為紀；以正君臣，以篤父子，以睦兄弟，以和夫婦，以設制度，以立田裡，以賢勇知，以功為己。故謀用是作，而兵由此起。禹、湯、文、武、成王、周公，由此其選也。此六君子者，未有不謹於禮者也。以著其義，以考其信，著有過，刑仁講讓，示民有常。如有不由此者，在埶者去，眾以為殃，是謂小康。」〔註15〕

從這些詳盡的文字記述來看，都可見孔老夫子對大道以及三代時期政治的仰望，是以其喟嘆也正是對三代聖賢治理天下的讚美！並對中華道統的內涵及傳承予以最佳的闡釋與說明，一言以蔽之，即是「禮」；至於其脈絡則是

〔註14〕十三經注疏《尚書》（台北：藝文印書館，1993），疏2，頁6。
〔註15〕十三經注疏《禮記》疏卷31，頁1～5。

始於堯、舜，而後又有六君子繼之，及至孔子則是集其大成者。是以《論語‧述而》有言「子曰：我非生而知之者。好古，敏以求之者也。」〔註16〕

這種「好古」的思想，也可見於《論語‧述而》稱「子曰：述而不作，信而好古，竊比於我老彭。」疏「正義曰：此章記仲尼著述之謙也。作者之謂聖，述者之謂明；老彭，殷賢大夫也，老彭於時但述脩先王之道而不自制作，篤信而好古事。孔子言：今我亦爾，故云比老彭，猶不敢顯言故云竊。」〔註17〕都明確指出孔老夫子「好古」思想之淵源，並私與商代賢者「老彭」（即莊子所謂彭祖也）相比擬，其不求創新，但求述脩並篤信先王之道而已，便可知孔老夫子對三代景仰之情，是以始終秉持「述而不作」的「好古」態度，其思想脈絡不僅明確見於先秦典籍，並歷經兩漢、唐宋，廣泛流傳至明、清而不輟。

（二）兩漢時期——「稽古」禮文的專注

道統的傳承有其典範，並在生活中潛移默化，世守勿替。這種以「三代」為尊的「好古」思想，到了漢代則更見重視並載於史冊，《漢書‧武帝紀》〔註18〕於卷末「贊曰」即稱：

> 贊曰：漢承百王之弊，高祖撥亂反正，文景務在養民，至于稽古禮文之事，猶多闕焉。孝武初立，卓然罷黜百家，表章六經。遂疇咨海內，舉其俊茂，與之立功。興太學，修郊祀，改正朔，定曆數，協音律，作詩樂，建封禪，禮百神，紹周後，號令文章，煥焉可述。後嗣得遵洪業，而有三代之風。如武帝之雄才大略，不改文景之恭儉以濟斯民，雖詩書所稱何有加焉！

這樣詳盡地記述漢之沿革，並提出「稽古」禮文之事，封禪、曆數以及文章詩樂，也可見漢武興盛之因。尤其贊語中最值得注意地是「後嗣得遵洪業，而有三代之風。」師古並曰「三代，夏、殷、周。」都可見西漢初期對於三代之風的景仰、遵循並諄諄期勉於後代子嗣。

相關的思想流傳，是以《後漢書‧伏侯宋蔡馮趙牟韋列傳》有言「三代之所以直道而行者，在其所以磨之故也。」並注「論語孔子曰『吾之於人，誰毀誰譽，如有所譽者，其有所試矣，斯三代之所以直道而行（之）〔也〕。』彪

〔註16〕十三經注疏《論語》（台北：藝文印書館，1993），疏卷7，頁7。
〔註17〕十三經注疏《論語》，疏卷7，頁1。
〔註18〕漢‧班固撰，《漢書》（台北：鼎文書局，1991），卷6，頁212。

引之者，言古之用賢皆磨勵選練，然後用之。」〔註 19〕也仍然是對三代的政治及用人表示讚賞，並引以為典範。

類似的觀點也可見於《後漢書‧申屠剛鮑永郅惲列傳》所謂「又臺閣平事，分爭可否，雖唐虞之隆，三代之盛，猶謂諤諤以昌，不以誹謗為罪。」〔註 20〕這種依附直道而行，並致力於禮樂教化的尊崇，其「稽古」之情深厚，都說明自先秦以降，帝王聖賢對於三代、三王之仰望，是以見賢思齊，並希冀藉此涵養個人的品德與修為。

（三）唐宋時期──尊古思維下的「復古」運動

至於唐宋時期，由於復古思想流傳，且亟欲恢復三代禮制，是以《舊唐書‧志第六‧禮儀六》特別載及三代時期的禘祫禮俗，這是三代禮制的最高規格，並謂貞元八年正月二十三日，太子左庶子李嶸等七人議及禘祫之禮，有言「晉朝博士孫欽議云：『王者受命太祖及諸侯始封之君，其已前神主，據已上數過五代即毀其廟，禘祫不復及也。禘祫所及者，謂受命太祖之後，迭毀主升藏於二祧者也。雖百代，禘祫及之。』伏以獻、懿二祖，太祖以前親盡之主也。擬三代以降之制，則禘祫不及矣。代祖神主，則太祖已下毀廟之主，則公羊傳所謂『已毀廟之主，陳于太祖』者是也。』」〔註 21〕也都說明古人對祭祀天地、先祖的禘祫禮制，源自於三代，其後雖漸式微，然而，唐人卻亟欲恢復禮文之舊觀，是以韓愈、柳宗元有復古運動的推展。

及至《宋史‧太祖本紀三》則言「贊曰：昔者堯、舜以禪代，湯、武以征伐，皆南面而有天下。四聖人者往，世道升降，否泰推移。當斯民塗炭之秋，皇天眷求民主，亦惟責其濟斯世而已。使其必得四聖人之才，而後以行其事畀之，則生民平治之期，殆無日也。五季亂極，宋太祖起介胄之中，踐九五之位，原其得國，視晉、漢、周亦豈甚相絕哉？及其發號施令，名藩大將，俯首聽命，四方列國，次第削平，此非人力所易致也。建隆以來，釋藩鎮兵權，繩贓吏重法，以塞濁亂之源；州郡司牧，下至令錄、幕職，躬自引對；務農興學，慎罰薄斂，與世休息，迄於丕平；治定功成，制禮作樂。在位十有七年之間，而三百餘載之基，傳之子孫，世有典則。遂使三代而降，考論聲明文物之治，道德仁義之風，宋於漢、唐，蓋無讓焉。嗚呼，創業垂

〔註 19〕劉宋‧范曄撰，《後漢書》（台北：鼎文書局，1991），卷 26，頁 918。
〔註 20〕劉宋‧范曄撰，《後漢書》，卷 29，頁 1034。
〔註 21〕後晉‧劉昫撰，《舊唐書》（台北：鼎文書局，1991），卷 26，頁 1002、1003。

統之君，規模若是，亦可謂遠也已矣！」〔註22〕的確，這樣豐盛的贊語初始強調地是道統的起源，其後又有三王繼承；至於宋太祖，則制禮作樂，無讓漢、唐，並規模三代文物之治，仁義之風，其創業立基思想之沿革，脈絡清晰可見，且明確是以三代典章制度為準則。

（四）明清時期──「師古」風潮的盛行

至於明清，時人崇尚以「古道」為法則，《明史・禮六・群臣家廟》載及嘉靖十五年，禮部尚書夏言言：「按三代有五廟、三廟、二廟、一廟之制者，以其有諸侯、卿、大夫上中下之爵也。後世官職既殊，無世封采邑，豈宜過泥於古。至宋儒程頤乃始約之而歸於四世。自公卿以及士庶，莫不皆然。」〔註23〕即是闡述三代家廟分類嚴明，及至宋儒暨明末群臣家廟，其禮制雖略有更迭，然而，其源頭卻仍是以三代為依歸。

這種對「家禮」制度的重視，考之《清史稿・禮志一・吉禮一》所謂「自虞廷修五禮，兵休刑措。天秩雖簡，鴻儀實容。沿及漢、唐，訖乎有明，救敝興雅，咸依為的。煌煌乎，上下隆殺以節之，吉凶哀樂以文之，莊恭誠敬以贊之。縱其間淳澆世殊，要莫不弘亮天功，雕刻人理，隨時以樹之範。故群黎蒸蒸，必以得此而後足於憑依，洵品彙之璣衡也。斟之酌之，損之益之，修明而講貫之，安見不可與三代同風！」〔註24〕這種對「五禮」的尊崇，進而師法「古道」，並提出「安見不可與三代同風」的質疑？也都可見當世對「三代同風」的仰慕與期許，這樣的禮俗明確源自虞廷修五禮，沿及漢、唐，訖乎有明，以至於有清一貫的思維。

同時，這種「與三代同風」的「師古」之旨，並非空穴來風，其詞彙並屢見於《清高宗御製詩文全集》〔註25〕（簡稱《詩文全集》）所載，也可見當時以「古」為「師」風氣之一斑，對照於《中國玉器全集・清》述及「魚鳥紋壺」及「倣古召夫鼎」上所刻御題詩中的「師古」之意，也可見其倣古製玉之真章，今羅列如下，以為參酌印證。

（1）題和闐玉夔紋壺（《詩文全集》冊7，4集，卷39，頁37）

　　和闐來玉夥，量質肖周壺。糾繆夔紋蔚，提攜雙耳扶。

〔註22〕元・脫脫等撰，《宋史》（台北：鼎文書局，1991），卷3，頁50、51。
〔註23〕清・張廷玉等撰，《明史》（台北：鼎文書局，1991），卷52，頁1342。
〔註24〕趙爾巽等撰，《清史稿》（台北：鼎文書局，1991），卷89，頁2706。
〔註25〕清高宗撰，《清高宗御製詩文全集》，台北：故宮博物院，1976。

他山本資石，姬室久貽圖。事或不師古，攸聞匪說乎。

（2）詠和闐玉龍尾觥（《詩文全集》冊9，5集，卷14，頁19、20）

玉壠河中產玉英，絳雲千載暈含精。

玉華宛可就本質，血浸知非有定評。

傳說言惟在師古，相如智謾擬存城。

雲龍北斗韓文後，誰不云然是漢觥。

（3）和闐玉魚鳥紋壺（《玉全・清》圖191、192）

壺頸雕乾隆御題隸書七言詩一首：

和闐綠玉尺五高，纏頭歲貢屬以包。

玉人琢磨精釐毫，漢銅鳧魚壺製標。

魚泳鳧翔圍腹腰，不惟其肖其神超。

文己丙辰相為曹，事不師古厥訓昭。

無能擲山學神堯，熱海砂礫閒棄拋。

來賓蓊拂成珍瑤，席上之珍何獨遙。

（4）和闐玉倣古召夫鼎（《玉全・清》圖341、342、343）

鼎內底刻乾隆題詩：

和闐貢玉來雖多，博厚尺盈亦致艱，

材擬召夫今作鼎，祥非王母昔貽環，

亞形還與摹銘款，罍采寧當視等閒，

事不師古說聞匪，慭因賞並把吟間。

（五）天文曆數與古文運動

固然，傳統的華夏文化，除了以禮樂制度為主軸外，也涵蓋天文曆數。《元史・志第四・曆一》即稱「夫明時治曆，自黃帝、堯、舜與三代之盛王，莫不重之，其文備見於傳記矣。雖去古既遠，其法不詳，然原其要，不過隨時考驗，以合於天而已。漢劉歆作三統曆，始立積年日法，以為推步之準。後世因之，歷唐而宋，其更元改法者，凡數十家，豈故相為乖異哉？蓋天有不齊之運，而曆為一定之法，所以既久而不能不差，既差則不可不改也。」〔註26〕這種重視曆法傳承，並是帝王治理天下時不可或缺的重要制度，實

〔註26〕明・宋濂等撰，《元史》（台北：鼎文書局，1991），卷52，頁1119。

濫觴於三代，且自千古以降，歷代莫不遵循，這樣的宗旨不也正是後人「師古」以求合於天道之精神。

尤其值得注意地是，除了禮制的傳承有其一脈相沿的行止範疇外，至於文章之事，於唐、宋時期，又有以韓愈為首，極力推行古文運動的風潮，其思想不僅主張「文以載道」，更強調「經世致用」的學術功能，進而又揭櫫以「復古」為革命的宗旨，至於這個「古」，指的便是三代時期素樸無華的思想與文字。是以韓愈〈答李翊書〉嘗言其自學「始者，非三代兩漢之書不敢觀，非聖人之志不敢存。」〔註27〕即是此意。

同時，這種將文章之事回復至夏、商、周時期「高古」思想的革命，其風尚襲捲後世有千餘年之久，並歷經唐宋八大家韓愈、柳宗元、歐陽脩、曾鞏、王安石、蘇洵、蘇軾、蘇轍，以及在明朝歸有光，清朝桐城派學者方苞、姚鼐、劉大櫆等人的積極推動下，「復古」思想的聲勢浩蕩，一瀉千里，流風所及，沛然無可阻遏，並自然影響到玉件的美學製作。

四、典籍中的尊古意識

中國對於古玉的內涵與運用，早在先秦典籍中即已普遍存在並記述詳實，不僅成為歷代珍貴的寶器，並也是後世禮樂制度的符號象徵，這種愛玉、寶玉、尊玉的思想長久流傳，不僅與經典、史籍文字密切相融合，並也是中華道統思想的具體反映，以致於後世記載古玉的專書卻反而寥寥可數。

（一）宋迄明清典籍文獻中的嗜古、稽古、好古風潮

說到傳世的古玉專著，事實上，極為有限。宋朝有：呂大臨《考古圖》、王黼《宣和博古圖》、龍大淵《古玉圖譜》，元朝有：朱德潤《古玉圖》，至於清朝則有：瞿中溶《古玉圖錄》、吳大澂《古玉圖考》、端方《陶齋古玉圖》、陳性《玉紀》等，在這些典籍、圖錄中，前人對於玉的功能與作用，頗有便闢入裡的闡釋，對照自宋、明以來的金石專著，則更能凸顯玉件「倣古」之意義。

雖然，自宋、明以來，這些金石彝器的製作只是模擬古器物的形貌，且多失真，早已不復三代神韻。然而，在時代風氣的使然下，帝王公侯不僅大量製作倣古彝器，且拓其圖錄，撮其文字，進而詳盡記載於典籍文獻之中，

〔註27〕唐・韓愈，《東雅堂昌黎集註・答李翊書》（《景印文淵閣四庫全書》，冊1075，台灣：商務印書館，1986），卷16，頁16。

這樣的文字不少，並是時勢所趨，上行下效，自然蔚為風潮，盛行一時。茲略舉其大要如下：

1. 宋‧歐陽修《集古錄》〔註28〕，10卷。其於序白稱「予性顓而嗜古」，是以集其所藏古器物、碑刻文字等錄之，開風氣之先，為現存最早的金石學著作。

2. 宋‧王俅《嘯堂集古錄》〔註29〕，2卷。此書編錄古尊彝敦卣之屬，自商迄漢，凡數百種，摹其款識，各以今文釋之。

3. 宋‧呂大臨《考古圖》〔註30〕，10卷；又有《續考古圖》〔註31〕，5卷；《釋文》〔註32〕，1卷。呂氏並於〈考古圖記〉稱「堯舜禹皋陶之言，皆曰稽古。孔子自道，亦曰好古，敏以求之。所謂古者，雖先王之陳迹，稽之、好之者，必求其所以迹也。制度法象之，所寓聖人之精義存焉。有古今之同，然百代所不得變者。」又謂「予於士大夫之家所聞多矣！每得傳摹圖寫，寖盈卷軸，尚病窾繁，未能深攷，暇日論次成書，非敢以器為玩也。觀其器，誦其言，形容髣髴，以追三代之遺風，如見其人矣！」都可見無論是先秦所謂之好古，或唐宋所稱之稽古，其目的都是在於追循三代遺風，並為尊古之旨。

4. 宋‧趙明誠《金石錄》〔註33〕，30卷。即是以所藏三代彝器及漢唐以來石刻，倣歐陽修《集古錄》體例編排成帙。

5. 宋‧王黼等奉宋徽宗敕編纂《重修宣和博古圖》〔註34〕，30卷。則是以徽宗禁中宣和殿所藏古器書畫而圖錄之。至於明萬曆癸卯（31年）吳

〔註28〕宋‧歐陽修，《集古錄》（《景印文淵閣四庫全書》，冊681，台灣：商務印書館，1986），頁1～145。

〔註29〕宋‧王俅，《嘯堂集古錄》（《景印文淵閣四庫全書》，冊840，台灣：商務印書館，1986），頁15～89。

〔註30〕宋‧呂大臨，《考古圖》（《景印文淵閣四庫全書》，冊840，台灣：商務印書館，1986），頁91～270。

〔註31〕宋‧呂大臨，《續考古圖》（《景印文淵閣四庫全書》，冊840，台灣：商務印書館，1986），頁271～350。

〔註32〕宋‧呂大臨，《釋文》（《景印文淵閣四庫全書》，冊840，台灣：商務印書館，1986），頁351～369。

〔註33〕宋‧趙明誠，《金石錄》（《景印文淵閣四庫全書》，冊681，台灣：商務印書館，1986），頁147～375。

〔註34〕宋‧王黼，《重修宣和博古圖》，（《景印文淵閣四庫全書》，冊840，台灣：商務印書館，1986），頁371～1018。

萬化刊後印本，蔣暘於《寶古堂重修宣和博古圖錄·重刻博古圖序》〔註35〕
亦稱「嗚呼！法服法器，古人非所以為麗也。惟心一于正則于是皆不苟焉。
推之于大者，其先王仁政之形，井田、學校、封建、禮樂之類，意者皆其心
神之妙也，是以形而傳彼典籍，今亦耿耿也。有志者考古人之器，則由是而
知古人之政矣！宣和收錄其志，恐專為器焉！噫！為器則敝矣！」都可見
前人「倣古」之目的不在於「器」，而是「有志者考古人之器，則由是而知
古人之政矣！」

6. 宋·龍大淵等撰《古玉圖譜》〔註36〕，100 卷。宋孝宗朝敕臣龍大
淵等編纂進呈者也，《宋史·藝文志》及諸家著錄皆失，至乾隆 38 年始購得
此圖譜鈔本。而其繪畫工妙，則可與宣和博古圖相表裏。其序並稱「臣聞古
之君子以玉比德，涅而不淄，磨而不磷，或澤而瑩，或溫而栗。故三代至今，
凡宗廟重器、朝廷大寶，咸以美玉製之，自天子以至諸侯、大夫所有執佩，
如珪璋環璧之類，俱有取義，不特徒為玩好而已。」及仍列大淵為首者，不
沒其始事也，大淵名在佞幸傳，其人不足道，而其書則不可不傳。」又稱「內
府雕本，沿波討源，知聖天子稽古右文，邁唐虞而軼三代，則簡冊所垂，自
有與琬琰榮光共其不朽者。」是知玉之為美，自古以來，並不只是器物的賞
玩而已！而是具有深厚文化寓意的宗廟重器、朝廷大寶，至於就個人而言，
則又有以玉比德的行止象徵。

7. 元·朱德潤輯《古玉圖》〔註37〕，其書成於至正元年，收錄計 30 餘
器，序並稱「故鐘鼎尊彝，刻文銘功，珮環畢瑬，象物備用，是皆聖人之徒
也。僕自弱冠，遊燕京諸王公家及秘府所藏，悉得瞻覽以見古人備物制器之
妙，而後世得以仿佛其儀範，豈非文治之大助乎，故因暇日圖其所見，與好
事者共之。」

8. 明·高濂《遵生八牋》〔註38〕，其書分為 8 目 19 卷，卷 14 至 16 曰
燕閒清賞牋，皆論賞鑑清玩之事。

〔註35〕宋·王黼等撰，《寶古堂重修宣和博古圖錄》，明萬曆癸卯（31 年）吳萬化刊
　　　　後印本，微卷。
〔註36〕宋·龍大淵等撰，《宋淳熙敕編古玉圖譜》（遼寧大學圖書館藏清乾隆 44 年康
　　　　山草堂刻本，《四庫全書存目叢書》），莊嚴文化事業有限公司，1995 年。
〔註37〕元·朱德潤輯，《古玉圖》（《百部叢書集成》，台北：藝文印書館，1971。
〔註38〕明·高濂，《遵生八牋》（《景印文淵閣四庫全書》，冊 871，台灣：商務印書
　　　　館，1986），頁 329～910。

9. 明・曹昭《格古要論》〔註39〕，3 卷。則是取古銅器、書畫、異物，分高下，辨真贗，舉其要略，書而成編，析門分類，目之曰格古要論以示世之好事者。至於卷中並言及「玉器」、「古玉」、「沙子玉」等，則是就玉之顏色分其高下。

10. 清・梁詩正、蔣溥等奉敕纂修《西清古鑑》〔註40〕，40 卷。為「乾隆十四年十一月初七日奉上諭邃古法物，流傳有自者，惟尊彝鼎鬲，歷世恆遠，良以質堅而體厚，不為燥濕所移，剝蝕所損，淵然之光，穆乎可見三代以上規模氣象，故嗜古之士亟有取焉。宣和博古一圖播在藝苑，繼之者有呂氏考古圖而外，此紀載寂寥，豈非力能致之而弗能聚，所見隘而無足紀歟！」

11. 清・瞿中溶《古玉圖錄・敘》〔註41〕，開宗明義即稱「自古以金玉為寶，而珠與玉亦並稱焉。」又謂「雖惟擇古者錄入，而唐宋以下之物美玉不少，且有以古器改制及珤琢精妙，為近人所不能及者，亦皆收之，以見良工巧匠之用心，技亦可進乎道而為世之學者勸勉焉。」

12. 清・陳性《玉紀》〔註42〕，陳性，字原心，清嘉慶、道光間人，《玉紀》一書完成於道光 19 年（1839），為一部記述中國古玉的專書，其流傳甚廣，傳鈔難計，付梓刊行者即有四版，頗富參考價值。書中並就古玉之出產、名目、玉色、辨偽、質地、製作、認水銀、地土、盤功、養損璺、忌油污等項目予以闡述。

13. 清・吳大澂《古玉圖考》〔註43〕，其書成於光緒 15 年，其敘中也稱「古之君子比德於玉，非以為玩物也。典章制度於是乎存焉，宗廟會同裸獻之禮於是乎備，冠冕佩服刀劍之飾，君臣上下等威之辨，於是乎明焉。唐虞班瑞於群后，禹錫元圭而水患平，成周分寶玉於伯叔之國，三代以來，聖帝明王不寶金玉而玉瑞玉器之藏，未嘗不貴之、重之。」又謂「然而，好古之士

〔註39〕明・曹昭，《格古要論》（《景印文淵閣四庫全書》，冊 871，台灣：商務印書館，1986），頁 85～113。

〔註40〕清・梁詩正、蔣溥等，《西清古鑑》（《景印文淵閣四庫全書》，冊 841、842，台灣：商務印書館，1986），頁 1～764、1～406。

〔註41〕清・瞿中溶，《古玉圖錄》（《續修四庫全書》，冊 1107，新文豐出版社，1969），頁 79、80。

〔註42〕清・陳性，《玉紀》（《叢書集成續編》，冊 90，新文豐出版公司，1989），頁 693～702。

〔註43〕清・吳大澂，《古玉圖考》（《續修四庫全書》，冊 1107，新文豐出版社，1969），頁 1、2。

往往詳於金石而略於玉，為其無文字可攷耶？抑謂唐宋以後仿制之器多，而古玉之真者不可辨耶？余觀宣和古玉圖既病其蕪襍而不精，呂氏考古圖雖有古玉一卷，又惜其無所攷正，元朱澤民所撰古玉圖寥寥數十器，相沿舊說多無證據，於圭璋琮璜典禮之所關，闕如也。」則更進一步闡明自唐虞、三代以來，古人不僅以玉比德，同時，美玉並也是典章制度、宗廟會同，禮制的象徵；另外，敘文又明確指出「唐宋以後仿制之器多」，及宋·王黼《宣和博古圖》、呂大臨《考古圖》，元·朱德潤《古玉圖》等專著之弊病，文字針貶，頗見犀利。

14. 清·端方《陶齋古玉圖》，此書已佚失，是以不載。

綜合言之，這種嗜古、稽古、好古的思想，表現於生活中便是集古、博古、考古與格古行止的盛行。同時，這種尊古的風尚不僅是文學層面的復古運動，天文曆數的遵循，禮制上的帝王封禪，並家禮（冠、婚、喪、祭）儀節的推展，並都以三代的制度、思想為依歸。至於藝術的形式與美學風格也仍然如此，尤其是玉件中的倣古意識，是對高古彝器的模擬，這樣的現象也可見於歷代典籍文獻中。

（二）倣漢、倣宋玉件之比較

玉件倣古的形式極多，並多以模倣三代或倣漢、倣宋為主軸，至於其形制與紋飾，由於玉件寓意重要的文化內涵，且在不同的年代裏，製作上也頗有差異，並各有其特殊的運用與象徵。因此，玉件形制、紋飾的訛誤與否，以及玉件製作的工藝特質，便成為玉件斷代重要的關鍵，相關辨識的技巧，前人在文獻中也頗有著墨，當然值得我輩參酌並思考。

明·高濂《遵生八牋·論古玉器》一節中，言及漢、宋治玉的技巧，即稱「宋工製玉，發古之巧，形後之拙，無奈宋人焉！不特製巧，其取用材料亦多，心思不及。」又謂「然漢人琢磨，妙在雙鉤碾法，宛轉流動，細入秋毫，更無疎密不勻，交接斷續，儼若遊絲白描，曾無殘跡。若余見漢人巾圈，細碾星斗，頂撞圓活；又見螭虎雲霞，層疊穿挽，圈子皆實碾雙鉤，若堆起飛動，但玉色土蝕，迨盡綴線，二孔以銹其一，此豈後人可擬？要知巾圈非唐人始也，又若岡卯有方者、六稜者，其鉤字之細，其大小圖書碾法之工，宋人亦自甘心。其製人物、螭玦、鉤環並殉葬等物，古雅不煩，無意肖形而物趣自具，尚存三代遺風。若宋人則克意模擬，求物像形，徒勝漢人之簡，不工漢人之難，所以雙鉤細碾，書法臥蠶則迥別矣！漢宋之物，入眼可

識。」〔註44〕

至於「近日吳中工巧，模擬漢宋螭玦鉤環，用蒼黃雜色，邊皮蔥玉或帶淡墨色玉，如式琢成，偽亂古製，每得高值。孰知今人所不能者，雙鉤之法，形似稍可偽真，鉤碾何法擬古，識者過目自別，奚以偽為。」〔註45〕

尤其重要地是，文中不僅明確指出明朝有模擬漢、宋玉件之風氣，且「其製人物、螭玦、鉤環並殉葬等物，古雅不煩，無意肖形而物趣自具，尚存三代遺風。」則更兼及倣古之對象與年代，繼而又闡明漢、宋治玉之異，其見解中肯，的確是發人深省。

（三）大清乾隆玉件御題詩中倣周、倣漢、倣宋之記載

另外，據《中國玉器全集‧清》所載之圖錄暨圖說來看，在這許多倣古玉件中，部分又題刻有乾隆御製詩，且其詩文及圖釋內容都很能真實反映這些玉件製作的歷史背景和緣由，並對當時玉件倣古的風尚，提供最具體有力的證據。例如：

（1）和闐玉單柄匜（《玉全‧清》圖38、39）

蓋內雕楷書乾隆御製詩：

　　和闐玉來多，巧製頗紛如。漸欲引之古，庶几返以初。

　　為匜肖周代，作器戒虛車。流鋬考二合，敦年介紹渚。

青玉，倣古彝器。匜之口緣甚曲，流槽闊而短，深腹，橢圓形足，後部方折夔龍鋬，虎頭式蓋，蓋前端為獸面，粗眉，環眼，闊鼻，頗有神采，獸面上部稍向後有蘑菇形雙角，雙角之後，雕一伏虎形蓋紐。末署「乾隆丙申新正上澣御題」匜身較淺，圈足，配有紫檀木座，座背面陰刻填金隸書。乾隆題詩，詩與器蓋刻詩同。

（2）和闐玉倣古豆（《玉全‧清》圖118、119、120）

豆蓋內刻乾隆題詩：

　　和闐綠玉中為豆，命工追琢成百獸。

　　四足雙翼無不有，奇形詭狀難窮究。

　　較之夏楬勝其質，等己商玉如其舊。

　　式取西清週代圖，想側邊左俎之右。

〔註44〕明‧高濂，《遵生八牋‧燕閒清賞牋上》，卷14，頁70。
〔註45〕明‧高濂，《遵生八牋‧燕閒清賞牋上》，卷14，頁71。

意復存古去華囂，鄙哉時樣今猶富。

碧玉，顯青色，倣古彝器。豆蓋為圓形，環形紐，紐上琢四夔鳳，蓋面凸雕人物、飛禽、走獸。豆口圓而稍歛，口兩側各有一圓環式耳，腹外凸雕人物、飛禽、走獸。高足，下部外撇，足外側雕飛禽、走獸紋，足內側陰刻「大清乾隆倣古」隸書款。末署「乾隆丁未御題」並「古稀天子」、「猶日孜孜」二方印。

（3）和闐玉四環耳壺（《玉全・清》圖185）

頸上部有乾隆丙申仲春御題：

> 和闐採玉春秋貢，琢器頻翻博古圖。
> 時樣頗嫌巧乃俗，周壺猶近古之模。
> 乾龍為玉魗似矣，帝樂鳴球夔夏乎。
> 設更因文思敬義，丹書語敢忘斯須。

青玉，閃蛋青色，質地純正。扁圓形體，橢圓口、足。蓋頂上淺雕變體夔龍四組，蓋面渦紋六個。其下對稱凸雕獸首吞耳套活環，間飾渦紋。腹部兩面紋飾相同，均減地琢相對夔鳳和變體夔紋。為乾隆四十一年標準倣古器物。

（4）和闐玉魚鳥紋壺（《玉全・清》圖191、192）

壺頸雕乾隆御題隸書七言詩一首：

> 和闐綠玉尺五高，纏頭歲貢屭以包。
> 玉人琢磨精鼇毫，漢銅鳬魚壺製標。
> 魚泳鳬翔圍腹腰，不惟其肖其神超。
> 文己丙辰相為曹，事不師古厥訓昭。
> 無能攦山學神堯，熱海砂礫閒棄拋。
> 來賓翦拂成珍瑤，席上之珍何獨遙。

青玉，有絡及白色瑕，倣古彝器。細頸、頸部凸起三道弦紋及蟠夔紋一週，並有細綾陰刻雲雷紋一週。壺腹較圓，上部凸雕三週帶紋，帶紋間浮雕魚、鴨、龜。壺上部兩側各凸雕一獸首啣環耳，環上套一活環。壺下部兩側又各雕一獸啣環耳，環上亦套活環，下部兩耳連綫與上部兩耳連綫垂直。圓形足，壺底陰刻隸書「大清乾隆倣古」款。末署「乾隆壬午御題」陽文「會心不遠」陰文「德充符」二方章。

（5）和闐玉倣古召夫鼎（《玉全‧清》圖 341、342、343）

鼎內底刻乾隆題詩：

> 和闐貢玉來雖多，博厚尺盈亦致覯，
>
> 材擬召夫今作鼎，祥非王母昔貽環，
>
> 亞形還與摹銘款，最采寧當視等閒，
>
> 事不師古說聞匪，懃因賞並把吟閒。

青玉，長方形，口沿有脣，外飾一週雷紋，口沿上有雙立耳。腹部四角及兩寬面中央皆出戟，四面飾變形獸面紋，四足如柱，足外側飾變形蟬紋，末署「乾隆丙申春正日御題」，並「幾暇怡情」、「得佳趣」二方章。鼎內側壁上倣刻古銘，外底陰刻「大清乾隆倣古」款。

尤其值得注意地是，從這些詩文的內容來看，「為匜肖周代」，「式取西清週代圖」，「琢器頻翻博古圖」，「漢銅鼻魚壺製標」，「材擬召夫今作鼎」等句，都明確是指乾隆時期對古器物的模仿，且其仿作對象並可涵蓋仿周（三代）、仿漢、仿宋等不同年代的形式。

類似的案例，也可見於鐫刻有「大清乾隆倣古」款識的玉件。即以《中國玉器全集‧清》所載為例，北京故宮博物院所收藏之玉件，具有倣古紋飾與器形的玉件的確不在少數，其中，又以乾隆時期為最，並於玉件底部明確鐫刻「大清乾隆倣古」款識，即可知這樣的「倣古」是有意識的模擬，絕非自欺欺人或無的放矢之舉，這和宋徽宗敕撰《宣和博古圖》的意義極為類似，並都是在「好古」、「稽古」之餘，進而「師古」，是以毫不避諱地鐫刻宣和、乾隆等代表個人特質的名號，以示其確為「倣古」之旨。

至於其相關玉件，除了前言和闐玉倣古豆、和闐玉魚鳥紋壺、和闐玉倣古召夫鼎等玉件外，依書中圖錄之編號又有：和闐玉獸面紋兕觥（《玉全‧清》圖 43）、和闐玉雲帶紋獸耳活環瓶（《玉全‧清》圖 184）、和闐玉獸面紋獸耳活環壺（《玉全‧清》圖 186、187）、和闐玉獸耳活環壺（《玉全‧清》圖 194、195）、和闐玉方壺（《玉全‧清》圖 198、199）、和闐玉獸面紋雙耳活環壺（《玉全‧清》圖 201）等，都可見當時倣古風氣之盛。

五、結 論

古人以玉祭天、以玉斂屍，又以玉比德，這種種思想內涵都說明歷代帝王對玉件重視的程度，並藉玉質溫潤深厚的文化為底蘊，將玉材制成禮器、

祭器等，不僅見證玉文化的發展與沿革，並又將傳統玉文化運用於生活、祭儀之中，進而成為禮俗制度最高規格的器用，是以後世保有倣古彝器的風氣，也是自然。

至於無論是文獻、文物或文字中，也都明確載及玉件「倣古」是後代帝王對中華道統的禮敬與尊崇，這是自先秦兩漢以來好古、稽古、師古思想的表現，這種強烈「復古」的意識與思潮，並直接影響文物（玉件）、文學（古文）、文化（倣古）的推展，使人們極力仰慕並追溯三代時期素樸、禪讓之思想，甚或於現今玉器市場上，社會大眾對高古玉器的收藏仍然極為喜愛，即是基於長久以來對傳統中華道統「尊古」思想的理念所致，是以自然呈現「好古」、「稽古」、「師古」的美學意識與創作。印證《寶古堂重修宣和博古圖錄·重刻博古圖序》所謂「有志者考古人之器，則由是而知古人之政矣！」這樣的理念，不僅成為玉件「倣古意識」最有力的註腳與證據，並也是玉文化之所以能夠傳世不朽的重要基石與憑藉！

玉件的倣古與改制，這樣的案例在台北與北京故宮博物院的收藏屢見不鮮，並多是漢、宋、明末清初時期倣三代或前朝之物件，這樣的現象是時代美學的反映，並寓涵中華道統的深厚底蘊，研究或愛好者實不可不知。雖然，這些收藏品的形制與三代或前朝倣品的式樣已有出入，且紋樣的呈現也有益形簡化、模糊的趨勢，實不可相提並論；然而，在「倣古意識」的主導下，所謂的「倣古」也突破窠臼，不只是複製，而是寓意對三代政治教化之崇敬，是以對前朝器物進行模擬與創新，則更見其時代意義與特色，相關的美學思維，也可同樣見於陶瓷的製作與形制。

玉件「倣古意識」的動機與內涵，典籍文獻的記載已詳如前述，無庸置疑，至於就實物的比對，因篇幅所限，暫且擱置，待他日有機會再深入詳述，本文純然只是就「意識」部分予以論證。至於若要論及台北與北京故宮博物院於倣古或改制玉件中最大的差異，那麼，台北故宮博物院於玉件倣古方面不僅質量俱佳，且其年代分布完整，很能真實呈現玉件倣古的形式與沿革。於是，台北故宮博物院的玉件收藏，就更見其地位的重要性與獨一無二了。

六、引用書目

（一）傳統文獻

1. 十三經注疏《詩經》，台北：藝文印書館，1993。

2. 十三經注疏《尚書》，台北：藝文印書館，1993。

3. 十三經注疏《周禮》，台北：藝文印書館，1993。

4. 十三經注疏《禮記》，台北：藝文印書館，1993。

5. 十三經注疏《左傳》，台北：藝文印書館，1993。

6. 十三經注疏《論語》，台北：藝文印書館，1993。

7. 漢‧班固撰，《漢書》，台北：鼎文書局，1991。

8. 劉宋‧范曄撰，《後漢書》，台北：鼎文書局，1991。

9. 後晉‧劉昫撰，《舊唐書》，台北：鼎文書局，1991。

10. 元‧脫脫等撰，《宋史》，台北：鼎文書局，1991。

11. 明‧宋濂等撰，《元史》，台北：鼎文書局，1991。

12. 清‧張廷玉等撰，《明史》，台北：鼎文書局，1991。

13. 清‧趙爾巽等撰，《清史稿》，台北：鼎文書局，1991。

14. 宋‧歐陽修，《集古錄》，《景印文淵閣四庫全書》，冊 681，台灣：商務印書館，1986。

15. 宋‧趙明誠，《金石錄》，《景印文淵閣四庫全書》，冊 681，台灣：商務印書館，1986。

16. 宋‧王俅，《嘯堂集古錄》，《景印文淵閣四庫全書》，冊 840，台灣：商務印書館，1986。

17. 宋‧呂大臨，《考古圖》，《景印文淵閣四庫全書》，冊 840，台灣：商務印書館，1986。

18. 宋‧呂大臨，《續考古圖》，《景印文淵閣四庫全書》，冊 840，台灣：商務印書館，1986。

19. 宋‧呂大臨，《釋文》，《景印文淵閣四庫全書》，冊 840，台灣：商務印書館，1986。

20. 宋‧王黼，《重修宣和博古圖》，《景印文淵閣四庫全書》，冊 840，台灣：商務印書館，1986。

21. 清‧梁詩正、蔣溥等，《西清古鑑》，《景印文淵閣四庫全書》，冊 841、842，台灣：商務印書館，1986。

22. 明‧高濂，《遵生八牋》，《景印文淵閣四庫全書》冊 871，台灣：商務印書館，1986。

23. 明‧曹昭，《格古要論》，《景印文淵閣四庫全書》冊 871，台灣：商務印書館，1986。

24. 唐‧韓愈，《東雅堂昌黎集註》，《景印文淵閣四庫全書》，冊 1075，台灣：商務印書館，1986。

25. 清‧瞿中溶，《古玉圖錄》，《續修四庫全書》，冊 1107，新文豐出版社，1969。

26. 清‧吳大澂，《古玉圖考》，《續修四庫全書》，冊 1107，新文豐出版社，1969。

27. 宋‧龍大淵等撰，《宋淳熙敕編古玉圖譜》（遼寧大學圖書館藏清乾隆 44 年康山草堂刻本，《四庫全書存目叢書》），莊嚴文化事業有限公司，1995。

28. 宋‧王黼等撰，《寶古堂重修宣和博古圖錄》，明萬曆癸卯（31 年）吳萬化刊後印本，微卷。

29. 元‧朱德潤輯，《古玉圖》，《百部叢書集成》，台北：藝文印書館，1971。

30. 清‧陳性，《玉紀》，《叢書集成續編》，冊 90，新文豐出版公司，1989。

（二）近代論著

1. 《中國玉器全集‧清》，河北美術出版社，1993。

2. 《故宮玉器選萃》，台北：故宮博物院，1969。

3. 《故宮玉器選萃‧續輯》，台北：故宮博物院，1973。

4. 《故宮古玉圖錄》，台北：故宮博物院，1982。

5. 清高宗撰，《清高宗御製詩文全集》，台北：故宮博物院，1976。

6. 李玉珉主編，《古色：十六至十八世紀藝術的仿古風》，台北：故宮博物院，2003。

7. 楊美莉，〈晚明清初倣古器的作色——以銅器、玉器為主的研究〉，《故宮學術季刊》第 22 卷，第 3 期（台北：故宮博物院，2005 年春季號），頁 17～53。

原文載《台北大學中文學報》，第 23 期，頁 1～34，台北大學中文學系，2018.03。

五、玉件作舊剖析
——以兩岸故宮博物院藏為例

【內容提要】

　　作舊是兩宋及明末清初時期，玉件制作中經常可見的現象，其淵源並可上溯自兩漢，且以三代舊器風格為依歸。這樣的案例在台北與北京故宮博物院傳世玉件的收藏中為數不少；且這一類玉件，在歷經不同世代的作舊之餘，多少也融入當代的風貌和元素，甚或在「老提油」、「新提油」或「灰提法」的作舊形式下，使玉件呈現古色。雖然，這樣的手法就某些層面來說，可說是一種因「仿古」而「作偽」的行徑，只是，這種有意識的作舊，其真實目的卻只是為反映後世帝王對三王的景仰之情，所呈現的「尊古」意識而已，其中並寓意豐富的歷史、文化內涵，至於本文則是就「作舊」的形式、技巧予以探討，使明白玉件作色的文化內涵與目的。

　　關鍵詞：作舊、尊古、老提油、新提油、灰提法

一、前　言

　　自古以來，中華民族即是一個禮玉、敬玉、愛玉的民族。以出土考古為例，早在七、八千年前的紅山文化遺址，即已明確可見以玉祭天、以玉歛尸等運用，且其制度與規模都已相當成熟，並在歷史文明的發展中傳承，對於長江流域江、浙地區的凌家灘文化、良渚文化，甚或中華文化中禮制的奠定，都有相當深遠並決定性的影響。

　　玉者石之美也，其質地溫潤細緻，色彩光華斑斕，自古以來，即深受人們喜愛，並是祥瑞尊貴的象徵。因此，玉件的運用無論是禮玉、葬玉、瑞玉、佩玉等，在中華文明的歷史演進及生活風俗中，都扮演著重要的角色，並對人們的精神層面、社會制度及物質文明等，都有深遠的影響，相關的文字記述在先秦典籍中並屢見不鮮。

　　例如：《周禮・春官・大宗伯》載「以玉作六器，以禮天地四方。以蒼璧禮天，以黃琮禮地，以青圭禮東方，以赤璋禮南方，以白琥禮西方，以玄璜禮北方。」〔註1〕即是記述先民有以六器禮神，以玉祀神的習俗，並藉玉禮敬天地四方，以示尊崇之意。

　　而《周禮・春官・典瑞》也稱「駔圭、璋、璧、琮、琥、璜之渠眉，疏璧琮以歛屍。」鄭玄注「圭在左，璋在首，琥在右，璜在足，璧在背，琮在腹，蓋取象方明神之也。疏璧琮者通於天地。」〔註2〕則是明確指出先民以玉陪葬的習俗，其目的並有歛尸之旨。

　　至於《周禮・春官・大宗伯》又言「以玉作六瑞，以等邦國。王執鎮圭、公執桓圭、侯執信圭、伯執躬圭、子執穀璧、男執蒲璧。」〔註3〕則更說明古人對符信瑞器的重視，是以設官以掌玉瑞，別其職級高下。而《儀禮・覲禮》所謂「乘墨車，載龍旂、弧韣，乃朝以瑞玉有繅。」〔註4〕也正是藉玉彰顯並辨識諸侯以至於大夫的身份地位；同時，經由這些典籍記載來看，也可見古人不分身份地位高低，都有佩玉的習俗。

　　這種以玉別職級的制度，也可見先民佩飾習俗的作用不同，《禮記・玉藻》即稱「凡帶必有佩玉，唯喪否。佩玉有衝牙。君子無故玉不去身，君子

〔註1〕十三經注疏《周禮》（台北：藝文印書館，1993），疏卷18，頁24。
〔註2〕十三經注疏《周禮》，疏卷20，頁23。
〔註3〕十三經注疏《周禮》，疏卷18，頁21。
〔註4〕十三經注疏《儀禮》（台北：藝文印書館，1993），疏26下，頁15。

於玉比德焉。」〔註5〕而《詩經‧秦風‧小戎》也有「言念君子，溫其如玉。」的記載，注並曰「玉有五德。」〔註6〕也可見玉是「比德」於君子的象徵，且君子佩玉，無故玉不去身。

　　玉件對先民生活的影響層面既深且遠，且其地位尊貴，引人注目。然而，在兩岸故宮博物院傳世玉件收藏中，卻出現許多仿古、作舊的玉件，這種「作偽」的現象在器物發展的歷史沿革中的確令人深思，尤其是玉件的仿古、作舊，不僅見於兩宋及明末清初時期，且其淵源更可上溯自兩漢，便可知這樣的形式模擬絕非只是單一事件或偶發行為而已！尤其是許多傳世玉件的紋飾及形制轉化，隨著出土文物的考古發掘，在相互比對、印證之餘，都可見其風格脈絡清晰，呈現明確的「仿古」風格，且部分館藏玉件，在經過科學儀器的化驗之餘，也更能彰顯其作舊、作色之過程，這樣的現象當然值得我輩深入研究，並也是本文所欲探討的重要標的。

　　由於茲事體大，同時，玉件仿古形制的相關研究，個人已另有專文發表，並可見於〈從兩岸故宮倣古玉件談其尊古意識〉〔註7〕一文，至於本文則是就玉件的「作舊」予以論述，並運用文獻分析法、歷史溯源法及風格分析法等，就玉件本身的特色和文獻記載相互印證，又運用分析、演繹、歸納等方法，以兩岸故宮博物院收藏玉件為例，探討玉件在不同時代作舊的技巧、特色並文化內涵與作用。

二、玉件作舊的文化內涵與目的

　　玉件作舊，若以某種角度來說，這的確是一種「作偽」的行徑，並不值得鼓勵。只是，這樣的「作偽」是在玉件形制、紋飾的模擬之外，甚或連玉色的作舊，也刻意模仿高古彞器的老化現象，並施以「提油法」細緻地燻烤，使玉件整體呈現「古色」、「古風」的歷史痕跡；繁複精密的過程，可以肯定地是，這樣的「作偽」是有意識地仿古並模擬，這是時代美學風格的呈現，有其特殊的歷史背景和文化內涵為基礎，絕非一般單純以利益為前提的商業行為所可比擬，自然應予以深入探討闡述才是。

〔註5〕十三經注疏《禮記》（台北：藝文印書館，1993），疏卷30，頁13。
〔註6〕十三經注疏《儀禮》，疏6之3，頁10。
〔註7〕俞美霞，〈從兩岸故宮倣古玉件談其尊古意識〉（《臺北大學中文學報》，臺北大學中文學系，2018.3），第23期，頁1～34。

（一）玉件作舊是仿古風格的形式反映

玉件的仿古與作色，這樣的主題牽涉範圍廣泛，相關的研究也極為有限。事實上，個人於〈從兩岸故宮倣古玉件談其尊古意識〉文中，即已揭櫫仿古玉件的內涵，其真實目的只是歷代帝王對三代聖王的景仰之情而已，並在好古、稽古、師古的社會風氣下，所反映的「尊古」意識。固然，玉件的仿古，除了反映其思想內涵之餘，又有外在形式的模擬，這樣的形式模擬包括形制、紋飾與顏色的變化；尤其是形制、紋飾的比對，無論在年代傳承或器物本身的形式演化，都工程浩大，不是本文所欲探討的目標，至於本文撰寫的範圍，則是從玉件仿古形式的作舊入手。

畢竟，「作舊」是玉件「仿古」重要的形式之一。同時，「仿古」與「作舊」，若從某些層面來看，二者實為一體的兩面。畢竟，「仿古」是目標，「作舊」是手段；「仿古」是社會意識的凝聚，而「作舊」則是「仿古」風尚的形式呈現；「仿古」在於模擬古器物的形制與紋飾，而「作舊」則是反映器物古色的表象，二者實難以完全切割分離。

事實上，仿古與作舊的案例，普遍見於兩岸故宮博物院所傳世收藏的玉件，即可知這樣的現象是時代風格所趨，難以抗拒。至於依典籍文字所載，作舊的形式又可大別為三：以新玉作舊、以老玉作舊，或既仿古又作舊之玉件等，至於其終極目標，則都是藉此以寄寓當世「好古」、「稽古」、「師古」的社會意識與風尚。

再加上，真正質地良好的玉件並不容易受沁或作色，因此，無論是新玉或老玉，即使是極力作舊，其色彩與光澤也必然基於時間因素而褪除，而且，作舊畢竟是人工作色，不似天然玉石的色澤、紋理自然，是以肉眼即可辨識，無須大費周章；至於歷代「作舊」手法略不相同，本文除了就其文化內涵予以剖析外，更經由比對方式，探討其時代「作舊」風格，甚或因此成為玉件斷代的依據憑藉，則又是本文意外的收穫了。

（二）玉件的作舊與科學鑑定

玉石的分類，就其材質成分、比重、硬度言，可分為軟玉（Nephrite）和硬玉（Jadeite）兩種。質地良好的軟玉，觸感溫潤，纖維細緻，其堆積密度高，韌性強，少雜質，不容易加工和受沁，呈半透明油脂狀，一般所謂的中國玉或古玉，都是指此類；且其基本色調為黃綠色，濃度變化不大，並往往隨著

亮度降低而顏色加深,至於其顏色別,據明‧曹昭《格古要論‧玉器》〔註8〕記載則有:白玉、黃玉、碧玉、墨玉、赤玉、綠玉、甘青玉、菜玉等,並以白色為上。這一類玉石是中國傳統玉石的重要代表,並也是本文所欲探討的目標。

　　事實上,關於玉件仿古與作舊的科學鑑定,楊美莉〈晚明清初倣古器的作色——以銅器、玉器為主的研究〉〔註9〕一文,即對台北故宮博物院晚明清初銅器、玉器的作色,提出了相當的研究與佐證,並就科學儀器化驗,證實在銅器、玉器的表面上的確塗有相當附著物,這是器物作色最明顯的證據。只是,這篇文字多偏重對銅器仿古的製作與闡述,且全文27頁的文字內容,仿古玉篇幅則不足6頁,至於所化驗的玉器計9件,並分別為:玉荷葉杯、螭把玉匜、玉扁壺、玉牛首角杯、玉双魚龍璧、玉龍鳳紋單把杯、玉九螭角杯、玉蟠螭双管瓶、玉蟠螭方杯等;同時,文中又強調對「古色」的模擬是青銅、玉件仿古的目的,並以「寒法」、「溫法」製成,只是,這樣的論述仍有侷限,文字多片面且不完整,並不完全適用於玉器作舊的過程。

　　另外,台北故宮博物院又曾出版《古色:十六至十八世紀藝術的仿古風》〔註10〕一書,基本上,其觀點也仍是以模擬「古色」作為器物「仿古」風格的基礎和憑藉,而其年代同樣是以晚明清初為範疇,只是,晚明清初的器物何以要模擬「古色」?且其在模擬「古色」之餘,所寓涵的「古意」、「古風」又是甚麼?其間或有闡述不足者,則仍是可以深入探討處。

　　至於北京故宮博物院所收藏的作舊玉件,雖未見其科學鑑定報告,然而,《中國玉器全集》對北京故宮博物院所收藏的玉件資料,闡釋已相當細密,且其圖說文字豐富,足堪作為玉件作舊的印證,本文將於後文予以分析闡述。

(三)玉件的受沁與作舊

　　每一種器物的材質不同,制作或賞玩的層面也必然有所差異,尤其玉石是天然的礦物,不似陶器、青銅是先將材質經過揀選、冶煉後始能成形,基

〔註8〕明‧曹昭,《格古要論》(《景印文淵閣四庫全書》,冊871,台灣:商務印書館,1986),卷中,頁7。

〔註9〕楊美莉,〈晚明清初倣古器的作色——以銅器、玉器為主的研究〉(《故宮學術季刊》,台北故宮博物院,2005年春季號),第22卷,第3期,頁17～53。

〔註10〕李玉珉主編,《古色:十六至十八世紀藝術的仿古風》,台北:國立故宮博物院,2003。

本上，其胎體材質的差異性不大。至於玉石，尤其是本文所欲探討的軟玉，在論及玉件的作舊時，則必須先對玉石的本質與特色有所認知，才能論及其他。

固然，玉石顏色的變化有其先天或後天的因素所造成。所謂先天即是指玉石的原生變化，尤其是全中國玉石的品項計 200 餘種，這是由於各地礦脈生成的質地有別，是以其原生變化也各不相同；至於在原生變化之餘，又有因後天因素所造成的蝕變、受沁等現象，或因盤玉、仿古、作偽，甚或焚燒等因素，並都可能影響玉石色澤的轉化，以致前後略有出入。然而，由於本文研究的重心實奠基於「尊古」意識下玉件作舊的內涵與特色，是以略及「受沁」，畢竟，玉色於作舊和受沁作用之間頗有類似之處，然二者又不可混淆，餘則略而不談。

玉石受沁是舊玉出土時經常可見的現象，這是因為玉石長期埋藏於地下，受到溫度、濕度或其他礦物質的浸染所致，又因次生關係，致使玉石色彩斑斕，溫潤光澤，並更增添其藝術價值與歷史情懷，形象極為討喜。至於相關的文字，清・陳性《玉紀・玉色》〔註 11〕中記載極為詳盡，不僅指出玉石與各種物質的次生變化及現象，進而又指出受沁之色計有「十三彩」，且其巧沁花色，琳瑯滿目，都可見作者觀察之細密。

另外，《玉紀・玉色》又稱「玉有九色」，所謂：元、藍、青、綠、黃、赤、紫、黑、白等，並謂「此新玉、古玉自然之本色也，至於舊玉則當分別外沁之色。」這樣簡潔的文字，不僅明確分辨新玉（新刻）、古玉（傳世）和舊玉（出土）的差別，並也間接指出舊玉和外沁之色是風格鮮明的，這是舊玉之所以受人重視的文化因素，而後人也在這樣的社會風氣下，極力將玉件作舊。今就《玉紀》中所載「沁」之定義並玉色之變化羅列如下，以為參酌。

> 所謂沁者，凡玉入土年久，則地中水銀沁入玉裡，相鄰之松香、石灰以及各物有色者，皆隨之浸淫於中，如下染缸，遇紅即沾紅色，遇綠即沾綠色，故入土重出之玉，無有不沾顏色者，若無水銀沁入，雖鄰入顏色亦不能入玉中。

這種因物質的次生變化，致使玉石表面沁染出不同的顏色，並更增顯其色澤華美，這是玉石受沁的成果。至於其色彩多樣，變化多端，依《玉紀》所

〔註11〕清・陳性，《玉紀》（《叢書集成續編》，冊 90，新文豐出版公司，1989），頁 2、3。

載，及其釋文（括弧內文字）條列如下，以為讀者參酌：

1. 有受黃土沁者，其色黃（色如蒸栗），名曰玳黃（若受松香沁者，色更深，復原時酷似蜜蠟，謂之老玳黃）。

2. 有受靛青沁者，其色藍（色如青天），名曰玳青（此青衣之色，傳染沁入有深淺不同，有深似藍寶石者，謂之老玳青）。

3. 有受石灰沁者，其色紅（色如碧桃），名曰孩兒面（復原時酷似碧霞璽寶石）。

4. 有受水銀沁者，其色黑（色如烏金），名曰純漆黑（此非地中之水銀，乃古時殮屍之大堆水銀沁入，方有此顏色）。

5. 有受血沁者，其色赤（有濃淡之別，如南棗北棗），名曰棗皮紅（此乃屍沁，非潔物也）。

6. 有受銅沁者，其色綠（色如翠石），名曰鸚哥綠（銅器入土年久則青綠生，玉適與之相鄰，為其傳染沁入，復原時似翠石而更嬌潤）。

7. 此外雜色甚夥，有：硃砂紅、雞血紅、糚毛紫、茄皮紫、松花綠、白菓綠、秋葵黃、老酒黃、魚肚白、糙米白、蝦子青、鼻涕青以及雨過天青、澄潭水蒼諸名色，受沁之源難以深考，總名之曰十三彩。

8. 又有各種巧沁花色，如：蝦蟆皮、灑珠點、碎磁文、牛毛文、唐爛斑等，名皆出人意料之外者，更有一種香玉，嗅之作奇南香氣（奇南，香木名，出海南，見七修類稿，俗稱伽楠者訛），蓋玉在土中與香物為鄰，年久受其沁、沾其香，非玉之自能吐香也（欲試須烹佳茗，置玉其中，香氣自吐），此種絕少，真稀世之寶也。

的確，玉石是天然的礦物，受沁作用則是礦物或器物在長期的疊壓下，材質成分慢慢滲透所造成的次生現象，致使玉石顏色也發生變化；至於作舊則是後天人為的模擬，其間的差異自是不可相提並論。因此，唯有了解二者的不同，才能真正理解「作舊」在玉件上所寓意的文化內涵與作用。

三、典籍中玉件作舊之記載

有關玉件的作舊或作色，致使器物呈現「古意」或「古色」，而更能增添其歷史價值與風貌，這是玉件作舊的意義與目的。再加上「尊古」意識下，社會普遍肯定並尊崇舊玉所蘊含的文化內涵與形制，於是，坊間作舊的方法便也層出不窮，例如：火燒、水煮、油炸、埋入土、縫於狗腿中等，形

形色色，不一而足；至於現代科技的作色手法又有：鐳射、小針注射等，由於技巧發達，手法日新月異，顏色幾可亂真。只是，那畢竟是化學顏料的著色或外力刻意滲透，只要「上手」的經驗充足，厚實眼力，玉色真偽，自然高下立辨。

　　事實上，由於古人對三代聖賢的景仰，是以對高古玉件所寓涵的文化意識也賦予相當的喜好，以致古人早已有對玉件施以作舊或作色的手法，且據《玉紀》所載，自宋以降，即已有：老提油、新提油、盤功、灰提法等形式。

　　固然，典籍文獻中關於玉件「作色」的記載，多以「提油法」為主軸，且依其年代不同而方法各異。基本上，宋、元時期以「老提油」為主，明末清初則是盛行「老提油」與部份「新提油」手法，及至清中葉以後則多為「新提油」而少見「老提油」。相關的文字在清・陳性《玉紀》一書中也可窺見其轉化沿革，今將其中玉件作舊的方法條列如後，以為參酌。

（一）《玉紀・辨偽》所稱之老提油

　　「老提油」是玉色作舊極為常用的方法之一，文獻中對於其辨識方法、盛行年代以及作舊方式，相關的文字記述也不在少數。《玉紀・辨偽》〔註12〕即稱：

> 舊玉與石最難分別，世有美石酷似脫胎舊玉者不下數十種，亦具五色，皆堅硬不可刀削，是在認其體質，如屬真舊玉，其體質必溫潤沉重，精光內含。如屬石類，皆乾鬆輕脆，賊光外浮，自非真巨眼，鮮不以燕石為玉者；更有宋宣和、政和間，玉賈贗造，將新玉琢成器皿，以虹光草汁罨之（註：虹光草出甘肅大山中，其汁能染玉，用草汁入磠砂少許，罨於玉之文裏閒，用新鮮竹枝燃火逼之，則深入玉之膚理，紅光自面透背。按格物餘論虹光草出西寧大山中，似茜草。）其色深透，紅似雞血，時人謂之得古法。賞鑑家偶失於辨，或因之獲重價焉，此等今世頗少，識家呼為老提油者是也。

　　由此可見，宋時玉件作舊的手法即是在新玉琢成後，以虹光草汁罨之。罨，本意是以網捕魚或捕鳥，引申並有覆蓋之意，且因其功能、方法不同，又可分為「熱罨法」及「冷罨法」二種。至於宋時玉色的作舊，則是將玉件以虹

────────────────

〔註12〕清・陳性，《玉紀》，頁4。

光草汁浸潤掩覆後，再以「熱罨法」並新鮮竹枝燃火逼之，使紅光自面透背，其色深透，紅似雞血，這種以「新鮮竹枝」且「燃火逼之」的手法，必是慢火燻烤而成，使玉件在竹枝精油的浸潤下，呈現油亮的光澤，此即是玉件作舊常用的「提油法」。

　　尤其是文中所稱「更有宋宣和、政和間，玉賈贗造，將新玉琢成器皿，以虹光草汁罨之。」更明確記載宋徽宗時的「宣和殿」以及「政和」年間，玉賈作舊已有「以虹光草汁罨之」的實務經驗，且「其色深透，紅似雞血」，格物餘論並以為這才是「得古法」，也可見「老提油」這樣的「作舊」方式於宋朝早已成熟。

　　至於「虹光草」下註有言：「按格物餘論虹光草出西甯大山中，似茜草。」此句應是有誤。案：四庫全書中不見《格物餘論》一書，至於又有《格致餘論》〔註 13〕一卷，元‧朱震亨（1281～1358）撰，此書成於元朝至元七年（1347），文中收醫論 41 篇，卻未見「虹光草」一詞；也可見自宋、元以來，時人早已知「虹光草」一物，且取得並非難事，以之染玉，其色深透，紅似雞血，同時，在宋、元以降的觀念裡，認為這才是「得古法」，並是最接近舊玉的色澤；只是，這種作舊的手法，最遲到了清朝中期（《玉紀》一書成於道光 19 年），已頗為少見，即或鑑賞家也偶有失手之時，不僅獲致高價，且當世頗為少見，識家呼為「老提油」。從這些文獻記載，再對照現今兩岸故宮博物院的作舊玉件收藏，不僅可以相互印證，尋繹出時代美學的風格，更進而能以此鑑定，作為斷代的依據。

（二）《玉紀‧辨偽》所謂之新提油

　　另外，典籍文獻中又有「新提油」的作舊方式。《玉紀‧辨偽》〔註 14〕所謂：

> 比來玉工每以極壞夾石之玉染造，欲紅則紅木屑中煨之，其石性處即紅；欲黑則入烏木屑中煨之，其石性處即黑，謂之新提油。初僅蘇州為之，近則徧處皆是矣。又有一種死玉不可不辨。凡玉性畏黃金，若玉入土中，適與金近，久則受其剋制，黑滯乾枯，便成棄物，縱加盤功，頑質不化，若認為水銀沁，則誤矣。

〔註 13〕元‧朱震亨，《格致餘論》，《景印文淵閣四庫全書》，冊 746，台灣：商務印書館，1986。

〔註 14〕清‧陳性，《玉紀》，頁 4、5。

在這段文字中，起首「比來」一詞，即已明確指出：最遲，在清朝中期，已有「新提油」玉件作舊的風格手法。尤其值得注意地是「初僅蘇州為之，近則徧處皆是矣。」不僅具體指出清朝中葉，以「新提油」作舊的風氣蘇州有之，其後並遍及中國各地玉工，都可見玉色「作舊」在當時是民間盛行的「作色」形式；畢竟，這樣的「古色」是時尚，是風潮，並以紅木屑、黑木屑煨之，以致染造的玉石有紅、黑二色，這是「新提油」作舊的方式，並是清代美學思想的呈現，普遍盛行於民間，並非只是肇因於商業利益的追逐而已！

只是，「老提油」和「新提油」之間畢竟有很大的差異。「老提油」是以虹光草汁罨之，並用新鮮竹枝燃火逼之，其汁深入玉之膚理，紅光自面透背，是以其色深透，紅似雞血；而「新提油」的作舊手法，玉件無論是煨成紅色或黑色，其先決條件都是肇因於玉質不佳始能成色，同時，由於是以紅木屑或黑木屑煨之，工序簡單，玉件並未浸潤，又無新鮮樹枝燻烤的過程，這樣的玉件作舊，其色澤自然枯乾板滯，易於褪色，無法與「老提油」相提並論，是以多盛行於民間，更遑論為皇室所收藏，以至於兩岸故宮博物院傳世玉件中少見「新提油」的作舊形式，也是自然。

(三)《玉紀・盤功》藉「灰提法」使玉件增色

至於《玉紀・盤功》[註15]又言及「灰提法」，則是以水煮的方式，將玉件中的雜質釋出，再施以「盤玉」作色，使玉件呈現老舊古拙的氣息。

> 如入土雖已受沁，而未經厄爛之舊玉，年代較近，其體尚堅，儘可用灰提法煮之，提出玉中水銀、灰土，再看身分，或用豬鬃刷，或用梭老虎，或用麩皮袋，或用米粉袋等法盤之，成功較易。然看火候最難，得法太過、不及均於玉有傷，不若人氣溫和，養之穩妥，不諳者，未可輕試也。

這種溫煮的手法，進一步剖析，則是「灰提法：用栗炭、灰木、賊草泡水入銀硝少許，合裝大瓦罐內，將玉懸空掛於其中，用栗炭火煮之，水淺隨添，以提出玉中水銀、灰土為度。」都可見是以溫熱水煮的方式，將玉石的結構略作破壞，使水銀、灰土等雜質釋出，然後再藉「盤玉」的手法使玉色增深；只是，這樣的作舊手法，在水煮過程中很容易傷玉，不熟悉此法者切勿任意嘗試。且因作色手法粗糙，是以本文不列入討論。

〔註15〕清・陳性，《玉紀》，頁8、9。

四、兩岸故宮博物院作舊玉件舉隅

　　的確，作舊的美學風格，顯示在器物方面，是仿古形式中極為重要的因素之一。至於本節，則是以兩岸故宮博物院傳世玉件作舊的收藏為例，探討不同時期在「尊古」意識的作舊風氣下，玉件所呈現的文化內涵與特質，進而舉例並與文獻相互印證。

（一）玉件仿古、改制的文化內涵

　　對玉件仿古、改制關係的探討，記載最為豐富的典籍，莫過於《清高宗御製詩文全集》〔註16〕一書。這不僅僅是肇因於乾隆皇帝喜好書畫器物，博雅師古，再加上酷嗜題刻，是以相關的文物收藏及詩文記述頗富，而其文字經台北故宮博物院整理後，盡收錄於《清高宗御製詩文全集》。

　　此部詩文集的內容，在玉件部分，除了記錄其材質來源及乾隆皇帝個人的心得之外，論及仿古形制，依年代分，又人別為二類：仿三代、仿漢、仿宋之作；這樣的「仿古」風潮盛行，相關的文字，並可見於乾隆時期，又欽定輯錄《西清古鑑》〔註17〕四十卷，其內容大量圖譜商、周青銅彝器，直至唐代；同時，乾隆又從宋式《宣和譜》、《博古圖》中，汲取仿漢、仿三代彝器圖式者，以為禮器或擺件。

　　相關的文字繁複，不及備載，本文略作條理，並可參酌下列編號1～6，使見清乾隆仿古風氣的盛行及其沿革；至於玉件改制，則多因玉件跌缺者而權變，頗有惜材之旨，其範例則如編號7～8。並都可印證乾隆時期玉件仿古與改制的作用，實寓涵「返古在茲懼在茲」之意，其「尊古」意識完全呈現無疑。而其文字如下：

（1）詠漢玉蟠夔方壺（《詩文全集》冊7，4集，卷11，頁27）

　　西清貯古器，銅笵有方壺。切玉茲雖異，蟠夔卻弗殊。

　　不觚休致誚，如琢信非諛。方直義經義，寧惟用大夫。

（2）詠和闐玉獸環尊（《詩文全集》冊7，4集，卷13，頁34）

　　式擬宣和譜，攻如宵雅詩。不知秦與漢，尚友象兮犧。

　　豈必銅需範，何妨石藉治。雙環常附耳，可以貫繩絲。

〔註16〕清高宗撰，《清高宗御製詩文全集》，台北：故宮博物院，1976。

〔註17〕清・梁詩正、蔣溥等奉勅撰，《西清古鑑》，《景印文淵閣四庫全書》，冊841、842，台灣：商務印書館，1986。

（3）詠和闐玉饕餮觚（《詩文全集》冊 7，4 集，卷 33，頁 35）

　　精琢和闐玉，宛成饕餮觚。法圖述姬室，巧製異痕都。

　　象戒貪多者，名兼飲少夫，今惟插花用，似彼兩無須。

（4）題和闐玉倣古饕餮尊（《詩文全集》冊 9，5 集，卷 2，頁 12）

　　山玉數尺尚易得，水玉盈尺亦艱致。

　　嘉此巨材出玉河，延衰尺餘猶未暨。

　　弗令俗工騁新樣，博古圖中取古式。

　　琢為周代饕餮尊，饕餮本寓戒貪義。

　　不捐之山取諸河，責實循名可無愧。

（5）詠和闐玉饕餮觚（《詩文全集》冊 9，5 集，卷 25，頁 24）

　　和闐貢美玉，量質製成觚。無取俗時樣，教摹博古圖。

　　圓方品殊矣，饕餮戒存夫。久弗為飲器，簪花佐詠娛。

（6）詠和闐玉漢獸環方壺（《詩文全集》冊 9，5 集，卷 28，頁 13）

　　邇來和闐玉來多，官貢私售運接軫。專諸巷裏，工匠紛爭出新樣，

　　無窮盡因之玉厄。有惜辭，凡涉華囂概從擯。知不獲利漸改為，方

　　壺茲以漢為準。獸琢雙耳連以環，既樸而淳纖巧泯。夏商曰尊周曰

　　壺，雖云遞降古猶允。返古在茲懼在茲，君人好尚可弗謹。

（7）題漢玉穀璧（《詩文全集》冊 6，3 集，卷 73，頁 20）

　　穀璧一具，車口完全，想邊幅磕損，被俗手刮去一面，改作荷葉形，命
玉人還其舊貫而係以詩。

　　璧製舊稱穀，葉形誰改荷。惜哉眩時尚，命與返初磨。

　　密理全皺土，纏文如溢波。民天名久寓，題句豈嫌多。

（8）題古玉璜（《詩文全集》冊 7，4 集，卷 26，頁 17）

　　即缺璧所改為者，使無是，詩人將疑其本為璜矣。

　　使誠無昔缺，那見有今全。破一巧成二，因中直徹邊。

　　璧璜原得半，琚瑀可同懸。土色璘璘蔚，曾誰伴壤泉。

（二）老玉改制並作舊玉件舉隅

　　有關台北故宮博物院收藏的傳世玉件圖錄，以《故宮玉器選萃》[註18]

〔註18〕《故宮玉器選萃》，台北故宮博物院，1969。

（簡稱《選萃》）、《故宮玉器選萃·續輯》〔註19〕（簡稱《選萃》續輯）以及
《故宮古玉圖錄》〔註20〕（簡稱《圖錄》）的蒐集最為完善，且其圖說詳盡，
是以本文舉例時即以此等圖錄為依據，同時，為尊重原著，圖說仍以原貌呈
現，避免因文字更動而生歧異。至於本文所使用之圖片，因解析度關係，則
以台北故宮博物院 open data 專區所輯為依據，且其品名、斷代若有歧異，也
都附錄於文中，以為比較之佐證。

　　論及台北故宮博物院收藏以老玉改制並作舊的例證中，有題為周時的
「舊玉琮」，例如：《選萃》續輯圖7、《選萃》圖7，以及商「舊玉圭」《選
萃》圖3（今作「山東龍山文化晚期·鷹紋圭」，圖5-1）等物件。雖然，這
幾件玉器的紋飾、形制明顯是新石器時代晚期舊物，並是良渚、龍山風格，
然而，卻在前人不識的狀況下，予以作色、題刻，以致斷代有誤。

圖5-1　商，舊玉圭

長30.6、最寬7.2、厚1.25cm，台北故宮博物院藏。器身狹長，下
有一孔，玉質細潤，色呈棧赭，一面琱蟬紋，鐫篆文「五福五代」
一圓璽，一面琱鷹紋，並篆文「古希天子」圓璽一。

〔註19〕《故宮玉器選萃·續輯》，台北故宮博物院，1973。
〔註20〕《故宮古玉圖錄》，台北故宮博物院，1982。

　　另外，最具特殊性而又作舊風格鮮明的玉件，則當以「穀紋璜」為代表。今略說明並闡釋如下：穀紋璜（《圖錄》圖 84），戰國，台北故宮博物院收藏。玉作赤赭色。器形近於半璧，卜有一穿。兩面均琢穀紋。邊緣處鐫乾隆己丑（西元 1769 年）孟夏御題五言詩一首。木座為插屏形，一面銀嵌御題詩，與器同文；另一面銀嵌乾隆庚寅（西元 1770 年）春正月御題五言詩一首。今據「穀紋璜」上所鐫刻的御題五言詩為例，闡述其文字內涵如下：

　　　希世見良琛，因之一再唫。有形擬天年，無物象冬深。

　　　孰不男與子，閱經古及今。鵝肪原截白，變赤歎寖尋。

　　　乾隆歲在庚寅春正月上澣御題。

　　尤其是這件「穀紋璜」最為與眾不同的地方是，御題五言詩已明確載及「鵝肪原截白，變赤歎寖尋。」說明玉色是由原本的「白」漸次浸染後為「紅」，這樣「寖尋」的過程明顯是作色所致，而乾隆應是親見其原色變化，是以有此御題。同時，這件穀紋璜，通體呈赤赭色，且其色澤分布均勻，完全不見其他任何顏色參差，這樣的現象並非天然玉石的特質，並明顯是全器經浸染而成，再加上這塊玉石「鵝肪原截白」，作舊後變赤，且色澤因質地本色而略有深淺，色階分布卻大致均勻，顯而易見地是「老提油」所致。

　　更值得注意地是，在璜的下沿及穿孔處，穀紋紋飾多有不完整或經穿透的痕跡，這是舊玉改制的遺留；至於舊玉的年代，依其製作精密，穀紋細小而精嚴，穀芽並不外拓，且排列整齊的風格來看，其器原應是漢時舊物所改制，同時，據《玉紀》所載「提油法」至清朝中葉始得見「新提油」而少見「老提油」，因此，這件「穀紋璜」作舊的年代，明顯應為乾隆皇帝所製才是，並於清乾隆時題刻無誤，印證其御題五言詩，內容、年代也可相互吻合。

　　這種以「老提油」作舊的玉件，在台北故宮博物院傳世收藏中仍有好幾件。例如：題為戰國‧穀紋璜（《圖錄》圖 86，今作「西漢‧雙龍首璜」，圖 5-2）、漢‧穀紋璧（《圖錄》圖 188）、漢‧乳丁璧（《圖錄》圖 195）、漢‧璊（《圖錄》圖 309）等，而且，這些玉件，除了乳丁璧的色澤較淡外，顏色都極為近似並分佈均勻，這樣大面積作舊的痕跡，應是同一方式或同一時代，整器浸泡而成。同時，這些玉件的年代多題為戰國或漢，然而，據其紋飾整齊、間距寬疏或有乳丁紋飾等特色來看，當是漢時舊物才是；至於就其形制而論，邊框有雲紋、璧外緣並有裝飾，其年代則應作「漢」無誤。

圖 5-2　戰國，穀紋璜

長 17.7、寬 6.25、厚 0.55cm，台北故宮博物院藏。玉色深赭色。

此器原應為璧，疑是後人加以切割而成璜。兩面均琢穀紋。

　　的確，這些玉件的作色結果與陳性《玉紀‧辨偽》所載之「老提油」極為相當，並可知這些都是以虹光草汁罨之的現象，是以其色深透，紅似雞血，至於其作舊年代則應遠溯自宋朝，甚或明末清初，以「老提油」作舊的手法則仍可見。更可見這種以「老提油」手法，將玉件作舊的方式，是台北故宮博物院極為重要且具歷史意義的文化資產，畢竟，在北京故宮博物院類似的玉件收藏並不多見。

　　這種藉老玉改制並作舊的手法，固然是基於「尊古」意識下所呈現的時代風尚及美學思維，然而，印證《中國玉器全集‧清》〔註21〕，李久芳〈清代琢玉工藝概論〉一文所稱，清宮檔案中載及雍正、乾隆時期，有許多古玉、漢玉大量受損或改制，其內容也相當吻合，今節錄如下，以為參酌。

　　根據《造辦處成做活計清檔》的記載觀察，「造辦處‧玉作」的主要

〔註21〕李久芳主編，《中國玉器全集‧清》（河北美術出版社，1993），頁 6、11。案：刻欵，應作「刻款」；考色應做「烤色」。

任務，是對原有玉器的改作，刻歎，鐫字以及玉器的考色、配蓋等。
有些創作活動，也都是些小的配飾和七珍八寶等。對較大型玉器的
製做，力量顯得單薄，而難以承擔。

「乾隆三年七月初六日，太監高玉交白玉雞心珙四，碧玉雞心珙一，
漢玉連環帶鉤一，漢玉蔓瓏珙一，白玉珮、白玉三喜結子一，白玉
蔓解錐一，白玉蒼龍絲環一，白玉繩環珙一，白玉偓人一，白玉五
福圈一，白玉螭虎珙一，白玉扇墜四，白立竹節方絲環一，白玉蔓
龍珙一，傳旨：將玉器二十三件，俱配架座，刻款，入在海保送來
玉器內，欽此。」從名稱特徵可知，這些玉器多不是乾隆時期的作
品，僅此一次，竟將二十餘件早期玉器鐫刻乾隆年製款，雖不是改
做亦屬魚目混珠，混淆了作品的時代界限。至於利用古玉器嵌做蓋
紐。盒面、冠架、杖手，更是屢見不鮮。諸多古玉器，遭此厄運，
造成了無法彌補的損失，絕不能把這批早期作品視作清代琢玉的成
就。

從這些文字來看，這些玉件多是以舊玉改制之屬，刻款識、配架座，然
而，卻較少提及作舊、作色之特質，遑論「老提油」法，這樣的現象完全不
符合乾隆皇帝「師古」並愛玉、尊玉成痴的個性；同時，就北京故宮博物院
收藏之玉件來看，《中國玉器全集‧清》所收藏之玉件，雖也不乏燒烤之屬，
然而，卻少見如台北故宮博物院全器染紅之玉件，這樣的現象不僅印證了
陳性《玉紀‧辨偽》文字的真實性，也更凸顯了台北故宮博物院玉件收藏的
特殊性與重要性。

（三）漢玉作舊舉隅

有關漢玉作舊的記載，典籍文字中極為有限。然而，漢玉作舊的現象，
印證於《清高宗御製詩文全集》，卻也可尋繹出些許關於漢代玉件作色的文字
記錄，特別是將潔淨無瑕的羊脂白，竟然燒染如黃暈或血殷色，這種黃暈、
血殷的顏色溫潤光鮮，實有別於宋時「紅光自面透背」、「其色深透，紅似雞
血」的沉穩內斂，也可見漢玉作舊的美學思想並工藝技術。例如：

（1）題漢玉小椀（《詩文全集》冊7，4集，卷5，頁7）

小於茗椀大於卮，樸謝雕幾古所貽。

黃暈土華皴栗子，白含玉質本羊脂。

籀文兩字傳光贊，碾法雙鉤出漢時。

自是署名期不朽，至今署者豈仍知。

（2）題漢玉璧（《詩文全集》冊7，4集，卷40，頁26）

質蘊羊脂白，膚含鱔血殷。祗應伴泉壤，誰識出塵寰。

可欲茲當戒，無瑕漫擬訕。如將挂素璧，寶月絳雲間。

（3）詠漢玉穀璧（《詩文全集》冊7，4集，卷78，頁14）

製猶古略土華滋，細睨頗兼燒染為。

莫怪由來半真假，世間何事不如斯。

乾隆於器物題詩的文學價值不高，然而，其於歷史記載並社會意識的反映，卻是十分真實且珍貴。尤其是這三件漢玉，據詩文所載，且不論是「黃暈土華斅栗子，白含玉質本羊脂。」或「質蘊羊脂白，膚含鱔血殷。」都明顯是將珍貴的羊脂白玉作舊，並燒染如黃暈或血殷色；而「製猶古略土華滋，細睨頗兼燒染為。」則更凸顯玉件作舊是以「燒染」的手法完成，明顯是運用「熱燜法」所為，以致呈現血殷色，或是色如黃暈。

固然，這些玉件作色，究竟是漢玉作舊，抑或是宋、明時期所為，已不得而知，也無從考證。然而，從這些作舊漢玉的記載來看，細究其特質，都是以上好的羊脂白玉作色，而非「極壞夾石之玉染造」，也可見這些玉件的作舊極為慎重講究，並都是以近於「老提油」的手法為之；尤其值得注意的是，從乾隆御題詩的文字探討其旨趣，可知這些題記漢玉的作色應是漢玉本身所呈現的特質，而非後染或經乾隆時期作色所致。

至於漢玉作色「如黃暈或血殷色」，相較於《玉紀》所謂宋時「老提油」的技巧「其色深透，紅似雞血」即是「得古法」之精髓，二者已大不相同，便可知漢玉的「作舊」技巧仍是以三代時期「古色」為仿製目標，以至於燒染的技巧呈現「如黃暈或血殷色」等較為溫潤內斂的層次，也是自然，應明確可以斷定是「熱燜法」無誤，並可視為「老提油」之前身。

漢玉作舊的文字不見於典籍文獻，然而，相關的實物，如：台北故宮博物院藏，有前題為戰國・穀紋璜（《圖錄》圖86）、漢・穀紋璧（《圖錄》圖188）、漢・乳丁璧（《圖錄》圖195）、漢・璲（《圖錄》圖309）等範例，都有作舊的痕跡；至於北京故宮博物院則有：漢・玉長樂穀紋璧（《中國玉器全集・秦漢—南北朝》圖266），局部有深褐色斑浸；而其色澤分布勻整，唯璧緣及文字突出處顏色較深，則應是局部作舊所致。

（四）宋代作舊玉件舉隅

宋代是玉件作舊最為盛行的時期，台北故宮博物院有許多題為「宋舊玉」的收藏，其形制並多是「仿古」彝器思想下的作品。如：黃玉帶蓋瓶（《選萃》續輯圖20，今作「晚明期至清‧黃玉帶蓋瓶」，圖5-3）等，這些彝器都是禮器之屬，且依其器型、紋飾來看，其年代或可稍晚於宋，的確具有濃厚的仿古意識暨美學思維，表現時人對高古器物的師法與尊崇。

圖5-3　宋，黃玉帶蓋瓶

高13.1、最寬8.6cm，台北故宮博物院藏。黃玉有赭斑，底座雕一
「乙」字。

只是，為了彰顯這些玉件高古的特色，除了以「老提油」手法呈現玉件的古拙氣息之外，宋人又有以玉色局部「作舊」的形式，並多是在器形表面突出處，小面積地施以燻烤，使玉色呈現老舊的氛圍，例如：舊玉蟠龍觥的器柄部位（《選萃》圖23）、舊玉蟠龍觥（《選萃》續輯圖21，今作「晚明期至清前期‧糖玉蟠螭觥」，圖5-4）、黃玉琱雲龍筆筒（《選萃》續輯圖19）、黃玉鴨（《選萃》續輯圖22，今作「宋至元‧玉鴨」，圖5-5）等，這種細膩的薰染手法，很能表現宋代工藝的精緻典雅，及其寫實簡約的美學風格，並也是宋代傳世器物人工作色的重要佐證。

圖 5-4　宋，舊玉蟠龍觥

高 15.4、徑 8.5cm，台北故宮博物院藏。

圖 5-5　宋，黃玉鴨

高 13.1、最寬 8.6cm，台北故宮博物院藏。頭爪璃色，形頗肖真，
帶楠木座。

　　至於北京故宮博物院的收藏，有關宋代作舊玉件，較不見於紀錄。據
《中國玉器全集‧隋唐—明》〔註22〕（簡稱《玉全‧隋唐—明》）所載，略

〔註22〕楊伯達主編，《中國玉器全集‧隋唐—明》，河北美術出版社，1993。

為近似的器物則有：白玉鹿紋橢圓洗（《玉全‧隋唐—明》圖 111、112，圖 5-6），玉呈深褐色，局部因經火燒，有黑褐色斑浸，體呈橢圓形，內底部凸雕十一朵如意頭式雲紋。另外，標示為元‧白玉葵花杯（《玉全‧隋唐—明》圖 187，圖 5-7），白玉經火，一側焦黑。杯為六瓣葵花式。這樣鏤雕的花果形式興於宋，盛於元。至於圖說所稱之「經火燒」，且其色澤呈黃褐或黑褐色，雖也與「提油法」的特徵略有近似，然而，顏色晦暗，手法較為粗糙，與本文所稱因「仿古」意識的文化內涵，以致刻意「作色」的目的及作用並不完全相同，或為後人仿制，是以不論。

圖 5-6　宋，白玉鹿紋橢圓洗	圖 5-7　元，白玉葵花杯

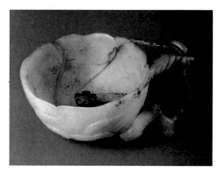

高 6.4、口徑 14.5*10.7cm，北京故宮博物院藏。玉呈深褐色，局部因經火燒，有黑褐色斑浸。

高 5.1、口徑 8.5cm，北京故宮博物院藏。白玉經火，一側焦黑。杯為六瓣葵花式。

　　總括來看，宋代玉件作舊的風氣已大為興盛，尤其是作舊的形式與技巧都達於顛峰。相對而言，北京故宮博物院所收藏的宋代玉件，不僅數量較少，且其作舊形式，無論是在色澤及薰染面積、細密度方面，都遠不及台北故宮博物院收藏來得精緻並多樣化。

（五）明代作舊玉件舉隅

這種仿古色而作舊的觀念流傳至明朝末年，仍然十分盛行，尤其在台北故宮博物院的傳世收藏中，最具代表性的玉件即是「白玉鰲魚花插」（《選萃》圖 25，圖 5-8），此器不僅造型生動，且鰓處略帶絡紋，並在鰭、尾、頭、鰓部突出處，呈現黑褐色暈染，明顯是作色所致；畢竟，這種白玉兼黑褐色的玉石在原生礦物中並不存在，且糖玉是為紅褐色，至於若是沁色，則應為帶狀面積的沁蝕，而非只是邊緣勾勒式的呈現，同時，此器唯邊緣處略呈黑褐色，且與鰓部帶絡紋處同色，明顯是作舊而成，實具有宋器局部作舊之遺風。

至於北京故宮博物院所收藏的傳世玉件，原本即是以明、清時期為大宗。且無論是就器物的形制、紋飾、作色，甚或從其圖釋文字來看，「仿古」作舊的玉件確實不在少數。

圖 5-8 　明，白玉鰲魚花插

高 15.6、縱 4.26、橫 9.55cm，台北故宮博物院藏。玉質晶瑩，呈青白色，邊緣之處，則呈黑色。

尤其是就玉件作色來看，即有：青白玉夔鳳紋樽（《玉全‧隋唐─明》圖

240，圖5-9），明，玉料呈青白色，局部有褐色斑浸，體為圓柱形。樽由蓋和體兩部分組成，蓋面呈弧形，上立雕三獸鈕，並飾淺浮雕漩渦紋，邊沿飾凸出的變形夔龍紋。樽週身飾變形龍鳳紋三組，一側中腰鏤空一雲形環狀把，底平，有三個獸蹄狀足等距分立。此器最早出於漢代，這件為明代仿古。案：此樽局部有褐色斑浸，只是，褐色斑浸的位置多在器形本體口沿部位，且其色澤較為淺淡，若為受沁，則蓋和體兩部分的色澤應相同且接續才是，然而，事實的呈現並非如此，是以此器應是燒烤作色所致，其目的則是增其古意而已。

　　類似的現象，也可見於出土玉件。1969年上海市陸氏墓出土白玉髮冠、白玉簪、白玉鏤空佩等器物，尤其是這對白玉簪（《玉全‧隋唐─明》圖220，圖5-10），整體作方形，四面陰刻螭龍紋，兩支簪並分別有銘文「福如東海」、「壽比南山」等字樣，至於簪體及刻痕凹陷處，則有深淺不一的黑色，明顯是作舊所致，因而呈現顏色駁雜的現象。

圖5-9　明，青白玉夔鳳紋樽

高15.9、徑6.2cm，北京故宮博物院藏。玉料呈青白色，局部有褐色斑浸，體為圓柱形。此器最早出於漢代，這件為明代仿古。

圖5-10　明中期，白玉簪

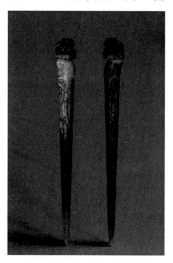

長11cm，1969年上海市陸氏墓出土，上海市博物館藏。簪體及刻痕凹陷處，有深淺不一的黑色，明顯是作舊所致。

（六）清代作舊玉件舉隅

　　及至清朝時期，由於平定回亂，新疆的玉料得以源源不絕進貢於朝廷，再加上帝王喜好，玉件制作的工藝也大為精進，且無論是老玉或新玉，玉件的仿古、作舊並改制，都不在少數。

即以台北故宮博物院所收藏的作舊玉件來看,最明顯的案例如:黃玉龍鳳蓋尊(《選萃》續輯圖33),及白玉茄形鼻煙壺(《選萃》續輯圖26,圖5-11),並都是在新制的玉件上,施以燻烤法,且局部作色。

圖 5-11　清,白玉茄形鼻煙壺

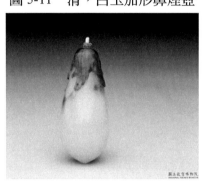

長 7.75、徑 2.75cm,台北故宮博物院藏。白玉,茄形,以碧玉為蒂,器身有紅斑數塊,為烤薰所成。

圖 5-12　清道光,和闐白玉龍柄執壺

高 10.4、長 17.2、寬 10.5cm,北京故宮博物院藏。白玉,略帶人工染色,壺蓋棱瓣形紐,環紐一週蓮瓣紋。

圖 5-13　清中期,和闐青玉鳳飾龍柄觥

高 16.6、長 18、寬 7.9cm,北京故宮博物院藏。青玉,有瑕斑及烤色,做古彝器。

至於北京故宮博物院所收藏的明、清玉件數量極多,相關作舊的玉件即有:和闐白玉龍柄執壺(《玉全‧清》圖8,圖5-12),此器略帶人工染色,壺底陰刻隸書「道光御用」四字,這樣的款識極為少見,也可知玉壺珍貴;又,和闐青玉鳳飾龍柄觥(《玉全‧清》圖37,圖5-13),器表明顯有瑕斑

及烤色，為仿古彝器；另外，和闐白玉蟠螭珮（《玉全‧清》圖163，圖5-14），為仿古玉器，局部有燒古色，尤其是清代製造的蟠螭珮極多，但多為扁片型，至於這件玉珮雕立體蟠螭，工藝精細；而和闐玉穀穗鵪鶉雙耳活環瓶（《玉全‧清》圖217），局部施以烤色；和闐玉三陽開泰鎮紙（《玉全‧清》圖307），有絡紋，底部並有玉皮色及烤色。

圖5-14　清中期，和闐白玉蟠螭珮

長7.3、寬6.3、高1.8cm，北京故宮博物院藏。白玉，局部有燒古色，做古玉器。

　　大致說來，清朝時期的玉件，無論是台北或北京故宮博物院藏的作舊玉件，除了前言以舊玉改制者外，因玉料來源充足，頗有以新玉制成的仿古彝器，並多施以局部燻烤，或是沿絡紋人工染色，使增顯古意，至於其燒烤的顏色則較為亮麗鮮黃，且面積多為片狀，也與前朝有異，這樣的案例或玉件，的確不在少數，這是時代美學風格的反映，並也是玉件斷代最為鮮明的依據。

五、結　論

　　玉件的仿古、作舊與改制，這樣的案例在台北與北京故宮博物院的傳世收藏中屢見不鮮，並多是漢、宋、明末清初時期仿三代或後代仿前朝之物件，例如：漢仿三代，宋仿漢，或明清仿宋、仿漢等形制，這樣的仿古現象是時代美學的真實反映。並藉「提油法」為玉件「作色」或「作舊」，使其呈現「古色」及「古意」，由於手法歷代不同，「老提油」、「新提油」或「灰提法」，不僅各有特色，並可以此做為玉件斷代的依據，實不可不詳察明辨。

　　同時，這樣的「作舊」文化除了凸顯玉件的地位尊貴，並在「尊古」之餘，進而保留並令人緬懷中華傳統文化的深厚內涵，這是玉件「作舊」最重

要的影響及其文化底蘊。雖然，這樣的「作偽」意義與作用，在青銅、陶瓷的「仿古」形制上也明顯可見，只是，青銅、陶瓷在「仿古」之際，卻少見「作色」或「作舊」的手法，這樣的「作舊」現象應是玉件所專有，研究者或愛好者實不可不知。

　　固然，作舊的手法，歷來統稱為「提油法」，然而，若就其顏色及技巧分，歷代則仍是有所差異。例如：漢、宋時期及明末清初作舊，是以「老提油」為主軸，將玉件以虹光草汁罨之，並用新鮮竹枝燃火逼之，且其汁深入玉之膚理，紅光自面透背，是以其色深透，紅似雞血，並有全器浸漬或局部燻烤的現象，手法極為細緻；降及清朝中葉，則少見「老提油」而多「新提油」技巧，並是以紅木屑或黑木屑煨之，呈現紅、黑二色，由於工序簡單，玉石質地較差，是以色澤較為枯乾板滯，無法與「老提油」相提並論。

　　瞭解了玉件作舊的重要性和特殊性之後，若要論述或比較兩岸故宮博物院傳世作舊玉件中最大的差異性，那麼，不可諱言地，台北故宮博物院所收藏的作舊玉件，不僅質量俱佳，且其年代分布既系統又完整，很能真實呈現玉件作舊的形式與過程，這是北京故宮博物院收藏所不及處。

　　尤其是宋朝盛行的「老提油」以及局部燒烤薰染法，不僅可以深入地印證《清高宗御製詩文全集》所載，呼應陳性《玉紀》一書的文字內涵與記述，使真實並完整地呈現宋朝「尊古」、「稽古」與「博古」等思想的社會風氣，更重要地是，這是兩岸故宮博物院收藏「老提油」最具體、細緻且珍貴的玉件，精湛的製作手法，的確有其特殊的歷史意義與研究價值，並真實反映玉件作舊的手法。於是，台北故宮博物院的玉件收藏，特別是在仿古玉件的作舊層面上，就更見其內涵的重要性與獨特性了。

六、引用書目

（一）傳統文獻

1. 十三經注疏《周禮》，台北：藝文印書館，1993。
2. 十三經注疏《儀禮》，台北：藝文印書館，1993。
3. 十三經注疏《禮記》，台北：藝文印書館，1993。
4. 元・朱震亨，《格致餘論》，《景印文淵閣四庫全書》，冊 746，台灣：商務印書館，1986。
5. 清・梁詩正、蔣溥等奉勅撰，《西清古鑑》，《景印文淵閣四庫全書》，冊

841、842，台灣：商務印書館，1986。

6. 明‧曹昭，《格古要論》，《景印文淵閣四庫全書》，冊 871，台灣：商務印書館，1986。

7. 清‧陳性，《玉紀》，《叢書集成續編》，冊 90，新文豐出版公司，1989。

（二）近代論著

1. 李玉珉主編，《古色：十六至十八世紀藝術的仿古風》，台北國立故宮博物院，2003。

2. 楊伯達主編，《中國玉器全集‧隋唐—明》，河北美術出版社，1993。

3. 李久芳主編，《中國玉器全集‧清》，河北美術出版社，1993。

4. 《故宮古玉圖錄》，台北故宮博物院，1982。

5. 清高宗撰，《清高宗御製詩文全集》，台北：故宮博物院，1976。

6. 《故宮玉器選萃‧續輯》，台北故宮博物院，1973。

7. 《故宮玉器選萃》，台北故宮博物院，1969。

8. 俞美霞，〈從兩岸故宮倣古玉件談其尊古意識〉（《臺北大學中文學報》，臺北大學中文學系，2018.3），第 23 期，頁 1～34。

9. 楊美莉，〈晚明清初倣古器的作色——以銅器、玉器為主的研究〉（《故宮學術季刊》，台北故宮博物院，2005 年春季號），第 22 卷，第 3 期，頁 17～53。

原文載《美與科技的對話：台南市美術館與藝術行政暨管理學會文物藝術品科學鑑定技術研討會》，頁 15～52，台南市美術館、台灣藝術行政暨管理學會，2018.12。

六、從捺鉢談北方民族的
用玉習俗與鑑定

【內容提要】

　　捺鉢是北方民族四時狩獵的重要習俗，這樣的生活本質，直接影響到人們的器用與佩飾習慣，尤其在玉器製作上，特殊的形制，如：「海東青擾天鵝」、或是「伏虎圖」、「射鹿圖」以及「魚蓮」等題材，這些主題的玉件都是北方民族——尤其是遼、金、元墓葬中經常可見的器形，並很能具體表現北方民族鮮明的生活內涵與熱情，極具民族特色而又討喜。只是，市場上有關遼、金、元時期的玉件不在少數，相關的玉件又大多有魚目混珠，或斷代訛誤的現象，著實令人困擾，是以本文藉《中國美術全集·玉器篇》以及《中國玉器全集5》中的遼、金、元玉件為主軸，進而就其異同予以分辨，並以史料典籍為依據，闡釋北方民族的用玉習俗，俾便作為遼、金、元時期玉器認知並鑑定之準則。

　　關鍵詞：捺鉢、海東青、天鵝、伏虎圖、射鹿圖

一、前 言

　　出土考古中，「海東青攫天鵝」或是「伏虎圖」、「射鹿圖」以及「魚蓮」等題材，這些都是北方民族——尤其是遼、金、元墓葬中經常可見的工件形制，這樣的玉件無論是製作成玉佩或山子，生動的形制，活潑、躍動的生活型態，以及熱烈、強韌的生命氣息，都很能表現遊牧民族生活的習俗與特色。事實上，這樣的題材正是「春水」、「秋山」的意涵，是人們真實生活的寫照，也是北方民族「捺鉢」思想的反映，當然值得深入探討並研究。

　　至於本文的研究方法則是運用風格比較法、文獻分析法，且以「四時捺鉢」習俗為研究主軸，並就《中國美術全集‧玉器篇》以及《中國玉器全集5》中遼（契丹族，916～1125）、金（女真族，1115～1234）、元（蒙古族，1271～1368）玉件的內涵予以剖析，進而並與宋代（漢族，960～1127，1127～1279）相關玉件相互比擬對照，俾便就其用玉習俗與真偽予以辨識。

　　尤其是 10～14 世紀，這是中國歷史上非常特殊的一段時期，從遼民族建國到元朝建立為止，短短 300 餘年，在中國同時出現了遼、金、西夏、北宋、南宋、元等朝代，再加上取得政權的統治者又分別隸屬於不同的部落，是以造成不同族群的政治對立或兼併，然而，這樣的衝突，在文化上卻能呈現融合或相互影響的作用，這樣的現象特別是在玉件的製作上最能得其真髓，並也是本文所亟欲剖析的重點。

二、遊牧民族四時捺鉢的習俗

　　捺鉢，或作「捺鉢」，契丹語，是指契丹族外出行在的場所。的確，遊牧民族喜好狩獵，由於行止不定，因此，對於其居所必須要有更明晰之規範，始能確保種族的生存及安全無虞，是以所謂的「行在」便是指臨時皇宮之意。《遼史‧營衛志上》所謂「有遼始大，設制尤密。居有宮衛，謂之斡魯朵；出有行營，謂之捺鉢；分鎮邊圉，謂之部族。」〔註1〕即是闡明契丹族對於居室宮衛以及外出行營設置的嚴密，並分類明晰。

　　這種因族群生存及安全顧慮所設置的行止規範，是遊牧民族生活中最真實的寫照，寶貴的經驗並因此世代相傳，長久以來遂形成「四時捺鉢」的習俗和制度，終致於成為北方遊牧民族特殊且常見的生活內涵與形式。

　　固然，「捺鉢」指的是遊牧民族依季節轉換，四時逐水草而居的生活行止，

〔註1〕元‧脫脫等撰，《遼史》（台北：鼎文書局，1984），卷31，頁361。

本無特定法則，只是，族群在遷移或狩獵的過程中，隨著季節交替，以至於居住的地點、四時生活的型態也頗有更迭。這樣鮮明而又熱烈的生活形式，進而衍生出豐富的生存智慧與經驗，並詳實記載於《遼史‧營衛志中》[註2]，今略舉其大要如下，期使明白遊牧民族的生活型態與習俗。

> 遼國盡有大漠，浸包長城之境，因宜為治。秋冬違寒，春夏避暑，隨水草就畋漁，歲以為常。四時各有行在之所，謂之「捺鉢」。
>
> 春捺鉢：曰鴨子河濼。皇帝正月上旬起牙帳，約六十日方至。天鵝未至，卓帳冰上，鑿冰取魚。冰泮，乃縱鷹鶻捕鵝雁。晨出暮歸，從事弋獵。鴨子河濼東西二十里，南北三十里，在長春州東北三十五里，四面皆沙堝，多榆柳杏林。
>
> 夏捺鉢：無常所，多在吐兒山。道宗每歲先幸黑山，拜聖宗、興宗陵，賞金蓮，乃幸子河避暑。吐兒山在黑山東北三百里，近饅頭山。黑山在慶州北十三里，上有池，池中有金蓮。
>
> 秋捺鉢：曰伏虎林。七月中旬自納涼處起牙帳，入山射鹿及虎。林在永州西北五十里。嘗有虎據林，傷害居民畜牧。
>
> 冬捺鉢：曰廣平淀。在永州東南三十里，本名白馬淀。東西二十餘里，南北十餘里。地甚坦夷，四望皆沙磧，木多榆柳。其地饒沙，冬月稍暖，牙帳多於此坐冬，與北、南大臣會議國事，時出校獵講武，兼受南宋及諸國禮貢。

這樣的習俗流傳，且其文字詳盡，也可見遼民族「四時捺鉢」的生活型態。尤其契丹族是喜好狩獵的民族，春、秋狩獵時，並分別以季節群聚的天鵝及鹿、虎為目標，這樣大規模的戶外活動，不僅可以藉此強健體魄，凝聚族群團結的力量，並也是最佳的軍事訓練與演習；至於夏、冬時節，雖也有外出行在的活動，然因天氣之故，則多是易地避暑或過冬，是以夏季賞蓮，至於寒冬時節不方便外出活動，於是藉此會議國事，校獵講武，或接受諸國禮貢；這樣的行止，也有聯絡情感，並鞏固政權的積極意義與作用。

遼民族是中國北方極為重要的草原民族，其疆域東到日本海，南到天津市、河北霸縣、陝西雁門關一綫，西到阿爾泰山，北達楞格河、石勒喀河一帶，國勢極為壯盛。至於契丹族四時捺鉢的地理位置，據《遼史‧地理志一‧

[註2] 《遼史》卷32，頁373～375。

上京道》〔註3〕所載，則是於長春州、慶州及永州，這三州並都隸屬於上京道，尤其是上京，這是太祖發跡之地，其址位於今內蒙古自治區赤峰市巴林左旗境內，在這裡從事狩獵、會議國事並接受諸國獻禮，也可見其重要性，並有緬懷先帝開創維艱的文化象徵與作用。

> 長春州，韶陽軍，下，節度。本鴨子河春獵之地。興宗重熙八年置。隸延慶宮，兵事隸東北統軍司。

> 慶州，玄寧軍，上，節度。本太保山黑河之地，巖谷險峻。穆宗建城，號黑河州，每歲來幸，射虎障鷹，軍國之事多委大臣，後遇弒於此。以地苦寒，統和八年，州廢。聖宗秋畋，愛其奇秀，建號慶州。

> 永州，永昌軍，觀察。承天皇太后所建。太祖於此置南樓。乾亨三年，置州于皇子韓八墓側。東潢河，南土河，二水合流，故號永州。冬月牙帳多駐此，謂之冬捺鉢。有木葉山，上建契丹始祖廟，奇首可汗在南廟，可敦在北廟，繪塑二聖并八子神像。

至於同為北方遊牧民族的女真族「金」，生活中雖也有捺鉢的習俗，只是，其規模似乎不如契丹族來的盛大與隆重。尤其金國的疆域，其全盛時期：東到日本海，西臨西夏和青康藏高原，北到黑龍江以南，並隔鴨綠江和高麗接壤。至於部分行在的地點，則僅僅只是做短暫的駐留之後，便又拔營，因此，即使是行在的設施略嫌簡略，然而，金朝的帝王似乎並不以為意。《金史‧章宗本紀三》載及泰和二年五月，「壬戌，諭有司曰：『金井捺鉢不過二三日留，朕之所止，一涼廈足矣。若加修治，徒費人力。其藩籬不及之處，用圍幕可也。』」〔註4〕即是明確的例證。

這種維持傳統習俗，卻又不過度擴張捺鉢行止的設施與規模，也可見於《金史‧梁襄列傳》所謂「議者又謂往年遼國之君，春水、秋山、冬夏捺鉢，舊人猶喜談之，以為真得快樂之趣，陛下效之耳。臣愚以謂三代之政今有不可行者，況遼之過舉哉。」〔註5〕文中並對遼民族大肆捺鉢的行徑似乎頗不以為然，這樣的觀點，也相當程度地反映金人務實的觀點和作風。

至於蒙古族的領地，在鐵木真統一了漠北游牧部落後，又先後兼併了西

〔註3〕《遼史》，卷32，頁444～446。
〔註4〕元‧脫脫等撰，《金史》（台北：鼎文書局，1985），卷11，頁258。
〔註5〕《金史》，卷97，頁2136。

遼、西夏、金、南宋等國，其疆域據《元史‧地理志第十》所載「若元，則起朔漠，併西域，平西夏，滅女真，臣高麗，定南詔，遂下江南，而天下為一。故其地北踰陰山，西極流沙，東盡遼左，南越海表。」且其疆域之廣，「元東南所至不下漢、唐，而西北則過之，有難以里數限者矣。」〔註6〕而其地理位置大約包括今新疆東部，西藏、雲南及緬甸北部，並北至貝加爾湖（一說北冰洋），東北到外興安嶺、鄂霍次克海、日本海、庫頁島等地。

這樣遼闊的帝國疆域，因此，《元史》中雖不見「捺鉢」一詞，然而，同為北方遊牧民族的蒙古族，卻在連年征戰之餘，仍保有狩獵的習俗，並時有「行在」的場所。這樣的現象印證於《元史‧文宗本紀》載及天曆元年，所謂「甲寅，復遣治書侍御史撒迪、內侍不顏禿古思奉迎皇兄於漠北。西安王阿剌忒納失里及燕鐵木兒、鐵木兒補化，請各遣人送名鷹於行在所。以王禪妻金珠首飾歸中宮。」〔註7〕以及天曆二年，有言「丙寅，帝幸大崇恩福元寺。遣使賜西域諸王燕只吉台海東鶻二。戊辰，遣使獻海東鶻于皇兄行在所。」及至「甲戌，復命太僕卿教化獻海東鶻于皇兄行在所。」〔註8〕都明確述及元人和「名鷹」、「海東鶻」以及「行在」之間的緊密關係，進而間接闡明蒙古族具狩獵行在的生活習性。

至於10～14世紀又有西夏和党項等國，由於資料不足，且其用玉習俗較為匱乏，是以並不列入本文討論。

三、北方民族的用玉習俗及轉化

北方遊牧民族素以黃金為貴，這是受到中亞民俗的影響，這樣的現象又以陳國公主墓葬出土的器物最為明顯，不僅佩玉多用金絲鏈穿繫，同時，覆蓋在駙馬爺臉上的金面具也以純金打造，這是遼國墓葬的重要文化象徵。

至於玉器的運用，原非北方民族所善用或喜好的材質，只是，北方民族素來景仰中華文化，影響所及，自然深受中華文化融合並浸染。《遼史‧后妃列傳》即稱「太祖慕漢高皇帝，故耶律兼稱劉氏；以乙室、拔里比蕭相國，遂為蕭氏。」〔註9〕耶律阿保機將其母系家族賜姓為蕭氏，即是傾慕蕭何輔佐劉邦的典故，因而有此舉措。因此，遼民族在與中原接觸並接受中國文化

〔註6〕《元史》，卷58，頁1345。
〔註7〕明‧宋濂等撰，《元史》（台北：鼎文書局，1990），卷32頁723。
〔註8〕《元史》，卷33頁728。
〔註9〕《遼史》，卷71，頁1198。

的洗禮並獻玉之餘，耳濡目染，也受到中華文化的影響而開始用玉，便也不足為奇。

是以《遼史‧聖宗本紀五》載及統和二十四年八月，「是月，沙州燉煌王曹壽遣使進大食國馬及美玉，以對衣、銀器等物賜之。」〔註10〕即是燉煌王曹宗壽（案：避興宗宗真名，故省宗字）對遼朝君主獻玉的記載。

其後，《遼史‧道宗本紀一》載清寧元年九月，「壬戌，詔夷離堇及副使之族并民如賤，不得服駝尼、水獺裘，刀柄、兔鶻、鞍勒、珮子不許用犀玉、骨突犀；惟大將軍不禁。」〔註11〕至於清寧四年十一月，「丙戌，祠木葉山。禁造玉器。」〔註12〕另外，《遼史‧營衛志中》載及「春捺鉢」的陣式與服飾，則言「皇帝每至，侍御皆服墨綠色衣，各備連鎚一柄，鷹食一器，刺鵝錐一枚，於濼周圍相去各五七步排立。皇帝冠巾，衣時服，繫玉束帶，於上風望之。」〔註13〕從這些史籍文字來看，契丹族有禁造玉器的詔令；同時，佩犀玉、束玉帶也是大將軍及皇帝才有的專屬權利，一般人不可任意穿戴，都可見在契丹民族的觀念裡，並未有以玉材作為生活器用的習尚，是以用玉的習俗並不普遍，遼代玉件之少有，便也是自然。

至於金人用玉，雖也曾接受宋朝的餽贈，然而，世宗時，卻將當時宋朝餽贈的玉器、玻璃器以及弓劍之屬遣還宋主，以示不忍奪愛。這樣的文字見於《金史‧世宗本紀下》載大定二十八年二月，「癸巳，宋使朝辭，以所獻禮物中玉器五，玻璃器二十，及弓劍之屬使還遺宋，曰：『此皆爾國前主珍玩之物，所宜寶藏，以無忘追慕。今受之，義有不忍，歸告爾主，使知朕意也。』」〔註14〕這是金世宗對宋朝珍玩之物的禮敬，更何況，玉器對金人來說應是宋主「所宜寶藏」之物，既無文化歸屬感，也不視其為珍貴之寶，是以世宗予以婉辭。

這種對玉器敬謝不敏的習氣，至海陵王則略有改善。《金史‧海陵本紀》載及天德二年，「三月丙戌，宋、高麗遣使賀即位。以弟充為司徒兼都元帥。詔以天水郡王玉帶歸宋。」〔註15〕則是在宋、金交流之餘，明確指出海陵王

〔註10〕《遼史》，卷14，頁162。
〔註11〕《遼史》，卷21，頁252。
〔註12〕《遼史》，卷21，頁257。
〔註13〕《遼史》，卷32，頁374。
〔註14〕《金史》，卷8，頁200。
〔註15〕《金史》，卷5，頁94。

以玉帶歸宋的事實，說明金人已有以玉相互饋贈的風尚。

這樣的習俗流傳，至《金史‧章宗諸子列傳》則稱「洪裕，大定二年生。是時顯宗薨逾年，世宗深感，及聞皇曾孫生，喜甚。滿三月，宴于慶和殿，賜曾孫金鼎，金香合，重綵二十端，骨覩犀、吐鶻玉山子、兔兒垂頭一副，名馬二匹。」〔註16〕則可見「贈玉」的習俗在世宗時已深入金人生活的各個層面，即使是「生孩誕育」也不能免俗，而且，皇族中甚至不惜以象徵秋獵的玉山子相贈，也可見金人用玉習俗的轉變，印證於傳世或出土的玉件華美，也可見金人之重玉、愛玉。

至於元朝，初始雖並不以玉器為重，《元史‧世祖本紀七》載及「會諸王于大都，以平宋所俘寶玉器幣分賜之。賜諸王等金、銀、幣、帛如歲例。」〔註17〕可知元人初期所擁有的玉器，都是得自於「平宋所俘」，元世祖將之分贈諸王，也可見當時對玉器的價值並不以為意。

這種用玉習俗的轉變，則可見於《元史‧祭祀志四》述及「神御殿」一詞，這是元人奉祀祖宗御容的場所，舊稱影堂，裝置極為華麗。其中有一段文字則稱「其祭器，則黃金餅罕盤盂之屬以十數，黃金塗銀香合椀楪之屬以百數，銀壺釜盃匜之屬稱是。玉器、水晶、瑪瑙之器為數不同，有玻瓈瓶、琥珀勺。世祖影堂有真珠簾，又皆有珊瑚樹、碧甸子山之屬。」〔註18〕從這些詳盡的文字記述來看，固然，北方遊牧民族原本即是以黃金為貴，是以祭器大多以黃金打造，也是自然；至於又有銀器、玉器、水晶、瑪瑙之屬作為影堂陳設，則可見當時已有將玉器視為珍貴之物的習尚，並將之置於神御殿；再加上元人向來仰慕中華文化，是以其用玉習俗受到中國文化的影響，便也並不意外。

四、「捺鉢」玉件的內涵詮釋與特質

春水、秋山是北方民族用玉的形制，並是春、秋捺鉢狩獵行止的記實。「春水」指的是春捺鉢，多於河邊地從事弋獵，晨出暮歸，並縱鷹鶻捕鵝雁；而「秋山」則是指秋捺鉢，於七月中旬自納涼處起牙帳，入山射鹿及虎。這兩者都是北方遊牧民族真實的生活反映，呈現於玉件之中，刻治極為生

〔註16〕《金史》，卷93，頁2058。
〔註17〕《元史》，卷10，頁207。
〔註18〕《元史》，卷75，頁1875。

動、寫實。

　　至於又有夏、冬捺鉢，則是因為氣候之故，於行在避暑或避寒，是以少有大規模的戶外活動，而且，一般出土報告、專書、圖錄或《玉器全集》等書籍，從未見相關玉件的記載。只是，個人以為：冬捺鉢固然是因為氣候酷寒而無法戶外活動，然而，夏捺鉢卻不應有所缺漏才是，尤其賞蓮、捕魚並都是其特色，理當呈現於玉件製作上，並是生活習俗的真實反映，本文於此略有發現，將一併闡析陳述如後。

（一）「春水」玉件的內涵詮釋

　　北方遊牧民族本性即好狩獵，春捺鉢時，於水邊地從事獵捕天鵝的活動，並每每以海東青作為狩獵時必備的輔佐。說到海東青，是為鷹科之屬，其性情兇猛，善於獵捕鵝雁。至於其重要性，則可見於史料典籍，尤其是宋代帝王雖然並不擅長狩獵，然而，史籍中對於海東青的記載卻也不在少數。例如：《宋史‧太祖本紀一》載及乾德元年九月「戊辰，女直國遣使獻海東青名鷹。」〔註 19〕顯而易見，海東青的確是大有來頭，不僅是名鷹，並可作為國與國之間重要的獻禮或餽贈。

　　只是，對重文輕武的宋朝來說，海東青雖貴為名物，卻從來不曾受到宋室帝王的青睞。《宋史‧太宗本紀二》載及淳化三年十一月，「趙保忠貢鶻，號『海東青』，還之。」〔註 20〕而《宋史‧禮志》也稱太宗不好弋獵，「除詔有司行禮外，罷近甸游畋，五坊所畜鷹犬並放之，諸州不得以鷹犬來獻。已而定難軍節度使趙保忠獻鶻一，號『海東青』，詔還賜之。臘日，但命諸王略畋近郊，而五坊之職廢矣。」〔註 21〕另外，《宋史‧外國列傳一‧夏國上》則言「賜保忠茶百斤、上醞十石。乃獻白鶻，名海東青，以久罷畋獵，詔慰還之。」〔註 22〕都說明海東青之重要性，並受人寶愛。於是，這樣的名鷹在草原遊牧民族的眼中，也就成為不同族群爭奪或征戰的導火線。《宋史‧梁適列傳》所謂「北珠出女真，子美市於契丹，契丹嗜其利，虐女真捕海東青以求珠。兩國之禍蓋基於此，子美用是致位光顯。」〔註 23〕即是指子美

〔註 19〕《宋史》，卷 1，頁 15。
〔註 20〕《宋史》，卷 5，頁 90。
〔註 21〕《宋史》，卷 121，頁 2840。
〔註 22〕《宋史》，卷 485，頁 13985。
〔註 23〕《宋史》，卷 285，頁 9625。

藉海東青以牟利，甚至因此榮登富貴的事蹟。

海東青是「捺鉢」時必備的猛禽，遊牧民族春獵，表現地即是海東青攫取天鵝的場景，是以有「春水」之稱。至於在玉件的表現上，其形式則多以玉環襯托為底，而海東青和天鵝之間緊張的追逐，呈現戲劇性的張力及渲染力，整個玉件的形制並在荷葉的穿插掩映下，呈現出強烈的藝術性風格，極具觀賞特質。尤其海東青與天鵝是「春水」玉件的重要內容，二者各有其特色，唯有充分理解其本質，才能真正了解「春水」與「四時捺鉢」的關聯及其重要性，是以本文將就此部分予以深入剖析。

案：海東青產於五國，《遼史·百官志二》載及「三國部」，其下有注「三疑當作五，即五國部。下文五部蕃部，亦指此五國部。卷九六蕭樂音奴傳：『監障海東青鶻，獲白花者十三，拜五蕃部節度使。』海東青鶻產于五國，五蕃部即五國部。」〔註24〕可知海東青者是以白鶻為上，至於其產地則分布於黑龍江、吉林省等地，只是，由於海東青本性兇猛，且經常因爭奪而引起遼、金之間的紛爭，是以朝廷曾下令禁養，《遼史·道宗本紀一》即有清寧六年，「夏四月辛未，禁吏民畜海東青鶻。」〔註25〕的記載。

只是，遼民族由於喜好狩獵，並於春天時於鴨子河濼狩獵天鵝，此時，海東青即扮演相當關鍵的角色。同時，由於契丹族對狩獵天鵝一事極為重視，因此，史籍中有許多詳實的文字記載，並可見其場面之熱烈。例如：《遼史·地理志四》〔註26〕載及「漷陰縣」，其下即稱：

> 本漢泉山之霍村鎮。遼每季春，弋獵於延芳淀，居民成邑，就城故漷陰鎮，後改為縣。在京東南九十里。延芳淀方數百里，春時鵝鶩所聚，夏秋多菱芡。國主春獵，衛士皆衣墨綠，各持連鎚、鷹食、刺鵝錐，列水次，相去五七步。上風擊鼓，驚鵝稍離水面。國主親放海東青鶻擒之。鵝墜，恐鶻力不勝，在列者以佩錐刺鵝，急取其腦飼鶻。得頭鵝者，例賞銀絹。國主、皇族、群臣各有分地。戶五千。

這樣激烈而又極富渲染氣息的戲劇張力，都可見君臣上下對狩獵天鵝一事的慎重並歡欣鼓舞。類似的場景也可完整見於下列《遼史·營衛志中》「春

〔註24〕《遼史》，卷46，頁765～769。
〔註25〕《遼史》，卷21，頁258。
〔註26〕《遼史》，卷40，頁496。

捺鉢」所載，不僅皇帝得頭鵝，薦廟，同時，群臣也頭插鵝毛，賜從人酒，或遍散鵝毛以為樂，熱烈激昂的情緒極具感染力。

> 春捺鉢：曰鴨子河濼。皇帝正月上旬起牙帳，約六十日方至。天鵝
> 未至，卓帳冰上，鑿冰取魚。冰泮，乃縱鷹鶻捕鵝雁。晨出暮歸，
> 從事弋獵。鴨子河濼東西二十里，南北三十里，在長春州東北三十
> 五里，四面皆沙堝，多榆柳杏林。皇帝每至，侍御皆服墨綠色衣，
> 各備連鎚一柄，鷹食一器，刺鵝錐一枚，於濼周圍相去各五七步排
> 立。皇帝冠巾，衣時服，繫玉束帶，於上風望之。有鵝之處舉旗，
> 探騎馳報，遠泊鳴鼓。鵝驚騰起，左右圍騎皆舉幟麾之。五坊擎進
> 海東青鶻，拜授皇帝放之。鶻擒鵝墜，勢力不加，排立近者，舉錐
> 刺鵝，取腦以飼鶻。救鶻人例賞銀絹。皇帝得頭鵝，薦廟，群臣各
> 獻酒果，舉樂。更相酬酢，致賀語，皆插鵝毛于首以為樂。賜從人
> 酒，遍散其毛。弋獵網鈎，春盡乃還。

海東青盛產於吉林、黑龍江流域，這是金人的故鄉，由於女真族對海東青鶻也極為重視，是以多藉海東青作為帝王賞賜予武將的珍玩。同時，也正是因為其珍貴，所以，金人因海東青所衍生的事故也屢見不鮮，無論是交易、征戰、職官、賞賜等行為，也多和海東青有關。例如：《金史‧太祖本紀》有言「初，遼每歲遣使市名鷹『海東青』于海上，道出境內，使者貪縱，徵索無藝，公私厭苦之。」〔註27〕而《金史‧太宗本紀》天會二年五月，也稱「曷懶路軍帥完顏忽剌古等言：『往者歲捕海狗、海東青、鴉、鶻於高麗之境，近以二舟往，彼乃以戰艦十四要而擊之，盡殺二舟之人，奪其兵仗。』」〔註28〕都可見海東青在北方民族心目中的地位重要與特殊，是以經常相互爭奪，並因此衍生許多弊端。

只是，征戰歸征戰，然而，金人對海東青的關注卻從來也不曾減少過。尤其是《金史‧百官志二》設有「鷹坊」一職以專飼鷹鶻，並謂「提點，正五品。使，從五品。副使，從六品。掌調養鷹鶻『海東青』之類。」〔註29〕另外，《金史‧逆臣列傳》又載元宜「乞還所賜甲第，上從之，賜以襲衣、吐鶻、廄馬、海東青鶻。未幾，致仕，薨于家。上聞之，遣使致祭，賻贈甚

〔註27〕《金史》，卷2，頁23。
〔註28〕《金史》，卷3，頁50。
〔註29〕《金史》，卷56，頁1256。

厚。」〔註30〕都可見金人對海東青的重視，不僅是尊貴的賞賜，甚至設官專職以飼鷹，以表慎重。

　　至於蒙古族驍勇善戰，對海東青自然也是情有獨鍾。《元史・太祖本紀》載及汪罕既敗而歸，太祖遣阿里海致責於汪罕，言及大有功於君者五，除了將土地人民盡收與君，且無使人民饑饉之外，並稱「我征朵魯班、塔塔兒、哈答斤、散只兀、弘吉剌五部，如海東鷙禽之於鵝雁，見無不獲，獲則必致於君。此大有功於君五也。」〔註31〕則是以海東青捕鵝雁作為有功於國君的勇猛象徵之一，都可見海東青之深入人心。

　　同時，據《元史・布魯海牙列傳》的記載，又述及布魯海牙遷順德等路宣慰使，佩金虎符。「來朝，帝命坐，慰勞之，賜以海東青鶻。至元二年秋卒，年六十九。」〔註32〕也可見元人以海東青鶻作為賞賜的重要物件之一。

　　而《元史・土土哈列傳》載及至元二十一年，「賜金虎符，并賜金貂、裘帽、玉帶各一，海東青鶻一，水磑壹區，近郊田二千畝，籍河東諸路蒙古軍子弟四千六百人隸其麾下。」〔註33〕並載至元二十八年，「土土哈奏：『哈剌赤軍以萬數，足以備用。』詔賜珠帽、珠衣、金帶、玉帶、海東青鶻各一，復賜其部曲毳衣、縑素萬匹。」〔註34〕

　　這樣的習俗流傳，及至清朝，同為北方民族的滿州族也仍然對海東青的凶猛並攫獲天鵝一事頗有讚頌之意。《清史稿・樂志七・毓靈禽第二十五》有言「八解。遼河鷹，松兒朵兒。海東青，性尤猛鷙。天鵝褫魄，狡兔何施。虎斑鴝，差可肩隨。」〔註35〕即是對遼河名鷹海東青的盛讚之辭。

　　這樣的習俗和故實流傳廣布，是以在佛教經典中也多藉此事跡以發聲振饋，感化人心。例如：《大藏經・史傳部一・佛祖歷代通載》載及「遼天祚立諱延禧」，其句下有言「道之孫。秦王元吉之子。淫縱失道。荒于畋獵。女真有禽曰海東青玉爪。善捕天鵝。一飛千里。歲命其國人窮取以獻。人怨遂叛。」〔註36〕即是藉遼主因窮取世間名物海東青，以致眾叛親離的下場，

〔註30〕《金史》，卷132，頁2831。
〔註31〕《元史》，卷1，頁10。
〔註32〕《元史》，卷125，頁3071。
〔註33〕《元史》，卷128，頁3133。
〔註34〕《元史》，卷128，頁3134。
〔註35〕清史稿校註編纂小組編纂，《清史稿》校註（國史館，1986），卷107，頁3034。
〔註36〕大藏經刊行委員會，《大正新脩大藏經》，第49冊（台北：新文豐出版社，

頗有警惕世人的意味。

　　另外，《大藏經・史傳部一・佛祖歷代通載》也稱「一遂云。海青身至小。天鵝身至大。海青徹天飛。天鵝生懼怕。六云。猪独身至小。象王身至大。象見独來欺。擲向大千界。帝師云。我以大千界。化為一釜竈。煮爾四伴物。大小都容了。帝大悅」〔註37〕則是藉海東青與天鵝二者身形懸殊，卻仍能「以小搏大」，說明世間物的價值觀不可以大小或外貌衡量，並當引以為戒。

　　同時，《大藏經・史傳部一・佛祖歷代通載》又稱「朕以本覺無二真心。治天下國家。如觀海東青取天鵝。心無二故。由此論之。萬機之暇不離念佛念法念僧。」〔註38〕則是以「觀海東青取天鵝」一事，比擬治理天下國家須心無二故，這樣的引喻，則是將狩獵之事從物質層面更提升至精神內涵，並藉以教化人心，其影響自是不可小覷。

　　至於天鵝，性喜群聚，為雁鴨科之屬，雖然是大型的禽鳥，卻並不具傷害力。只是，在「海東青攫天鵝」或「春水」捺鉢的過程中，天鵝卻純然淪落為只是一個受驚的獵物，情急之餘，只能惶恐地躲入水塘蓮葉叢中，並在眾人的合力圍剿錐刺之下，不僅有翅難飛，甚至以腦飼鶻，驚悚血腥的場面，著實令人駭然，然而，北方民族卻是樂此不疲，恣意狂歡慶賀。

　　只是，狩獵歸狩獵，事實上，天鵝在北方民族的心目中，卻是具有特殊意義的文化象徵。例如：《遼史・穆宗本紀下》即載應曆十五年三月，「癸巳，虞人沙剌迭偵鵝失期，加炮烙、鐵梳之刑而死。」〔註39〕這是因偵鵝失期而致死的案例，不僅嚴罰，並施予酷刑，也間接反映契丹族對獵捕天鵝一事的看重，且不可錯失時機。另外，前言《遼史・營衛志中》於「春捺鉢」也有「皇帝得頭鵝，薦廟，羣臣各獻酒果，舉樂。」這樣的記載，也可見其歡欣鼓舞之餘，並藉頭鵝以薦廟的慎重。

　　類似的文字，也可見於《金史・世宗本紀》稱世宗善騎射，國人推為第一，每出獵，耆老皆隨而觀之。大定四年正月，「辛亥，獲頭鵝，遣使薦山陵，自是歲以為常。」〔註40〕則是記述女真族帝王有以頭鵝為獻禮，並祭祀山陵

　　　　1975），卷19，頁678-3。
〔註37〕《大正新脩大藏經》，第49冊，卷22，頁722-3。
〔註38〕《大正新脩大藏經》，第49冊，卷22，頁725-1。
〔註39〕《遼史》，卷7，頁82。
〔註40〕《金史》，卷6，頁133。

的習俗。

至於對元人來說，天鵝則不僅只是祭祀中重要的獻禮，更是「特祭」之始。《元史·祭祀志三》載大德「二年正月，特祭太廟，用馬一，牛一，羊鹿野豕天鵝各七，餘品如舊，為特祭之始。」〔註41〕另外，《元史·祭祀志三》載及「牲齊庶品」，其句下也稱「茅香以縮酒，至元十七年，始用沅州麻陽縣包茅。天鵝、野馬、塔剌不花、其狀如獾。野雞、鶊、黃羊、胡寨兒、其狀如鳩。潼乳、葡萄酒，以國禮割奠，皆列室用之。」〔註42〕這樣豐盛的儀節和供品，便可知天鵝的文化象徵，及其在元人祭祀中具有不可或缺的重要地位。

因是之故，《元史》中歷代帝王都曾屢下禁令不可獵捕天鵝，違者籍其家，甚或有「却天鵝之獻」的舉止，今將相關的資料羅列於後，以為參酌。例如：

《元史·世祖本紀十二》載二十五年二月壬戌，「敕江淮勿捕天鵝。」〔註43〕

《元史·成宗本紀二》稱元貞二年春正月，「己卯，詔江南毋捕天鵝。」〔註44〕

《元史·英宗本紀二》至治二年三月，「辛未，禁捕天鵝，違者籍其家。」〔註45〕

《元史·泰定帝本紀一》謂泰定二年三月，「甲寅，禁捕天鵝。」〔註46〕

《元史·順帝本紀一》則載及元統二年冬十月，「內外官四品以下減一資。却天鵝之獻。癸未，命臺憲部官各舉材堪守令者一人。」〔註47〕

的確，從這許多豐富的史料記載來看，都說明元朝帝王對天鵝極盡保護之能事，且不可任意捕殺或進獻，於是，元人於「春水」玉之匱乏，便也無庸置疑。

（二）「秋山」玉件的內涵銓釋

遊牧民族於秋季捺鉢時入山獵虎、射鹿，表現於玉件上，其形制則多為

〔註41〕《元史》，卷74，頁1836。
〔註42〕《元史》，卷74，頁1845。
〔註43〕《元史》，卷15，頁309。
〔註44〕《元史》，卷19，頁401。
〔註45〕《元史》，卷28，頁620。
〔註46〕《元史》，卷29，頁655。
〔註47〕《元史》，卷38，頁824。

「山子」或「牌飾」之形，是以有「秋山」之稱，由於其內容單純只是獵虎、射鹿的行為，是以在闡釋上並不困難，並可輕易解讀。

只是，橘逾淮而為枳，用玉習俗在北方遊牧民族的生活中，不僅深受中華文化的影響，進而又和其民族特質相結合，並在形式上也起了相當的變化。尤其是「山子」，這原本即是北方民族用玉習俗的重要形制，特殊的型態，並可充分反映遊牧民族的生活內涵與本質。

事實上，考證「山子」的本意，在宋朝時原是指後花園中的「假山」，這是以人工方式製作成如「山」的設施，其具體而微的形制，頗具觀賞價值。《宋史‧禮志》有言「大中祥符六年七月二十九日，詔輔臣觀粟于後苑御山子，觀御製文閣御書及嘉禾圖，賜飲。」〔註48〕即是此意。

其後，《宋史‧外國列傳六》又載及至道元年，大食國舶主來獻，除了鹽、糖、香料之外，並有「舶上編桃一琉璃瓶，薔薇水二十琉璃瓶，乳香山子一坐，蕃錦二段，駝毛褥面三段，白越諾三段。」〔註49〕在這些貴重的獻禮之中，值得注意地是，以「山子」狀乳香之形貌，也可見「山子」一詞又具有狀物形貌之意義。

至於遼朝，前言《遼史‧道宗本紀一》載及清寧四年十一月有「禁造玉器」的命令，是以《遼史‧營衛志中》對於「捺鉢」的文字記載雖然極為詳實，然而，《遼史》中卻獨不見「山子」之稱，且墓葬出土或傳世玉件中也未見「山子」之形，因此，即使遼民族有適時捺鉢行在的風氣，然而，對於秋捺鉢中「伏虎」、「射鹿」的形制，治玉時卻並未多所著墨，這或許和禁令有關，卻也由此可見契丹族用玉的習俗及其價值觀。

只是，北方遊牧民族中，卻不料治玉的習俗在金朝竟廣為流傳，《金史‧蕭仲恭列傳》有言「天德二年，封越國王，除燕京留守。海陵親為書，以玉山子賜之。是歲，薨，年六十一。諡貞簡。」〔註50〕即已明確顯示以玉為「山子」之形，並是帝王賞賜之珍玩。

類似的行為，也可見於前言《金史‧章宗諸子列傳》所載，世宗賜皇曾孫誕育三月的餽贈，並稱「滿三月，宴于慶和殿，賜曾孫金鼎，金香合，重綵二十端，骨覬犀、吐鶻玉山子、兔兒垂頭一副，名馬二匹。章宗進玉雙駝鎮

〔註48〕《宋史》，卷113，頁2692。
〔註49〕《宋史》，卷490，頁14119。
〔註50〕《金史》，卷82，頁1850。

紙、玉琵琶撥、玉鳳鉤、骨靚犀具佩刀、衣服一襲。世宗御酒歌歡，乙夜方罷。」〔註51〕

另外，搜尋《元史》中也不見「山子」的記載，且「春水」玉飾雖也得見，卻也並不豐盛，都可見北方民族的用玉習俗，並的確和漢民族有相當的差異。

（三）「夏蓮」玉件的內涵銓釋

有關北方民族四時捺缽的記載，《遼史‧營衛志中》言及「遼國盡有大漠，浸包長城之境，因宜為治。秋冬違寒，春夏避暑，隨水草就畋漁，歲以為常。」並稱春捺缽於鴨子河濼，「天鵝未至，卓帳冰上，鑿冰取魚。」至於夏捺缽則是「無常所，多在吐兒山。道宗每歲先幸黑山，拜聖宗、興宗陵，賞金蓮，乃幸子河避暑。」

從這些史料文字來看，游牧民族的「畋漁」生活，尤其是春、夏捺缽時，除了狩獵之外，還有一個非常重要的生活形式，那便是捕魚。因此，即使是春寒時節，天鵝未至，卻也仍然「鑿冰取魚」，畢竟，漁獵生活是游牧民族逐水草而居的重心，魚類的捕取便也不可或缺。尤其值得注意地是，遼、金、元玉件中，有許多魚形，或是魚、蓮（或做荷）形制的題材，過去的報告、圖說，大多將此類器形當作是水中生物的刻治題材來看待，從無研究者去詮釋物件背後所寓涵的文化意義與初衷，遑論是春、夏捺缽思想的反映。

只是，當我們理解了遼、金、元玉件的捺缽意義和功能之後，不僅可與史籍文字相印證，並能從玉件的製作和出土文物—甚或與金銀器—相互比對，則更能鑑別不同民族的物質習俗、生活內涵，以及紋飾形制所孕育的文化意義與價值。

五、10～14世紀宋及北方民族的用玉習俗分析與鑑定

玉是珍貴的物件，是身分地位的表徵，也是時代美學的寫照，至於其形制與紋飾則更能真實反映當時的社會習尚與制度。尤其在10～14世紀時，北方民族受到宋朝用玉、獻玉觀念的影響，進而也有治玉的行為，只是，各民族的用玉習俗卻仍然略有差異，這樣的現象的確值得我輩深入分析比較，並可作為鑑定玉件時重要的準則與依據。

〔註51〕《金史》，卷93，頁2058。

（一）宋人的用玉習俗及特色

話說宋人治玉的特色是：寓涵寫實風格、人文氣息濃厚、多層次結構、紋飾繁複、鏤雕技法。這種細緻典雅的風格，反映地正是宋代美學的人文氣息，再加上宋人出將入相、重文輕武的文化氛圍，因此，相對來說，對於狩獵之事並不熱衷；執是之故，即使是國與國之間也有海東青的饋贈，卻從來不曾將此猛禽表現於玉件的製作上，反倒是對天鵝的刻治較為傳神，並多以祥瑞的方式呈現。

天鵝是雁鴨科，在中國傳統的觀念裡，意味著守貞、秩序的文化內涵，是以在玉件的表現上也多有雲朵圍繞，以示祥瑞；河北定州市出土的「青玉雲雁紋鉈尾」（圖6-1）如是，西安市出土的「白玉雲雁紋飾」（圖6-2）也當作如是觀。尤其值得注意地是，「白玉雲雁紋飾」於雁尾處已掏空成環扣，且其紋飾截斷，具有明顯的改製痕跡。是以個人推斷：此玉件原本是牌飾之屬，為因應當世社會之習俗，或有可能此玉後為北方民族所擁有，是以將之改制為環扣。

圖6-1　北宋，青玉雲雁紋鉈尾	圖6-2　宋，白玉雲雁紋飾

長 4.7、寬 2.1、高 0.9cm，1969 年河北省定州市靜誌寺塔基地宮出土，河北省定州市定瓷博物館藏。

長 3.5、寬 3.5cm，1981 年西安市長安縣韋曲出土，西安市文物局藏。

至於又有「山子」玉件，其形如「山」的外貌，實與宋朝人文思想強調寫實、崇尚山水自然的理念十分契合，再加上宋朝許多帝王又多崇信道教信仰，因此，山子中出現山林、人物或仙人的圖像，便是再自然不過的事情。例如：「青玉人物山子」（圖6-3）整體雕刻的即是松樹、山石、長老、童子及鹿，這些題材都是中國傳統文化或道教信仰中經常可見的元素，至於《中國玉器全集 5》圖說 130、131 稱「底有孔洞，應為黑鈕。」個人以為，這樣的現象應是玉件「山子化」後的結果，並藉「山子」之形進而衍生

為精神層次的提昇。

　　另外，又有北京故宮博物院藏「青玉鏤雕仙人鈕」玉件（圖 6-4），其內容雕琢的是山林、仙人執拂塵、女仙侍、仙鶴、雙鹿等題材，至於其年代，《中國玉器全集 5》作金，然而，個人卻以為當為宋器。畢竟，從圖像的形式及內涵來看，仙人、女侍、鶴、鹿等題材，多層次的雕琢技巧不僅完全符合宋人美學，且其所寓含的神仙思想，並可完全印證漢民族史料典籍所載。尤其是《中國玉器全集 5》圖說 154 並稱「這件玉雕採用圓雕和鏤空技術，鏤空一般用孔鑽法，留有孔洞痕跡，直徑大小不一，顯然受宋代鏤空玉雕之影響。」

圖 6-3　宋，青玉人物山子

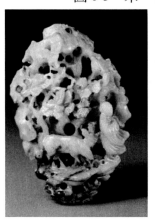

高 14.9cm，北京故宮博物院藏。整體雕刻的是松樹、山石、長老、童子及鹿。

圖 6-4　金，青玉鏤雕仙人鈕

高 9.5、寬 7.5、厚 3.5cm，北京故宮博物院藏。

　　事實上，個人以為：這樣的山子，原本即應是宋人物件，且其高 9.5cm，

若稱「鈕」則未免太大，並不符合實際需求，同時，此玉件刻治的主題是漢民族精神層次的豐盈，和北方民族將山子運用為山林捺鉢狩獵行為的紀實，並不完全相同，更重要地是，北方民族的文化中不會有仙人、侍女等圖案。因此，透過「山子」或「山子化」這樣特殊形制的雕琢，反而更能真實地反映不同民族的生活形態與思想內涵。

（二）契丹族捺鉢習俗的反映

至於契丹族的用玉習俗，據《遼史・營衛志中》所載，契丹族喜好狩獵，四時行在捺鉢，並以觀賞「海東青攫天鵝」為樂，只是，遼代玉件少見「春水」形制；同時，《遼史》中不見「山子」之稱，出土玉件中也不見「山子」之形，這樣的現象固然應與「禁造玉器」有關，卻也可見契丹民族用玉的習俗，是以遼朝的玉件並不多見。

事實上，契丹是喜好黃金的民族，其俗並以黃金為貴；即使是玉件也都以金絲鏈穿繫配戴，只是，一般坊間仿製時不察，並多以銅絲為鏈，張冠李戴，這是鑑定時最需注意的細節。

另外，據《遼史》所載，遼玉件多為佩玉，且為帝王、大將軍專屬之權利，其形制大多是契丹族的吉祥物，或與捺鉢相關的物件，並藉金絲鏈穿繫，以示尊貴。例如：陳國公主墓出土的「白玉佩飾」（圖 6-5），《中國玉器全集5》圖說 132 即稱「白玉質。上部飾透花盤長紋玉佩，下部用金絲鏈連綴玉龍魚、雙魚、雙鳳、雙龍和魚等不同形式的透花玉墜各一。」並這樣精美的魚、龍、鳳等形制，都是研究遼代玉佩的重要資料，而魚（或龍魚）和龍、鳳置於一處，並以金絲鏈繫之，也可見其重要性。

圖 6-5 遼，白玉佩飾

長 4.9～7.5cm，內蒙古自治區哲里木盟陳國公主墓出土，內蒙古自治區文物考古研究所藏。

　　至於遼玉中又有實用的貯物器，則應是隨身穿繫以置物的容器。例如：
「金鏈白玉竹節盒」（圖 6-6）、「青玉雙鵝帶蓋小盒」（圖 6-7）等，無論是
竹節式的圓筒形盒，或是內為管狀盒腔的帶蓋小盒，就其形制、大小來看，
都應是裝置捺鉢器物如：錐或小刀之類的容器。另外，又有「青玉雙鹿帶
環」（圖 6-8），則應是「秋山」捺鉢的轉化，雖無山子之形，卻有「秋山」
之實。《中國玉器全集 5》作「遼金」時期，然而，個人以為無論是就材質、
雕琢技巧及紋飾形制來看，此器都應作遼代玉件才是，並與圖 14 的金「白
玉鏤雕雙鹿牌飾」大異其趣。

圖 6-6　遼，金鏈白玉竹節盒

高 17、寬 4.4cm，1967 年遼寧阜新縣
塔營子出土，遼寧省博物館藏。

圖 6-7　遼，青玉雙鵝帶蓋小盒

高 9.3、寬 3.8cm，遼寧省阜新縣清河門
出土，遼寧省博物館藏。

圖 6-8　遼金，青玉雙鹿帶環

長 5.9、寬 3.5、厚 0.8cm，北京故宮博物院藏。

（三）女真族捺鉢思想的玉件呈現

當然，海東青鶻對女真族來說也是極為重要的物件，並是北方民族捺鉢時不可或缺的重要輔佐，是以帝王多以海東青作為賞賜予武將的珍玩，而金朝器物製作中也頗有以海東青攫天鵝為題材的玉件；且其玉質潔淨，雕琢細緻華美，很能表現海東青兇猛精悍的特質，這固然和海東青盛產於金國有關，以致金人能有更細密的觀察與體悟。同時，據史料所載，金人因海東青所衍生的事故也屢見不鮮，無論是交易、征戰、職官、賞賜等行為，也多因海東青而起，都可見海東青對金人的影響和重要性。

事實上，在北方民族的「春水」玉件中，表現地最豐富、也最細膩的即是金人的製作，不僅質量俱佳，且其於海東青及天鵝之間的布局，都有極富戲劇性的表現張力和緻密結構，很能真實呈現「海東青攫天鵝」的緊迫氣息。例如：「白玉銜蘆天鵝」（圖6-9）呈現地是天鵝悠閒飛翔的情狀、「白玉鏤雕鶻攫天鵝飾」（圖6-10）則雕琢飛鶻啄鵝頭的激烈與掙扎、「青玉鶻攫天鵝飾」（圖6-11）鏤雕海東青俯衝而下的追逐氣勢、「白玉鏤空鶻攫天鵝帶環」（圖6-12）則刻畫海東青鶻伺機而動的緊張氣息、「玉春水飾」（圖6-13）作海東青尋覓俯瞰的膠著態勢，形象都極為生動鮮活，並能捕捉不同的時刻與畫面。

圖6-9　金，白玉銜蘆天鵝　　　　圖6-10　金，白玉鏤雕鶻攫天鵝飾

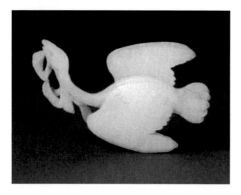 

最長8.7、最寬5.3cm，北京故宮博物院藏。　　　　長5.9、寬3.9、厚1cm，北京故宮博物院藏。

圖 6-11　金，青玉鶻攫天鵝飾　　　圖 6-12　金，白玉鏤空鶻攫天
　　　　　　　　　　　　　　　　　　　　　　鵝帶環

長 7.5、厚 2cm，北京故宮博物院藏。　　長 8.3、寬 7.5、厚 2.4cm，北京故宮
鏤雕海東青俯衝而下的追逐氣勢。　　博物院藏。

圖 6-13　金，玉春水飾

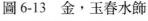

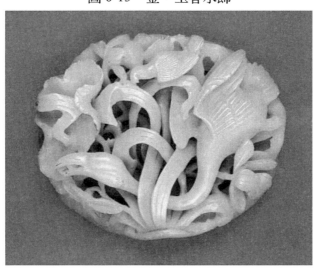

高 6.5、寬 8、厚 2cm，北京故宮博物院藏。一海東青向天鵝俯衝
而下，作追啄狀。

　　至於金人玉件中又有「春水」、「秋山」合雕於一體兩面的「玉秋山飾」
（圖 6-14），一面雕琢的是鷹（海東青）回首觀望，另一面則作雙鹿及虎，
明顯是春、秋捺鉢的記實，而非單純只是「秋山」玉飾的刻治而已，應是標

題有誤。另外，金代墓葬中又有「金扣玉帶」（圖 6-15）出土，全器以 18 塊長
方形光素玉銙和 1 塊玉鉈尾完成，帶中間佩掛海螺及金環，這樣尊貴的玉件也
是遊牧民族外出或狩獵時，貴族階級必有的配備，都可見女真族對捺缽的重視。

圖 6-14　金，玉秋山飾

高 6.5、寬 4.5、厚 1.6cm，北京故宮博物院藏。一面雕琢鷹鳥立於
枝頭，另一面則作雙鹿及虎。

圖 6-15　金，金扣玉帶

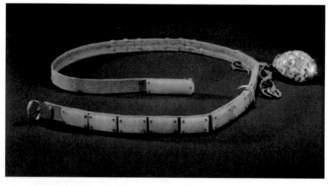

玉板長 11cm，1958 年吉林省扶餘縣金代墓出土，吉林省博物館
藏。全器由 18 塊長方形光素玉銙和 1 塊玉鉈尾完成。

　　同時，金代玉件中又有以「秋山」射鹿題材轉化為三角形（如山之貌）
裝飾性的「白玉鏤雕雙鹿牌飾」（圖 6-16），以及將「秋山」射虎題材轉化為
佩飾的「白玉鏤雕雙虎環佩」（圖 6-17）；則都是以捺缽題材置入裝飾性的牌
飾或環佩之中，明顯將捺缽題材轉化為藝術風格的形式呈現。

圖 6-16　金，白玉鏤雕雙鹿牌飾　　圖 6-17　元，白玉鏤雕雙虎環佩

　　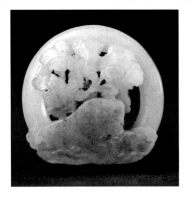

高 3.5、底寬 3.9cm，1974 年黑龍江　　直徑 5.4、厚 1.2cm，北京故宮博物
省綏化縣奧里米古城周圍墓葬出　　院藏。
土，黑龍江省博物館藏。

（四）蒙古族的春水、秋山

　　固然，元人也喜好狩獵，並對海東青情有獨鍾。然而，對元人來說，天
鵝是祭祀中重要的獻禮，並是「特祭」之始。是以《元史》中歷代帝王都曾屢
下禁令不可獵捕天鵝，違者籍其家，甚或有「却天鵝之獻」的行為，都說明元
帝王對天鵝極盡保護之能事，是以元人於「春水」玉之匱乏，便也無庸置疑。
至於 1960 年江蘇省無錫市大浮鄉錢裕墓出土的「春水玉飾」（圖 6-18），個人
以為無論是就其雕琢技法、風格或文獻印證來看，都不應是元朝玉件，反而
較有可能為金人玉件。

圖 6-18　元，春水玉飾

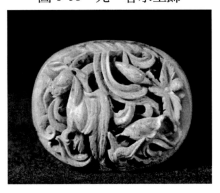

長 8.3、寬 6.7、厚 2.2cm，1960 年江蘇省無錫市大浮鄉錢裕墓出
土，江蘇省無錫市博物館藏。

　　另外，1965年西安市南郊東何家村出土的「白玉雁」（圖6-19），樸實自然的生動形貌，很能表現鵝雁純真的本性，是以元人以之為「特祭」之物，並不可隨意捕殺，則是相當符合鵝雁之特質。

圖6-19　元，白玉雁

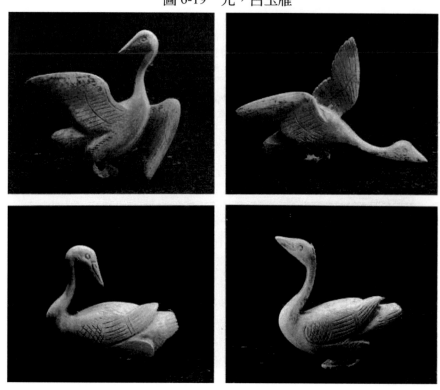

長3～5cm，1965年西安市南郊東何家村出土，西安市文物局藏。

（五）北方民族的夏捺鉢用玉

　　北方民族的「夏捺鉢」為賞蓮或捕魚。尤其是遼、金、元玉件中，有許多魚形，或是魚、蓮（或做荷）形制的題材，例如：遼「青玉魚龍佩」（圖6-20，應作「龍魚佩」為是，其形制並可與圖5「白玉佩飾」相比擬），金「墨玉藻魚」（圖6-21）、「玉荷葉魚墜」（圖6-22），甚或「青玉龜游佩」（圖6-23），以及元「玉魚形飾」（圖6-24）、「白玉魚藻佩」（圖6-25）等，生動的造型並主題明確，都很能表達春、夏時節躍動鮮活的捺鉢精神，是以藉魚、蓮相倚的形式呈現，既寫實而又貝藝術特質，的確十分討喜。

圖 6-20　遼，青玉魚龍佩

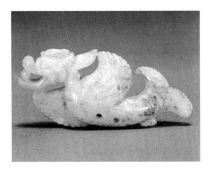

高 3、長 6.9cm，北京故宮博物院藏。

圖 6-21　金，墨玉藻魚

長 5.7、高 3cm，1973 年黑龍江省綏濱縣中興公社墓葬出土，黑龍江省博物館藏。

圖 6-22　金，玉荷葉魚墜

長 4、寬 2.7cm，1980 年西安市譚家鄉範家寨出土，西安市文物局藏。

圖 6-23　金，青玉龜游佩

徑 7～10、厚約 1.3cm，1980 年北京豐臺區王佐金代烏古倫墓出土，首都博物館藏。

圖 6-24　元，玉魚形飾

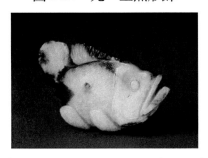

高 4.3、長 7.3、厚 2cm，北京故宮博物院藏。

圖 6-25　元，白玉魚藻佩

長 7、高 3.2、厚 1.5cm，北京故宮博物院藏。

　　這樣的「畋漁」思想或捺鉢習俗，除了表現在玉件之中已如上述者外，事實上，另有更多相關的形制或紋飾則是表現在金銀器上，這原本即是北方民族盛行且喜好的貴重材質，做成配件並隨身攜帶，既能彰顯身分地位，而又具有實用性、裝飾性等功能，的確很能代表北方遊牧民族的文化特質。

　　例如：遼陳國公主墓出土的「玉柄銀刺鵝錐及銀鎏金鞘」（圖 6-26）、「琥珀柄銀刀及銀鎏金鞘」（圖 6-27）、元「銀事件」（圖 6-28）等，都是捺鉢時必備的器物；至於又有元「銀滿池嬌紋柄帶鞘小刀」，及婦女髮簪上的「滿池嬌荷葉簪」（圖 6-29）、「金滿池嬌荷葉簪」（圖 6-30）等，則是以「蓮葉」紋飾為底，將「滿池嬌」中的池中諸物，如：鴛鴦、鷺鷥、游魚、龜、蛙等，普遍運用於生活器用或裝飾中，這種充滿「生意」的氣息，可說是北方民族「夏蓮」捺鉢文化的遺留，並藉金、銀、玉器等貴重而又不易毀損的材質，將其完整記錄並長久保留下來。

圖 6-26　遼，玉柄銀刺鵝錐及銀　　　　圖 6-27　遼，琥珀柄銀刀及銀
　　　　　鎏金鞘　　　　　　　　　　　　　　　鎏金鞘

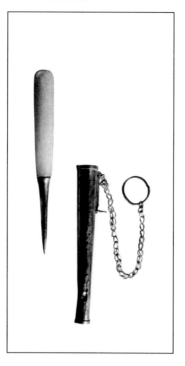

陳國公主墓出土。

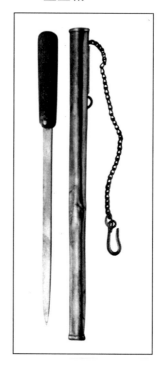

陳國公主墓出土。

圖 6-28　元，銀事件　　　圖 6-29　元，金滿池嬌荷葉簪

株洲攸縣丫江橋元代窖藏，這是捺鉢時必備的器物。

湖南臨澧新合元代窖藏。

圖 6-30　元，金滿池嬌荷葉簪

西安市長安區劉黑馬家族墓出土。

六、結　論

　　藝術，是生活內涵的具體反映，並也是族群思想、情感與社會制度的真實寫照。尤其當我們深入瞭解「春水」、「夏蓮」、「秋山」的意義與作用之餘，甚或更能理解捺鉢以及「海東青擾天鵝」一事對北方民族的重要性之後，進而並就玉件的形式與精神予以觀照，不僅更能體悟玉件的價值與特色，欣賞其文化內涵，同時，在器物鑑定時也更能就其紋飾與形制，辨其真偽，知所短長，自然於觀賞辨識玉件時無所罣礙，可以得其真實與精髓。

七、引用書目

（一）傳統文獻

1. 元‧托克托等撰，《宋史》，台北：鼎文書局，1993。

2. 元‧脫脫等撰，《遼史》，台北：鼎文書局，1984。

3. 元‧脫脫等撰，《金史》，台北：鼎文書局，1985。

4. 明‧宋濂等撰，《元史》，台北：鼎文書局，1990。

5. 清史稿校註編纂小組編纂，《清史稿》校註，國史館，1986。

6. 大藏經刊行委員會，《大正新脩大藏經》，台北：新文豐出版社，1975。

　　原文載《藝術與科學的交會——第二屆文物藝術品科學鑑定技術論文研討會 2016 論文集》，頁 31～48，台灣藝術行政暨管理學會主辦，台師大藝術史研究所、台北大學民俗藝術與文化資產研究所、雲林科技大學文化資產維護研究所、台灣藝術經理人學會、當代喜馬拉雅藝術中心合辦，2016.11。

七、從絲織品看楚人墓葬習俗及其影響

【內容提要】

　　絲路是中國聯繫西方的重要管道。長久以來，不僅是歐亞文化交流的憑藉，也是中西政治、經濟發展的樞紐，而「絲織品」除了是絲路上不可或缺的經濟貨物之外，華美的紋飾及喪葬運用，則更能顯示其豐富的文化內涵和寓意，是考古挖掘中極為重要的出土文物。

　　絲路上絲織品的流通，其關鍵及盛行年代在漢、唐，本文究其源流，以戰國及兩漢時期為研究範圍，而其分布，從現今考古挖掘來看，當時出土絲織品最多的地方，除了絲路必經重鎮——新疆南北兩道沿線之外，就以兩湖流域的楚地最為興盛，而楚文化的繁榮，絲織品的精絕，不僅深深影響漢文化的發展，更是兩漢思想、制度的濫觴，流傳至今，即使是台灣的墓葬習俗，也仍然存其餘緒，影響力不可謂不深遠。

　　是以本文藉楚漢以來出土的絲織品為證，說明其間的運用以及紋飾，是楚人面對生死獨特的處理態度和觀念，並是當時墓葬制度和習俗的反應，這是中華文化奠立的基石，並也是漢民族長久以來盛行不輟的禮俗憑藉。因此，小小的絲綢，在華美的外表下，蘊育的不僅是經濟效益，更是文化內涵的提昇與記實。

　　關鍵詞：楚文化、巫覡、馬山、馬王堆、尼雅、非衣、五斗星紋圖。

一、前　言

　　中國以絲綢、磁器享譽世界。尤其是絲綢的交流，不僅促成中、西文化產業的溝通，使「絲綢之路」成為歐、亞貿易的重要管道，歷經數千年而不衰，而「絲綢」也成為中國精品的象徵，聯繫歐、亞貿易繁榮於不墜，其間的淵源和關鍵，即是以「絲綢」為憑藉。

　　絲綢的源起、蠶桑的養殖、繰絲技術的發達，無論是就歷史文獻、地理位置、氣候土壤，或是以今日絲綢紡織的中心來看，都應以長江流域為奠基之地。即以上海、蘇、杭地區論，至今仍是中國絲綢工業發展的重鎮和集散地，而長江中游則以兩湖流域為主，至於四川雖也盛產「蜀錦」，然其盛行年代畢竟略嫌稍晚，再加上封閉的盆地地形，是以其影響不如長江下游來得久遠；另外，又以文物考古而論，目前出土最早的蠶繭及絲織品殘片，即是出於太湖流域錢山漾的發掘，而其年代則是距今四、五千年前新石器時代晚期的良渚文化，至於在新疆塔克拉瑪干沙漠南北兩側的絲路沿線以及庫車等地，也就是在「絲綢之路」必經的沙漠重鎮上，也出土了許多色彩鮮豔、保存良好的絲織品及衣物，這些文物並非生產於新疆，而其出土，不僅是「絲綢之路」貿易來往的具體明證，也說明了「絲綢」對中國的影響，及其在世界上舉足輕重的關鍵地位。

　　而本文則將就戰國、兩漢時期，楚墓及新疆出土的絲織品及其紋飾，探討其中的源委、內涵及影響。「絲綢」作為古代東西方交流貿易的重要貨品，其意義與地位固不可等閒而小看之。

二、楚墓多精美的絲織品出土

　　楚國，其先出於顓頊，古為荊蠻之地。《詩經‧魯頌‧閟宮》所謂「戎狄是膺，荊舒是懲，則莫我敢承。」〔註1〕以及《詩經‧商頌‧殷武》所稱「撻彼殷武，奮伐荊楚，深入其阻，裒荊之旅。」〔註2〕都說明古楚國曾經是中國東南蠻夷之邦，直至春秋戰國時期而勢力愈見壯盛，尤其在戰國七雄中，楚國為南方的大國，經濟發達，文化繁榮，是當時疆域最大的國家。《戰國策‧楚策》言及蘇秦說楚威王，即曰「楚，天下之強國也；大王，天下之賢王也。楚地西有黔中巫郡，東有夏州海陽，南有洞庭蒼梧，北有汾陘之塞；

〔註1〕　十三經注疏《詩經》（台北：藝文印書館，1993），卷20之2，頁10。
〔註2〕　十三經著疏《詩經》，卷20之4，頁9。

郇陽，地方五千里，帶甲百萬、車千乘、騎萬匹、粟支十年，此霸王之資也。」
〔註3〕這樣寬闊的版圖，其地理位置包括現今的湖南、湖北、安徽、江蘇、
浙江等省，以及四川巫山以東，廣西蒼梧以北，陝西洵陽以南之地，都是楚
國的勢力範圍。

至於考古的挖掘中，楚地文物的出土，除了青銅、玉器是為大項外，絲
帛、漆器則更是其他地區所少見，這是楚地特有的文化資產，不僅製作精良，
且極具地方性特色，其中，許多出土仍然保存完好，不僅是前所未見的珍貴
文物，並能充份體現漢代的物質文明與社會思想。尤其是出土絲織品的墓葬，
大大小小不在少數，或因年代久遠，墓葬遭受破壞，有的已腐朽殘缺；或因
絲綢是為有機物質，有的殘留物在出土挖掘中，因未受重視而被沖刷清除，
以至於留存極為有限，而其中較為重要的出土，則有下列所述。

1965年冬，湖北省荊州地區漳河水庫（今屬荊門市）修建渠道工程，在
江陵縣境的工程範圍內，發現有封土堆的大中型墓葬25座，無封土堆的小型
墓葬30座，這即是望山、沙塚一至四號墓的發掘，也是楚國郢都紀南故城外
的重要墓地之一。在這些大大小小的墓葬中，豐富的隨葬器物，除了銅器、
玉器、陶器、漆器、竹器、骨器、文書工具與竹簡外，最令人矚目地，就是精
美的絲織品與刺繡。

至於1972年初至1974年初，湖南長沙馬王堆所挖掘的一、二、三號
墓，則是震驚中外的重大考古發現。而其內容，除了出土一具保存完好的女
屍外，墓中並還有漆木器、絲麻織物、陶器、竹木器、兵器、樂器、木俑、
穀物、水果、中草藥、禽獸遺骸等三千餘件文物。〔註4〕

1982年1月，湖北荊州地區博物館又在江陵縣馬山公社磚瓦廠的取土
廠發現了一座小型土坑豎穴墓，挖掘出一批珍貴的絲織品及重要文物。這座
小型土坑豎穴墓，其編號為馬山一號楚墓，位於江陵西北的馬山公社境內，
東南距江陵縣城約16公里，離楚國故都紀南城約8公里，其位置和馬山附
近出土的許多古墓群，如：望山一號墓、藤店一號墓、沙塚一、二號墓等大
中型墓葬相比擬，距離都很接近。〔註5〕

〔註3〕漢・劉向編，《戰國策》（《景印文淵閣四庫全書》，冊406，台灣：商務印書
　　　館，1986），卷14，頁8。
〔註4〕湖南省博物館，《馬王堆漢墓研究文集》（湖南出版社，1994），頁1。
〔註5〕湖北省荊州地區博物館，《江陵馬山一號楚墓》（北京：文物出版社，1985），
　　　頁2。

在這些楚地墓葬中，出土了許多豐富的隨葬品，最引人注目地，除了楚地所特有的漆器之外，就以絲織品最為珍貴且特殊。尤其是這些又細又薄的絲織品，不僅輕薄保暖，而且紋飾華麗，同時，在這些晶瑩細緻的「絹」或「錦」上刺繡，不僅別具意涵，並更能突顯不同凡俗的貴氣與尊榮，而這些華美的絲織品，除了馬王堆墓葬中有許多圖繪書寫的帛書、帛畫作為墓主的陪葬之外，其餘，則竟然是以這些華美的絲織品或服飾，作為包裹死者屍體或覆蓋棺木的工具。

用這樣珍貴的材質來包裹屍體或覆蓋棺木，這樣的行為並不尋常，而絲織品上華麗的紋飾與刺繡，訴說著的則是：楚地民俗中，楚人對死事處理的手法和觀念。這樣的手法和觀念，直接影響漢人的喪葬習俗，於是，絲織品作為死者的重要陪葬，便不再只是隨意的陪葬器物了。

三、馬山楚墓織品紋飾的功能與作用

楚地出土的絲織物品類繁盛，紋飾精美，展現楚人高度的紡織工業技術，以及對生活的品味和美感經驗。至於在這許多大大小小的墓葬中，又以戰國時期湖北江陵馬山一號墓所出土的絲織品最為引人注目，豐富的隨葬，並為此墓博得「絲綢之墓」的美稱，尤其難得的是，馬山一號墓出土的絲織物，品類繁盛精絕，並在白膏泥封棺的情況下，保存完整，幾乎涵蓋了先秦以來所有絲織物的種類和作用，「鮮冠組纓，絳衣博袍。」這是楚國貴族衣著華美的寫照，因此，本文不厭其詳，以馬山一號墓所出土的絲織品為例，說明其意義與作用。

馬山一號墓出土的器物共 130 餘件，其質地則包括絲麻、青銅、陶器、竹木、漆器等。其中，出土的衣物即有 35 件，而其內容則是：服飾、衣衾和其他用品；至於絲織品，多為衣衾形制，其式樣主要是交領、右衽、直裾形式，衣衾表面並有刺繡或提花織造的圖案為飾，無論是龍鳳、花卉、舞人、神獸、幾何圖形等等，都表現了光采炫麗，粲然奪目的華美氣勢，的確令人嘆為觀止；而其作用則是以衣衾層層包裹著屍體的方式呈現，以至於棺內大部份的空間都被衣衾（編號為 N1、N2 的素紗綿袍、蟠龍飛鳳紋繡淺黃絹面衿）和衣衾包裹所充塞。尤其是衣衾包裹的捆紮，是由十三層衣衾層層包裹著墓主的屍骨而成，包裹的外部並用九道錦帶（編號為 N3 的塔形紋錦）橫紮整齊，而後再以 N1、N2 衣衾摺疊鋪陳於包裹表面（圖 7-1），這樣緊密的

形式以及慎重處理的手法和態度，除了說明楚人對喪葬一事的看重外，也明確顯示楚人墓葬的信仰和習俗。

圖 7-1　戰國中期，棺內疊放的衣衾和衣衾包裹

1982 年湖北江陵馬山一號楚墓出土，湖北省荊州地區博物館藏。

　　據《江陵馬山一號楚墓》出土報告所載，包裹織物的紋飾，由最外層依序而內，其內容則分別是：舞人動物紋錦夾紵（N4）、鳳鳥鳧幾何紋錦衿（N5）、一小塊長方形絲綿（N6）、對鳳對龍紋繡淺黃絹衿（N7）、深黃絹面綿袍（N8）、龍鳳虎紋繡羅單衣（N9；單衣兩袖 N11 則未縫上，疊置于右襟下側）、鳳鳥花卉紋繡淺黃絹面綿袍（N10）、單衣（N12；衣面已腐朽）、一鳳一龍相蟠紋繡紫紅絹單衣（N13）、對鳳對龍紋繡淺黃絹綿袍（N14）、小菱形紋錦面綿袍（N15）、小菱形紋錦面綿袍（N16），至於最內一層，則是由一件小菱形紋錦巾和一件深黃絹單裙（N17）合成。〔註6〕

　　值得注意地是，衣衾包裹的織物，就其形制、紋飾而言，有的似乎是死者生前所使用的衣物，做為陪葬，這是一般墓葬常見的習俗；有的則似乎是專為死事而準備，例如：編號 N9 的單衣，兩側的衣袖疊置于右襟下側，並未縫上，可見當時侷促，準備仍有未盡之意。同時，包裹織物的次第、面向、紋飾、摺疊手法與包裹外部的衣衾和九道錦帶，井然有序，毫不紊亂，似乎也

〔註6〕湖北省荊州地區博物館，《江陵馬山一號楚墓》，頁 11～17。

頗有講究，值得深入探析。

以昂貴的絲織品作為捆覆屍身的工具及裝飾，就實際的功能和作用而言，絲織品輕軟細薄，再加上 13 件衣衿層層覆蓋，的確具有阻絕空氣，防止昆蟲異物入侵屍身的作用；這樣的形制，和西漢帝王貴族墓葬盛行以「玉衣」包裹屍身的手法，頗有相互映發之意，並都是楚國貴族的喪葬形式。

尤其值得注意地是：陪葬中絲織品上的紋飾，除了幾何形式的圖樣，如：菱形紋、十字菱形紋、條紋等，少數作為袍面囊袋的裝飾外，其餘大多是衣袖褲角的邊飾，純粹只是為了美觀而已；至於其它非幾何形式的圖樣或刺繡，就圖案學與藝術研究的範疇言，都具有特殊的意義與作用，而其內涵則是寄寓對生死處理的手法和態度。例如：

龍鳳紋飾（圖 7-2）：這是馬山一號楚墓出土絲織品中，紋樣最具動感、精緻且大量出現於衾面的圖形。自古以來，龍和鳳都是吉祥的動物，並是禽獸之王，尤其戰國時期以來，神仙思想已然盛行，而龍、鳳能飛，又出神入化，於是，在人們的心目中，視為神異，更成為昇天求仙的憑藉和手段。這樣的觀念長久流傳，並結合楚地的巫覡風俗，形成戰國兩漢時期特有的墓葬制度，其手法同樣可見於戰國時期湖南長沙陳家大山楚墓出土的「龍鳳仕女圖」（圖 7-3）、長沙子彈庫一號墓出土的「人物御龍圖」（圖 7-4），以及長沙馬王堆一號、三號漢墓（圖 7-5），這些帛畫出土時平放於內棺蓋上，其作用應是「引魂昇天」的銘旌，不僅具體明確地說明了墓主對死亡處理的態度和理念，且其寄寓祈求長生、神仙的意義也一目瞭然，都可視為早期道教思想的記實與延伸，以及墓主亟欲昇天的信仰和渴望。

圖 7-2　戰國中期，對鳳對龍紋繡淺黃絹面衿（局部）

1982 年湖北江陵馬山一號楚墓出土，湖北省荊州地區博物館藏。

圖 7-3　戰國時期，帛畫龍鳳
　　　　仕女圖

圖 7-4　戰國時期，帛畫人物
　　　　御龍圖

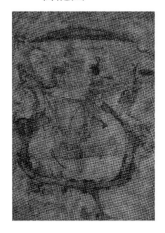

1949 年湖南長沙陳家大山楚墓出
土，湖南省博物館藏。

1973 年湖南長沙子彈庫一號墓出
土，湖南省博物館藏。

圖 7-5　西漢時期，軑侯妻墓帛畫

1972 年湖南長沙馬王堆一號墓出土，湖南省博物館藏。

　　動物紋飾（圖 7-6）：虎是楚地吉祥的動物，也是戰國秦漢以來「四靈」的瑞獸之一，左青龍、右白虎，在陰陽五行的觀念中，虎也是「西方」的象徵。即以墓中出土的「龍鳳虎紋繡」為例，在斑斕的色彩中，猛虎造型簡練，矯健生動，是花紋中最為突出的部份。

圖 7-6　戰國中期，龍鳳虎紋繡

花紋長 295、寬 21cm，1982 年湖北江陵馬山一號楚墓出土，湖北
省荊州地區博物館藏。

　　舞人紋飾（圖 7-7）：舞人紋飾出現於馬山楚墓絲織品中的矜面、握緣、枕套緣，其形制躍動作舞蹈狀，是戰國秦漢以來經常出現的圖形，並多見於片狀玉雕及東漢畫像石刻，這些舞動並具游藝性質的表演人物，除了姿態令人賞心悅目外，事實上，在早期道教思想中，樂舞百戲之類的游藝表演並非祇是生活的反應而已！《太平經》中所謂「夫樂於道何者為也？樂乃可和合陰陽。」又稱「樂為天之經，太陽之精。」、「夫樂乃以音響召事」〔註7〕並因此以致吉凶禍幅，而其意義與作用在於藉音樂震動天地，上達天聽以得道，其目的則是合和陰陽、致太平、以致長生不死，因此，不可視為只是單純的游藝表演，至於詳細的內容以及早期道教的原貌，在拙著《東漢畫像石與道教發展》〔註8〕一書中都有詳盡的闡述，此處不予贅言。

〔註7〕王明編，《太平經》合校本（北京：中華書局，1960），頁 13、649、708。
〔註8〕俞美霞，《東漢畫像石與道教發展》（台北：南天書局，2000）。

塔形紋飾（圖 7-8）：塔是佛教思想的重要象徵，馬山楚墓絲織品上這些如階梯狀中央高起的紋飾，報告作「塔形」紋飾，似乎意味著這樣的文物和佛教頗有關聯，只是，戰國時期位於湖北江陵的馬山，佛教的勢力是否已經傳入，則不無疑問？再加上早期「浮圖」傳入的形制多為覆缽形式，錐狀疊起的形式是為後起，因此，這樣的形式定名為「塔形」紋飾，不僅有欠斟酌，而且不合時宜；馬山絲織品中塔形紋飾的位置大多位於衣袖、袍緣作為邊飾，若一定要予以定名，個人以為則可命名為「高壇」或「土墩」紋飾為佳，這樣的形制自新石器時代以來，即是先民墓葬的重要形制，良渚玉器上的線刻，也有許多類似的紋飾，而這些「高壇」或「土墩」的形制，事實上即是埋葬種族部落的所在，也是祖先崇拜的象徵。

圖 7-7　戰國中期，舞人動物紋錦	圖 7-8　戰國中期，塔形幾何紋錦

1982 年湖北江陵馬山一號楚墓出土，湖北省荊州地區博物館藏。	幅寬 45～49、幅邊 0.35～0.7、厚 0.22cm，1982 年湖北江陵馬山一號楚墓出土，湖北省荊州地區博物館藏。

　　總括這些紋飾來看，馬山楚墓出土的絲織品，其紋飾內涵具有先民喪葬習俗中強烈的文化寓意與地方色彩，而這些思想又為早期道教信仰所吸收，成為道教墓葬習俗中極為關鍵的制度與特色，這是楚地其他墓葬如：郭店、九店楚墓等，所不曾有的特殊現象。

　　至於在《江陵馬山一號楚墓》出土報告中的第四章〈關於葬俗的幾個問題〉，作者就古籍中關於先秦時期的喪葬制度略有剖析，並以《儀禮‧士喪禮》

〈既夕禮〉和《禮記‧喪大記》為例，探討馬山楚墓的葬俗，文末並附結語「戰國時期楚國的葬具和飾物及衣衾制度的許多方面與禮書的有關記載是相符或相近的。當然，也有不少方面與禮書所記相去較遠，甚至完全不同，故楚國的葬俗值得我們作進一步的研究。」〔註9〕

　　將文獻和文物相互印證，以便還原歷史的真相，這是學術研究和考古出土經常使用的方法。然而，以古籍中的「三禮」作為馬山楚墓葬俗研究的文獻依據，則不免有張冠李戴，不知所云的尷尬，因為，馬山楚墓的喪葬習俗是地方性的融合，更是早期道教墓葬思想的濫觴，其目的在於求仙、求長生，與儒家思想為主體的「三禮」牽涉不多，因此，出土的葬具、飾物和制度與禮書的記載相去較遠，甚或完全不同，也是必然，這是因為完全不同的思想體系所致，以致在文獻和文物的印證上，自然難以吻合。

　　尤其值得注意地是：在先秦墓葬中，對於儒家思想的墓葬習俗和早期道教思想下的墓葬制度，必須細密地嚴加區分，始能見其真章，這樣的觀念和思想呈現，普遍見於墓葬形制與隨葬器物，即以絲織品而言，墓葬中作為「非衣」或「衣衾包裹」作用的隨葬物，並非所有楚墓中都可見發掘，就其紋飾與形制言，其寓意自然與早期道教思想有關，至於墓葬中無此等功能的絲織物陪葬，細究其墓葬制度與形式，自然也與早期道教思想無涉。

　　至於文中言「早期道教」，而不言坊間所稱「前道教」用語，則是因為《漢書‧李尋傳》已有《天官曆》、《包元太平經》等早期道教經典記載，《後漢書‧襄楷列傳》也有「神書」（即《太平清領書》）一詞流傳，只是，當時官吏將此書視為妖妄不經，是以早期道教雖然早已盛行於民間，然而，兩漢書中卻從不見「道教」之名；這樣的民間信仰及發展過程早已存在，雖然名不見經傳，其流佈與衍生卻在《華陽國志》中羅縷記存，這個現象，說明道教的形成早在張陵之前即已淵遠流長，稱為「前道教」則仍有未盡之意，並不妥當，這些文字，拙著中都曾闡析詳盡，此處不予贅言。

　　《後漢書‧襄楷列傳》稱《太平清領書》之內容「其言以陰陽五行為家，而多巫覡雜語。」〔註10〕這樣的思想內涵與信仰特色，和《楚辭》以及楚地發掘的文物兩相對照，也可見早期道教吸收民間巫覡風尚，並和楚國習俗關係之密切了。

〔註9〕湖北省荊州地區博物館，《江陵馬山一號楚墓》，頁96～100。
〔註10〕南朝宋‧范曄撰，《後漢書》（台北：鼎文書局，1991），卷30下，頁1084。

四、馬王堆織品刺繡的意義與作用

「湘繡甲天下」。中國四大名繡——湘繡、蘇繡、粵繡、蜀繡，都是以刺繡見長的民間手工藝品；至於在楚地發掘的織品刺繡，無論在質與量上，則是以西漢時期馬王堆出土的絲織品最為豐富且多樣。

湖南省博物館陳愛平先生在〈湘繡起源問題探幽〉一文中〔註 11〕，曾對馬王堆織品繡物的技巧、紋飾有詳盡的解析，並指出：馬王堆漢墓出土的絲織物中，共出土有 40 多件繡品。以圖案紋樣來分，則可分為信期繡、長壽繡、乘雲繡、茱萸紋繡、方棋紋繡、雲紋繡等六種。然而，若將馬王堆漢墓出土的繡品和湘繡——尤其是早期湘繡——作比較，卻可以發現，雖然時空相隔兩千餘年，但在藝術風格上，無論是圖案紋樣、色彩變化、針法及其用絲劈線的技巧等各方面，二者之間竟有著驚人的相似之處。因此，作者以為：馬王堆所出土的絲織繡品，色彩華麗、形象生動，具有濃烈的楚文化特質和巫術神明的氛圍意蘊，可說是「湘繡」發展的濫觴。

這樣的說法，的確相當程度地掌握了馬王堆絲織繡物與湘繡的特色。只是，陳愛平的文字多從歷史沿革及地域性發展來闡述二者間之關係，間或論其技法、風格，然而，究竟何者為「楚文化特質」？何者又具有「巫術神明的氛圍意蘊」？文中則未提及。這是一般論文言及馬王堆絲織物的特色時，往往欠缺之處，也是本文所欲深入闡析的重點，前言已略提及；而其關鍵，簡言之：這些文物都是楚人墓葬習俗的呈現，並寓意「引魂昇天」的思想和觀念。

即以馬王堆出土絲綢織物上的刺繡為例，其紋飾可歸納出：信期繡（圖7-9）、長壽繡（圖 7-10）、乘雲繡、茱萸紋繡（圖 7-11）、方棋紋繡（圖 7-12）、雲紋繡等六種，這六種紋飾中，除「方棋繡」是為幾何紋飾外，「信期繡」、「長壽繡」、「乘雲繡」、「雲紋繡」等，都是雲紋或變體雲紋的總稱，其圖案則是在流動緊湊的雲紋中，夾有龍、鳳、花卉、枝藤等式樣，使整體紋飾更顯華麗與變化，而其命名，則是根據衣物疏簡的文字記載而定，如：「信期繡」之名見於簡 256、268～271，「長壽繡」之名見於簡 255、257、264，這樣豐富且多變的雲紋表現，並夾以龍、鳳、花葉紋飾，都是寓意昇天和求仙的思想，這是楚、漢墓中常見的題材；至於「茱萸紋繡」也是漢代刺繡和

〔註11〕《湖南省博物館文集》第四集（《船山學刊》雜誌社編輯出版，1998），頁 132 ～136。

織錦中常見的紋飾，《西京雜記》述及戚夫人侍兒賈佩蘭言宮內事「九月九日，佩茱萸、食蓬餌、飲菊花酒，令人長壽。」〔註12〕這段文字，明確顯示漢人賦予「茱萸」的意義與象徵是在於祈求長生，這是漢代社會中極為普遍的思想，也是漢代文物中所呈現的重要題材。

圖 7-9　西漢時期，淺褐色菱紋羅地信期繡

長 50、寬 49.5cm，1972 年湖南長沙馬王堆一號墓出土，湖南省博物館藏。

圖 7-10　西漢時期，橙黃色絹地長壽繡

長 57、寬 40.5cm，1972 年湖南長沙馬王堆一號墓出土，湖南省博物館藏。

〔註12〕漢‧劉歆，《西京雜記》（《百部叢書集成》，台北：藝文印書館，1965），卷上，頁 18。

圖 7-11　西漢時期，茱萸紋繡絳色絹

長 35.5、寬 34cm，1972 年湖南長沙馬王堆一號墓出土，湖南省
博物館藏。

圖 7-12　西漢時期，方棋紋繡紅棕色絹

1972 年湖南長沙馬王堆一號墓出土，湖南省博物館藏。

　　馬王堆一號漢墓不僅出土豐富多樣的絲織繡物，且其內容涵蓋生活中的衣著佩飾，幾乎無不俱全；另外，一號墓又出土作為銘旌非衣的帛畫；三號墓則除了非衣帛畫之外，在墓棺室西壁又懸掛有規模宏大的帛畫「車馬儀杖圖」，以及作為氣功強身的帛畫「導引圖」、帛書「雲氣占圖」（圖7-13）等，從這些絲織品中的書繪內容來看，以及墓中漆棺、彩繪的形制，馬王堆墓主的確具有濃厚早期道教思想的信仰，至於馬王堆西漢墓中的文物，非衣早已見於戰國時期長沙出土，儀杖、車馬圖案也早已見於秦室壁畫，而以氣功強身求長生的觀念，或以天象占吉凶的手法，早在先秦以前即已普遍流傳，並廣為早期道教思想所吸收，成為民間信仰中極受注目並普遍接納的思想潮流。於是，文物的意義與作用就不再只是一個器物而已，而是最真實的社會生活反映與記實。

圖 7-13　西漢時期，帛書雲氣占圖（局部）

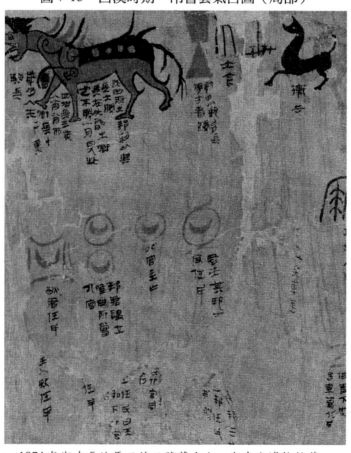

1974 年湖南長沙馬王堆三號墓出土，湖南省博物館藏。

五、絲綢之路上出土的絲綢繡物

這種具有早期道教風格的絲織品，也屢見於絲路出土文物，而其年代則以東漢末期為盛，這是中國文化影響西方世界的具體明證與濫觴。

圖 7-14　東漢時期，「世毋極錦宜二親傳子孫」錦手套

1995 年新疆民豐縣尼雅一號墓地三號墓出土，新疆文物考古研究所藏。

絲路出土文物中的絲織繡物，以新疆羅布泊西岸樓蘭故城、和闐洛浦縣以及民豐縣等地出土的品類最為繁盛且精緻。即以新疆民豐縣為例，尼雅是絲路南道必經之處，而其墓葬特色則是：在許多墓葬死者上身旁均放置有一根「Y」字型木叉（或為「木祭器」，應是一件具有宗教色彩的物件），上繞死者生前常用物件或特殊用品，如 59MNM001、95MN1M3、M8、M1、M5 以及孔雀河流域墓地、和闐洛浦山普拉墓地、且末扎滾魯克墓地，都有類似的陪葬；另外，95 年墓地 M3、M8 也有放置帛魚的現象，其中，M8 墓地兔紋錦帛魚置於女屍上身上部，並與虎斑紋錦袋繫聯在一起；另外，尼雅一號墓地三號墓還出土一對錦手套和錦覆面，在藍地黃色曲折紋中間織有「世毋極錦宜二親傳子孫」隸書字樣（圖 7-14）〔註 13〕；八號墓也出土錦

〔註 13〕新疆維吾爾自治區，《絲路考古珍品》（上海：譯文出版社，1998），圖 32。

帽一頂，在茱萸紋、雲氣紋及生動活潑的人物造形間，穿插織有「德、宜、子、生」等隸書文字（圖7-15）〔註14〕；尤其值得注意地是，尼雅許多墓葬中，還出土「五星出東方利中國」織錦護膊類遺物，這種長繫帶長方形製品，出土時均放置於男屍一側或男屍左腕部，其作用應是引弓護膊，或身份、地位的象徵，即以八號墓所出土的「五星出東方利中國」錦護膊為例（圖7-16）〔註15〕，除了隸書文字外，又依序排列孔雀（應作鳳鳥為是）、仙鶴、辟邪、夔龍和虎等祥禽瑞獸，以及捲曲的蔓藤和蕾花作間隔，而這件錦護膊無論是就文字內容或紋飾而言，都明顯是中國早期道教文物，而其年代則應在東漢黃巾之亂前，人們以五斗星紋圖作為早期道教發展的圖像符號，也是群眾們揭竿起義的信仰標誌。

圖7-15　東漢時期，錦帽

1995年新疆民豐縣尼雅一號墓地八號墓出土，新疆文物考古研究所藏。

〔註14〕《絲路考古珍品》，圖33。
〔註15〕《絲路考古珍品》，圖34。

圖 7-16　東漢時期，「五星出東方利中國」錦護膊

1995 年新疆民豐縣尼雅一號墓地八號墓出土，新疆文物考古研究
所藏。

　　至於說到「五星」的作用與內涵，其俗則流傳久遠，文獻典籍中也頗見
其淵源，例如：

　　《穀梁傳・序疏》言「五星者：即東方歲星，南方熒惑，西方太白，北方
辰星，中央鎮星是也。」〔註16〕

　　《漢書・律曆志》也稱「五星之合於五行，水合於辰星，火合於熒惑，金
合於太白，木合於歲星，土合於填星。」〔註17〕

　　《史記・天官書》也有「天有五星，地有五行。又云：五星同色，天下偃
兵，百姓寧昌。春風秋雨，冬寒夏暑，動搖常以此。」〔註18〕的記述。

　　《淮南子・天文訓》則稱「何謂五星？東方木也，南方火也，中央土也，
西方金也，北方水也。」〔註19〕

〔註16〕十三經注疏《穀梁傳》（台北：藝文印書館，1993），頁2。
〔註17〕漢・班固撰，《漢書》（台北：鼎文書局，1991），卷21上，頁985。
〔註18〕漢・司馬遷，《史記》（台北：洪氏出版社，1975），卷27，頁1322。
〔註19〕漢・劉安，《淮南鴻烈解》（《景印文淵閣四庫全書》，冊848，台灣：商務印書
　　　　館，1986），卷3，頁3、4。

　　《說苑‧辨物》則載「所謂五星者：一曰歲星，二曰熒惑，三曰鎮星，四曰太白，五曰辰星。」〔註20〕

　　從這些文獻紀錄來看，所謂「五星」的由來的確帶有濃厚的陰陽、道家思想，尤其是《淮南子》和《說苑》等書的文字，明確具有道教信仰的內涵，都可見「五星」和道教思想的關係密切；《史記‧張耳陳餘傳》有言「甘公曰：漢王之入關，五星聚東井。東井者，秦分也。先至必霸。楚雖彊，後必屬漢。」〔註21〕都可見當時民間之信仰；至於歷史上五星齊出東方的記載，則有《漢書‧高帝紀》載「元年冬十月，五星聚於東井。」註「應劭曰：東井，秦之分野。五星所在，其下當有聖人以義取天下。占見《天文志》。」〔註22〕這是因為古人深信天象可以預言吉凶，是以尼雅所出土的「五星出東方利中國」錦護膊就不再只是無的放矢的隨意之作，且從其行文及墓中其他出土文物的年代來看，此件錦護膊並不似高帝時期遺物，因此，最有可能的年代應是東漢末期黃巾之亂時，百姓藉以揭竿起義、號召群眾所設置。

　　「五星」的信仰極具特色和寓意，這樣的標誌至今仍然有所遺存，即以今四川劍閣縣鶴鳴山山頂為例，仍保留了自晉唐以來大規模的道教造像龕窟群，尤其是造像中的「元極演法圖」、「五斗星紋圖」以及「六丁六甲」等圖譜，都是早期道教發展所獨有的特殊文化，和「五斗米道」的衍生也有密切關聯，並都可視為「五斗米道」的創始者張陵在此活動的重要遺跡。〔註23〕因此，從「五星」字樣和這些文物的出土來看，錦護膊其為早期道教遺物必然無疑，而其文字織為隸書，方正平直的格局類似東漢時期的金石文字，這樣的文字至魏晉以後則少見，其風格與特色和時代發展也相符合；至於陝北地區和敦煌──這是絲綢之路的起點──都曾經是早期道教發展的重心所在，而這許多早期道教信仰遺物出土於新疆，其原因或為避禍、或為經商，以至人們流寓西北地區，縱然終老於絲路，卻仍不忘隨身攜帶具有宗教信仰的文物並陪葬，都可見當時道教思想的流傳與盛行。

〔註20〕漢‧劉向，《說苑》（《景印文淵閣四庫全書》，冊 696，台灣：商務印書館，1986），卷 18，頁 2。
〔註21〕《史記》，卷 89，頁 2581。
〔註22〕《漢書》，卷 1 上，頁 22、23。
〔註23〕俞美霞，《東漢畫像石與道教發展》，頁 50。

六、楚漢同源的歷史文化發展與傳承

西漢的政權，其淵源與本質主要是以「楚文化」為基礎而樹立的封建體系。是以西漢初期的統治者，即使國都長安，卻仍保持著對故國家園的懷戀與眷顧，《史記·高祖本紀》所謂「陳勝等起蘄，至陳而王，號為『張楚』。」〔註24〕其後，高祖還歸，過沛，也有「豐吾所生長，極不忘耳。」〔註25〕這樣念舊的告白。是以西漢初期的特色，無論在政治、制度、文學、藝術、民俗、習尚各方面，都帶有濃厚的楚文化風格與色彩，《楚辭》如此，漢代的墓葬制度和習俗也是如此，而吾人自文獻典籍、出土文物中，也更能因此得其原貌，明其流變，知其源委，俾便對楚漢文化的發展及影響有更深入的認識與了解。

吾師傅錫壬教授於《新譯楚辭讀本·自序》一文中，曾開宗明義地指出「楚辭與詩經二書已經成為我國詩壇上的南北雙璧，而對後世的影響，至深且廣，至巨且久的尤推楚辭。詩經的影響，至秦漢已式微；而漢代執文壇牛耳之辭賦，則是楚辭的嫡系，降及魏、六朝、唐、以至宋、元、明、清，也幾乎沒有一種文體不受到楚辭的薰陶及感染。」〔註26〕

《楚辭》的影響如此深遠，而其內容則是記述自戰國時期屈、宋以來「書楚語，作楚聲，紀楚地，名楚物。」的篇章，又在帝王的好尚下，以致西漢早期文人志士爭相「仿楚」，並以楚地特有的文字、體例、音律、詞彙、風物、習尚為本，在悠遠飄渺的思緒中，抒發個人的心志與情懷。這是中國南方文學的代表，其藝術性、地域性、民俗性的價值極高，也是研究楚文化發展極為重要的珍貴資料。

楚地山林富饒，不憂凍餓，然其地據有江漢川澤險要，以致民俗多有好巫的習氣。《漢書·地理志下》即有楚人「信巫鬼，重淫祀。」〔註27〕的記載。這種好巫信鬼的風氣，盛行於楚地，也是各民族自有生民以來所即有的文化特色。而屈原被放逐之後，鬱鬱不得志。王逸的《楚辭章句·九歌序》也說「昔楚國南郢之邑，沅湘之間，其俗信鬼而好祀。其祠必作歌樂鼓舞以樂諸神。屈原放逐，竄伏其域，懷憂苦毒，愁思怫鬱，出見俗人祭祀之禮，歌舞之

〔註24〕《史記》，卷8，頁349。
〔註25〕《史記》，卷8，頁390。
〔註26〕傅師錫壬，《新譯楚辭讀本》（台北：三民書局，1976），頁1。
〔註27〕《漢書》，卷28下，頁1666。

樂，其詞鄙陋，因為作九歌之曲。上陳事神之敬，下以見己之冤結，託之以風諫，故其文意不同，章句雜錯而廣異義焉。」〔註28〕這樣詳盡的記載，不僅藉此抒發個人心志，而「其祠必作歌樂鼓舞以樂諸神」，則是中國歌神舞樂以及民俗文化發展的重要轉折與關鍵。

屈原，以貴族的身份並豐富的文學根柢，將民間的祭祀舞樂潤飾雅俗，其意義與作用較諸孔老夫子「刪詩書」以雅正十五國風之舉，實可相題並論，遑不多讓。而楚辭的文風拓落跌宕、綿渺悠長，不僅影響漢賦的形成，更重要的是，其內容有許多楚人風俗的記實與延伸，尤其在秦始皇逐戰六國統一天下之後，短暫的整合，旋即為漢朝所取代，而漢高祖生於豐邑，發跡於沛縣，受「楚風」浸淫甚深，是以《詩經》、《楚辭》雖然都對中國文學發展影響頗鉅，而且，就其內容及民情風俗而論，即使二者分別是北方、南方地域性文學的代表作品，然而，在帝王好尚及生活習性的薰陶下，再加上西漢初期的長治久安，「楚風」終究取代了其他地區的文化習俗，迅速成為漢代思想、制度的主流，長久以來，並蔚為中國民族風俗發展極為重要且完整的文獻依據。

另外，楚人期望以「招魂」寄託人們對靈魂不死、生命長存的企求，這樣的祖先崇拜，又有巫覡具體且慎重地舉行「招魂」的儀式，並在葬埋祭祀的過程中，輔以歌樂、舞蹈、文字、帛書、帛畫、裹屍等步驟，這樣豐富的內容，無論是從《楚辭》〈招魂〉、〈大招〉的記載或出土挖掘中，都可見「楚風」的墓葬習俗的確具有相當強烈的地方色彩──非衣、乾屍、彩繪木俑、鎮墓異獸、以及漆器上隨處可見的羽人（應是巫覡）等等，都是極具風格特色的墓葬制度，也是戰國時期其他地區所少見的陪葬器物，不僅直接影響漢代的墓葬習俗，更對後世墓葬的觀念影響頗鉅，綿延至今，即使在當前台灣的墓葬習俗中，也仍然有鼓樂、誦讀祝禱文以及持竿掛幡（白色的布條，即古之非衣）以「招魂」的儀式；雖然，鼓樂和祝禱文的內容早已簡化，「幡」的形式也不若以往講究，然而，在南方文學及漢帝王的好尚下，卻處處可見楚文化的遺風及在南方地區的影響，也可見其俗流傳之久遠，以及在人們心目中的重要份量。

〔註28〕漢‧王逸撰，《楚辭章句》（《景印文淵閣四庫全書》，冊1062，台灣：商務印書館，1986），卷2，頁1、2。

漪歟盛哉！自此以後，漢民族的典章繁備，於是，楚文化的特質，便在歷史的傳承中，日益綿延並保留了下來。

七、絲綢之路的開拓與影響

絲綢之路，是古代歐、亞之間溝通的陸路管道，因運送絲綢至西方而得名。其路線則是由河西、敦煌向西分南北兩道：南道沿崑崙山北麓，經和闐至疏勒；北道經羅布泊沿天山南麓，經庫車、阿克蘇至疏勒。由疏勒越蔥嶺，或南往印度，或西經波斯（今伊朗），即可通往地中海諸國。

《漢書‧西域傳》載西漢時期「自玉門、陽關出西域有兩道。從鄯善傍南山北，波河西行至莎車，為南道；南道西踰蔥嶺則出大月氏、安息。自車師前王廷隨北山，波河西行至疏勒，為北道；北道西踰蔥嶺則出大宛、康居、奄蔡焉。」〔註29〕南北道的分岔處在樓蘭。至於西漢末年又有「北新道」，是以《三國志‧魏書‧烏丸鮮卑東夷傳》評下有註載及《魏略‧西戎傳》曰「從敦煌玉門關入西域，前有二道，今有三道。」〔註30〕而這三道的分岔處則在玉門關。這其間，雖也有小路相連，或遭氣候、政治的變動而略有差異，然而，這「三道」的流通，在歷經魏晉南北朝以至隋唐而至巔峰，千餘年來，其路線卻未曾有太大的變化。

絲綢的質地輕軟、色澤光鮮，極為西方民族所喜愛。古希臘羅馬人即將中國稱為 Seres，意為「絲國」；而中國的皇帝——尤其是兩漢時期——也常以絲綢作為賞賜或饋贈各部落首領、外國使節以及功臣將相的珍貴禮物，間以絲綢作為和各國交換馬匹、玉器的替代物，其地位和重要性可想而知。

這樣的記載屢見於史冊典籍而不鮮，例如：《漢書》中載及匈奴數為邊害，漢與匈奴約為兄弟，是以遺單于甚厚。〈匈奴列傳〉第六十四下言及呼韓邪單于甘露三年正月朝天子于甘泉宮，「漢寵以殊禮，位在諸侯王上，贊謁稱臣而不名。賜以冠帶衣裳，黃金璽盭綬，玉具劍，佩刀，弓一張，矢四發，棨戟十，安車一乘，鞍勒一具，馬十五匹，黃金二十斤，錢二十萬，衣被七十七襲，錦繡綺縠雜帛八千匹，絮六千斤。禮畢，使使者道單于先行，宿長平。」這樣豐厚的饋贈並禮遇，除了期望兩國修好之外，也可見漢宣帝求和之心；是以同年，呼韓邪單于之兄郅支單于亦遣使奉獻，漢遇之甚厚。「明年，兩單

〔註29〕《漢書》，卷96上，頁3872。
〔註30〕晉‧陳壽撰，《三國志》（台北：鼎文書局，1977），卷30，頁859。

于俱遣使朝獻，漢待呼韓邪使有加。明年，呼韓邪單于復入朝，禮賜如初，加衣百一十襲，錦帛九千匹，絮八千斤。」其後，「竟寧元年，單于復入朝，禮賜如初，加衣服錦帛絮，皆倍於黃龍時。」〔註31〕元帝又以王嬙賜單于，單于稱婿於漢氏，是以兩國和親，暫修友好。這種以錦繡幣帛作為賞賜或饋贈的禮物，也同樣見於介子賜樓蘭，〔註32〕武帝賜丞相、乘從者等記載，〔註33〕都可見絲綢的重要性與珍貴性。

至於在出土的絲織品當中，據賈應逸〈絲綢之路和織物〉一文所載「其組織結構有：各種平紋組織的絹、綈、縑、紗，平地紋起暗花的綺，斜紋組織起花的綾，複雜組織的彩色錦，糾經的羅，通經斷緯的緙絲等，還有刺繡，幾乎囊括了絲織物的主要品種。就其顯花方法而言，有：匹染和雜染絹、紗、綺、綾、羅，彩色經線和緯線顯花的錦，以緯線挖花的緙絲，彩色線的刺繡等。其中僅印染法就有：絞纈、蠟纈、夾纈等方法。其圖案紋樣，豐富多彩，反映了從戰國至元代，近一千七、八百年間的發展變化。特別是漢唐時期的織錦，不僅出土的遺物多，而且圖案紋樣的變化體現出鮮明的時代特點。」同時，賈文中並指出「新疆地區學會養蠶、繅絲、織綢技術，不晚於公元 3 世紀。最遲公元 5 世紀，也許是在 4 世紀，已織出了具有自己特色的錦。吐魯番阿斯塔那墓葬出土的文書中，有『高昌所作龜茲錦』、『龜茲錦』和『疏勒錦』的記錄。」〔註34〕這樣詳盡的考證，都說明絲織繡物是為外來物品，而後才在新疆當地發展興起，至於從其織物上所織的紋飾、文字內容來看，則明顯是東漢時期文物，並帶有強烈楚人風格色彩，而其寓意早期道教思想內涵，也可見當時信仰之流佈。

至於在新疆境內的絲路沿線，南道的羅布泊、且末、民豐、于闐、和闐、洛甫；中道的焉耆、營盤、庫車、巴楚、疏勒；北道的吐魯番、吉木薩爾、烏魯木齊、昭蘇等地，也都發現了許多中國漢、唐時期的絲織品，以及新疆、中亞、西亞所產的毛紡織物，這些文物都是漢、唐時期中國與西域交流最真實的記錄和呈現，其間思想、文化之影響和傳承，都是藉著華美精緻的絲綢而持續數千年，絲路之重要性與影響性，自不待言。

〔註31〕《漢書》，卷 94 下，頁 3798、3803。
〔註32〕《漢書》，卷 70，頁 3002。
〔註33〕《漢書》，卷 6，頁 179。
〔註34〕《絲路考古珍品》，頁 35、39。

另外，佛教於漢代傳入西域，也是經由絲綢之路而遠播於中國、日本；而波斯和希臘文化之東傳，以及中國文化之西漸，甚或古代許多西域小國，也都因為絲路之便而經濟發達、文化繁榮，以至盛極一時。於是，東、西文化的交流，就在絲綢之路的綿延伸展下，融匯滋長，繁衍不衰了。

八、結　語

死亡，是人生的大事。

在生命的禮俗中，古人所謂的五禮──吉、凶、賓、軍、嘉，〔註35〕分別意謂著祭祀、喪葬、賓客、軍旅、冠婚等禮俗。只是，這許多禮俗，隨著時空的轉移，流傳至今，即使仍然保留，卻也時過境遷，早已有所變革與異動；而五禮中，只有凶禮中的喪葬制度和習俗，可以說是所有禮俗中變異最少的一環，這固然是由於人們對喪葬習俗的慎重，甚或在多所忌諱的顧慮下，寧可信其有，不可信其無，以致對於許多制度和禮俗，不敢輕易有所變更，其後相沿成習、蔚然成風，並逐漸形成各部落種族喪葬制度及民情風俗之特色。

而楚文化對漢民族鎔鑄之深，無論在典章、制度、禮俗、人文等各方面，都有長足深遠的影響與浸淫，這是其他地域性風格所無法比擬取代的重要關鍵，而其文化發展不僅長久盛行於南方，即使連台灣的許多民情風俗，都仍可見「楚風」之遺緒。因此，本文以楚文化研究為基礎，就其絲織物中所反映出之喪葬制度與內涵略作剖析，並闡述楚文化與早期道教間之關係，期望就文化現象的全面性與發展性深入探討，這是學術研究的真諦，也是個人研究的心志與方向。

九、引用書目

（一）傳統文獻

1. 十三經注疏《詩經》，台北：藝文印書館，1993。

2. 十三經注疏《尚書》，台北：藝文印書館，1993。

3. 十三經注疏《穀梁傳》，台北：藝文印書館，1993。

4. 漢·劉向編，《戰國策》，《景印文淵閣四庫全書》，冊 406，台灣：商務印書館，1986。

〔註35〕十三經注疏《尚書·舜典第二》（台北：藝文印書館，1993），卷3，頁9。

5. 漢・劉向，《說苑》，《景印文淵閣四庫全書》，冊 696，台灣：商務印書館，1986。

6. 漢・劉安，《淮南鴻烈解》，《景印文淵閣四庫全書》，冊 848，台灣：商務印書館，1986。

7. 漢・王逸撰，《楚辭章句》，《景印文淵閣四庫全書》，冊 1062，台灣：商務印書館，1986。

8. 漢・劉歆，《西京雜記》，《百部叢書集成》，台北：藝文印書館，1965。

9. 漢・班固撰，《漢書》，台北：鼎文書局，1991。

10. 漢・司馬遷，《史記》，台北：洪氏出版社，1975。

11. 晉・陳壽撰，《三國志》，台北：鼎文書局，1977。

12. 南朝宋・范曄撰，《後漢書》，台北：鼎文書局，1991。

13. 王明編，《太平經》合校本，北京：中華書局，1960。

（二）近代論著

1. 俞美霞，《東漢畫像石與道教發展》，台北：南天書局，2000。

2. 新疆維吾爾自治區，《絲路考古珍品》，上海：譯文出版社，1998。

3. 湖南省博物館，《馬王堆漢墓研究文集》，湖南出版社，1994。

4. 湖北省荊州地區博物館，《江陵馬山一號楚墓》，北京：文物出版社，1985。

5. 傅師錫壬，《新譯楚辭讀本》，台北：三民書局，1976。

6. 《湖南省博物館文集》第四集，頁 132～136，《船山學刊》雜誌社編輯出版，1998。

原文載「2002 年中國文學『學理與應用』學術研討會——經典文獻中的禮俗與文化」，頁 93～122，銘傳大學應用中文系，2002.3。

八、禘祫文化考
——兼論古蜀王國源起

【內容提要】

　　禘祫文化的辯證，自古以來即是歷代禮學研究者亟欲考證的重要主題。這不僅是因為禘祫禮制在上古時期是規格極高的重要禮俗，同時，在生命延續或生殖崇拜的習俗下，祠祀祖先的行為也一直都是人們社會意識的準則與規範。只是，在急劇變遷的政權轉移，及春秋戰國以降禮制隳墮之餘，禘祫文化的原貌已日趨式微，並在禘祫名稱的變異下，後代學者詮釋歧出，以致引起極大的爭議。

　　然而，隨著文字、文物的大量出土，今人對上古時期資料的掌握益形豐富，因此，本文將以三重辯證法——文字、文獻、文物等資料交互運用，並以四川廣漢三星堆祭祀坑遺址出土文物為依據，希冀對禘祫禮俗進行考證，進而印證三星堆遺址的文化現象即是祠祀祖先，並是毀廟之主與未毀廟之主皆合食于太祖的祫祭儀式。

　　關鍵詞：三星堆遺址、禘祭、祫祭、毀廟、合食

一、前　言

　　禘祫禮俗是先秦時期重要的祭禮，無論是古文字、典籍文獻中並都有大量的記載。然而，在周天子權力式微，再加上社會制度急劇變遷，以致春秋戰國時期禮壞樂崩，禮俗隳墮，因此，自鄭玄、王肅以降，對於禘祫禮俗的考訂，便已出現極大的爭議，歷代學者並各有增損，這樣的情況持續至晚清、民國時期，孫詒讓、王國維等許多學者仍提出各異的見解，雖未能達成共識，卻也可見這個議題的重要性與分歧性。

　　錢玄〈鄭玄《魯禮禘祫志》辨〉〔註1〕一文即稱「禘祫之禮，歷來是禮家爭論的熱點。據鄭玄說『儒家之說禘祫也，……詡詡爭論，從數百年來矣。』則鄭氏之前已有各種不同說法。鄭氏據《春秋》所載祭事，撰《魯禮禘祫志》，信其說者有之，但爭論未息。據孫詒讓統計，唐以前持異說者，其中主要者就有二十一家，唐以後異說更多。近一二百年來，治禮學的人不多，幾位大家如黃以周、孫詒讓等人均信奉鄭氏之說，似乎已無爭論。其實前人提出的一些有力的反駁鄭氏的論據，都未深入討論，所以禘祫之說尚無定論。」

　　只是，隨著科學考古的發達，出土文物中挖掘出大量的器物，這些地下出土的一手資料，都是最珍貴的史料，並可以和文字、文獻等記載相互印證闡發，使上古時期的禮俗和制度得以還原其真相。尤其是四川廣漢三星堆遺址出土了大量的青銅、玉器及金器，這些器物都是上古時期必備且貴顯的祭祀禮器，而豐盛的文物與祭祀坑，繼而又將文物予以毀損掩埋，都意味著三星堆遺址是商代晚期祭祀禮俗的重要呈現。

　　三星堆遺址大量且豐富的出土的確震驚了考古界與學術界，相關的研究與報告，無論在質與量上都不勝枚舉，並多認同祭祀坑的出土是商代晚期祭祀文化的最佳印證；只是，無論是相關研究文字或是圖錄出版品，對三星堆遺址的文化現象仍然是各持己見，闡述不同。

　　至於本文的論述則是以三星堆祭祀坑的出土文物為依據，並就其出土文物的形制與內涵予以考證，復佐以三重辯證法——出土古文字〔註2〕、文物、

─────────────

〔註1〕錢玄，〈鄭玄《魯禮禘祫志》辨〉，《古籍整理研究叢刊》，1994年第5期，頁15～22。

〔註2〕案：出土古文字與典籍文獻所載不同，也與器型文物有異。是以當前學術界以文字、文物、文獻為三重辯證法交叉考證，使論文內容更見周延。至於文字的重要性，但丁《論俗語》（1304～1305）、維柯《新科學》（1730）、夏夫

典籍文獻等資料交互運用，希冀以三星堆出土的文物及其上的紋飾或文化符號，進而印證三星堆文化應是毀廟之主與未毀廟之主皆合食于太祖的祫祭儀式。同時，為行文方便並有所依據，將以四川省文物考古研究所編《三星堆祭祀坑》發掘報告〔註3〕、陳德安《三星堆——古蜀王國的聖地》〔註4〕及三星堆博物館編《三星堆——古蜀王國的神祕面具》〔註5〕等書所載文字為基礎，並神話考古典籍如《山海經》〔註6〕、《蜀王本紀》〔註7〕、《路史》〔註8〕等書為佐證，俾便探討三星堆遺址文物的文化內涵。

二、三星堆遺址是姬蜀王國的肇基封地

1986 年 7～9 月，在四川省的西部平原，成都之北 40 公里，廣漢縣西約

茲博里《論人、習俗、意見與時代等的特徵》（1711）等，都強調古文字的重要性，並是反映古代社會思想的憑藉。參朱立元主編，《西方美學名著提要》（台北：昭明出版社，2000），頁 61～83。

〔註3〕 四川省文物考古研究所編，《三星堆祭祀坑》，文物出版社，1999。

〔註4〕 陳德安，《三星堆——古蜀王國的聖地》，四川人民出版社，2000。

〔註5〕 三星堆博物館編，《三星堆——古蜀王國的神祕面具》，五洲傳播出版社，2005。

〔註6〕 《山海經》是神話考古以及研究上古社會文化的重要著作，靖節、東坡先生也多研讀此書。據郭華〈山海經校注評介〉指出「長期以來《山海經》沒有受到足夠重視。直到晉代學者郭璞爲其作注，才使得《山海經》得以進一步流傳。明清時期，先後有眾多學者從文獻整理的角度開始關注《山海經》。近代以來，著名學者王國維和胡厚宣等人先後根據《山海經》研究甲骨文和古史，但真正系統研究《山海經》的，袁珂先生算是第一人。」且袁珂《山海經校注》（巴蜀書社，1993）的出版，更是廣受日本、法國學者所引用，至於相關的學術研究更是不勝枚舉，蔚為風潮，並多肯定此書是研究中國古代社會或上古時期的重要著作。參《求索》，2011.2

〔註7〕 案：「《蜀王本紀》的作者，傳統說法是西漢成都人揚雄（B.C53～18A.D）；徐中舒先生考證《蜀王本紀》的作者是三國蜀巴西充國人譙周（210～270A.D）。無論揚雄，還是譙周，都是蜀人談蜀史。顧詰剛先生說：『揚氏生於漢，其時離蜀國之亡不過三百年，民間傳說猶有存者，故多摭取里巷之談以成書。』」參江玉祥，〈蠶叢、瞿上、廣都與雙流之關係——兼論雙流早期歷史上的農耕文化〉，《中華文化論壇》，頁 190～195，2009.11。

〔註8〕 《路史》47 卷，宋·羅泌撰，其子羅苹注，成書于南宋孝宗乾道六年（1170）。袁珂先生認為「《路史》的作者見到的古書很多，取材非常駁雜，把許多各不相干的東西揉在一起，排比整齊，而成歷史。這種歷史，當然並非信史。」但是，「他將許多神話傳說材料轉化為歷史，擴大了人們對歷史探討的視野，足為『史影』，對神話的研究探討，也有一定的幫助。」參江玉祥，〈蠶叢、瞿上、廣都與雙流之關係——兼論雙流早期歷史上的農耕文化〉，《中華文化論壇》，頁 190～195，2009.11。

8 公里的三星堆，遺址總面積約 12 平方公里，先後挖掘出兩個祭祀坑，其年代分別歸屬於商代中期的一號祭祀坑以及商代晚期的二號祭祀坑。這兩個祭祀坑計出土金、玉、銅、骨、陶、象牙等器物千餘件，其質量之精美，不僅震驚考古界，也是商代晚期姬蜀文明禮俗制度最佳的印證。

　　四川廣漢三星堆遺址，這是姬蜀文明的發源地，而其祭祀坑的出土，體現的則是殷商中晚期蜀國祭祀的行為與規格，這是人們物質生活與精神文明的提升，也是禮俗制度形成的濫殤，因此，想要瞭解四川廣漢三星堆遺址的內涵，必須先對遺址所屬的年代、形制以及文物的意義與作用有相當的認知才是。

　　論及古蜀文明的起源，其年代則可遠溯自黃帝。《史記‧五帝本紀》即稱「黃帝二十五子，其得姓者十四人。黃帝居軒轅之丘，而娶於西陵之女，是為嫘祖。嫘祖為黃帝正妃，生二子，其後皆有天下：其一曰玄囂，是為青陽，青陽降居江水；其二曰昌意，降居若水。昌意娶蜀山氏女，曰昌僕，生高陽，高陽有聖德焉。黃帝崩，葬橋山，其孫昌意之子高陽立，是為帝顓頊也。」皆為姬姓，然而，《索隱》稱「太史公乃據大戴禮，以累祖生昌意及玄囂，玄囂即青陽也。皇甫謐以青陽為少昊，乃方雷氏所生，是其所見異也。」至於《索隱》又稱「江水、若水皆在蜀，即所封國也。」〔註9〕

　　這是有關古蜀文明起源最早的記載，且昌意、玄囂都是黃帝的子嗣，雖有元妃、次妃所生之歧異；然而，卻併居於蜀地，因此，江水、若水地區對姬蜀來說，是封國，也是古蜀先祖奠基發跡的根據地，這樣重要的文化象徵深具歷史意義，不可輕忽或忘，是以姬蜀的後裔子嗣無論遷徙於何處，卻必定於姬蜀的發跡地舉行大規模的祭祖儀式，這種慎終追遠、不忘先祖的文化寓意與情懷，直至現今的華人地區仍多留存，並也是三星堆遺址以及附近古蜀遺址的文化內涵與由來。

　　江水、若水地區是姬蜀封國的發跡地，就其地理位置言，長江是中國的大江，古文獻中常以「江」、「大江」作為「長江」的專稱，如：《尚書‧禹貢》稱「岷山導江，東別為沱。」〔註10〕這個「江」指的就是「長江」，因此，前言《史記‧五帝本紀》所謂「青陽降居江水」的「江水」即是指「長江」而言；尤其是江水東流至宜賓，會岷江，水流匯聚始鉅，自此以下，乃稱長江，又東

〔註9〕漢‧司馬遷，《史記》（洪氏出版社，1975），卷1，頁9～11。
〔註10〕十三經注疏《尚書》（台北：藝文印書館，1993），疏6，頁26。

北流，納沱江、嘉陵江等，可見長江的中游部份經過四川，並在三星堆遺址
附近會沱江併其支流鴨子河、馬牧河等，因此，所謂的「江水」其地理位置即
是指川西平原北部，並近沱江地區無誤。

至於「昌意降居若水」，所謂的若水即是鴉龍江或雅礱江的古名，此江源
出於青海巴顏喀喇山，經西康、四川西南境內，南流入金沙江，這樣的地理
分布和《山海經廣注·海內經》「昌意降處若水」句下注，言及若水則稱「在
蜀」、「在今四川黎州」〔註11〕也都十分相當。

古蜀王國的重要性，除了是黃帝的世系之外，當然，其地理位置也極為
險要。《華陽國志》載「《洛書》曰：『人皇始出，繼地皇之後，兄弟九人，分
理九州，為九囿。人皇居中州，制八輔。』華陽之壤，梁岷之域，是其一囿，
囿中之國，則巴蜀矣。」〔註12〕都可見古蜀位置的重要性，並是上古時期九
囿之 的王國。

同時，蜀王國的興起，更在昌意娶蜀山氏女後益形壯大。文獻中關於蜀
山氏的記載，可見於《路史·蜀山氏》所謂「蜀之為國，肇自人皇。其始蠶
叢拍濩魚鳧，各數百歲，號蜀山氏，蓋作于蜀。蠶叢縱目，王瞿上魚鳧治，
葉江逮蒲澤，俾明時人氓，椎結左言，不知文字。上至蠶叢，年祚深眇，最
後乃得望帝杜宇，寔為滿捍，蓋蜀之先也。自叢以來，帝號其妻曰妃，俱壅
之。黃帝為其子昌意，取蜀山氏，而昌意之子乾荒，亦取于蜀山氏，惟其後
葉及高辛氏，以其少子封蜀，則繼之者也。」且「夫蜀之為國，富羨饒沃，
固自一天壤也。」〔註13〕都可見蜀王國之富饒，並在結合蜀山氏的勢力後，
從此世代傳承。

《路史》計47卷，宋·羅泌撰，其子羅苹注，成書于南宋孝宗乾道六年
（1170）。至於其重要性，江玉祥〈蠶叢、瞿上、廣都與雙流之關係──兼論

〔註11〕清吳·任臣注，《山海經廣注》（《景印文淵閣四庫全書》，第1042冊，台北：
台灣商務印書館，1986），卷18，頁2。案：「明清時期，先後有眾多學者從
文獻整理的角度開始關注《山海經》。近代以來，著名學者王國維和胡厚宣等
人先後根據《山海經》研究甲骨文和古史。」尤其是袁珂的《山海經校注》
一書出版後，對法國、日本的學者影響很大，對古代中國社會文化的學術貢
獻也歷久彌新。見郭華〈山海經校注評介〉，《求索》，2011.2。
〔註12〕晉·常璩撰，任乃強校注，《華陽國志校補圖注》（上海：古籍出版社，1987），
卷1，頁4。
〔註13〕宋·羅泌撰，《路史》（《叢書集成新編》，第110冊，台北：新文豐出版社，
1986），頁17～19。

雙流早期歷史上的農耕文化〉〔註14〕一文則指出「袁珂先生認為：《路史》的作者見到的古書很多，取材非常駁雜，把許多各不相干的東西揉在一起，排比整齊，而成歷史。這種歷史，當然並非信史。但是，他將許多神話傳說材料轉化為歷史，擴大了人們對歷史探討的視野，足為『史影』；對神話的研究探討，也有一定的幫助。」

只是，《路史》所謂「黃帝為其子昌意，取蜀山氏。」這樣的文字似乎頗不尋常。事實上，類似的記載也同樣見於《華陽國志‧蜀志》所稱「蜀之為國，肇於人皇，與巴同囿。至黃帝，為其子昌意娶蜀山氏之女，生子高陽，是為帝嚳。封其支庶於蜀，世為侯伯。歷夏、商、周。武王伐紂，蜀與焉。」〔註15〕

然而，為何是「黃帝為其子昌意，取蜀山氏。」這樣的文字的確耐人尋味。據《史記索隱‧秦本紀第五》「伐蜀」句下有言「蜀，西南夷，舊有君長故，昌意取蜀氏山女也。」〔註16〕這意味著：昌意能夠順利娶得蜀山氏女，應是在蜀山氏君長故去，且後繼無人的情況下，在黃帝的支援下掌握政權，並與蜀山氏女結成連理，是以文字稱「黃帝為其子昌意，取蜀山氏。」這種取代舊有蜀氏君長地位並從此世代相傳，應是昌意這一世系迅速發展並勢力鞏固的重要因素；是以典籍中多言黃帝之子昌意，而少稱青陽，二人雖併居蜀地，然而，青陽一支似乎並沒有太多的發揮，而且，很有可能在沒落之餘，為昌意所併（二人關係應如《史記》所載是兄弟關係，因為，歷史上很少會將嫡、庶之子同封於一處）。於是，昌意便以始封之地——江水、若水地區作為姬蜀文明發展的根據地，不僅師出有名，且其地理位置重要，與史書所載相符，並更見其歷史淵源與文化傳承。

三星堆遺址位於四川省廣漢市境內，南距省會成都約40公里。然而，三星堆遺址和古蜀王國的關係究竟是甚麼？文獻中常出現的廣都又扮演甚麼重要的腳色？這必須先從古文獻中了解廣漢、廣都與成都這幾個重要城市的位

〔註14〕江玉祥，〈靈叢、瞿上、廣都與雙流之關係——兼論雙流早期歷史上的農耕文化〉，《中華文化論壇》，頁190～195，2009.11。

〔註15〕《華陽國志》，卷3，頁113。

〔註16〕唐‧司馬貞撰，《史記索隱》，（《景印文淵閣四庫全書》，第246冊，台北：台灣商務印書館，1986），卷2，頁2、3。
案：《史記‧秦本紀》，卷5，頁207、208，有言「九年，司馬錯伐蜀，滅之。」《索隱》句讀作「蜀西南夷舊有君長，故昌意娶蜀山氏女也。」則是其斷句有誤。

置著手。

　　廣漢地區位於川西平原的北部，鄰近成都平原，自古以來即是物產富饒並是「巴蜀四郡通西南夷道」〔註17〕的必經要衝。《後漢書·光武帝紀》載及廣漢，注曰「今益州雒縣也」（《史記》作「雒縣」〔註18〕），言及廣都則稱「今益州」〔註19〕，至於《後漢書·馮岑賈列傳》又稱「廣都，縣名，屬蜀郡。故城在今益州成都縣東南。」〔註20〕另外，《後漢書·吳蓋陳臧列傳》則言「帝戒漢曰：成都十餘萬眾，不可輕也。但堅據廣都，待其來攻，勿與爭鋒。」〔註21〕都說明廣漢據政治、經濟、文化的重要戰略地位，以及廣都和成都唇亡齒寒的緊密關係，且三者並同在益州，位置鄰近。

　　今日，證諸考古發掘，廣漢附近又有許多古蜀文明的遺址，而這些古蜀文明遺址並多有祭祀坑的出土，如：高駢、麻秧等處發現的祭祀坑，以及「在四川地區巴蜀文化的發展譜系中，三星堆遺址與年代稍晚的新繁水觀音、成都方池街、十二橋、指揮街等遺址所反映出的文化是一脈相承的。它們都屬于同一文化體系。」〔註22〕在在都說明「廣漢地區」是古蜀文明發展的精神中心，且眾多祭祀坑的出土，也說明這裡是古蜀先民祭祖探源的根據地，並因此凝聚焠鍊出豐富燦爛的古蜀文明。

　　《史記·周本紀》集解謂「《山海經·大荒經》曰黑水青水之間，有廣都之野，后稷葬焉。」〔註23〕《山海經·海內經》則稱「西南黑水之間，有都廣之野，后稷葬焉。爰有膏菽、膏稻、膏黍、膏稷，百穀自生，冬夏播琴，鸞鳥自歌，鳳鳥自儛，靈壽實華，草木所聚。爰有百獸，相群爰處，此草也，冬夏不死。」〔註24〕，不僅指出這裡是后稷埋葬之處，並印證「廣都」即是「都廣」，其地物產富饒。

　　至於「后稷葬于廣都」一事，也的確有其淵源。相關的研究則有劉復生

〔註17〕 《史記·西南夷列傳》，卷116，頁2995。有「巴蜀四郡通西南夷道」的記載，句下「巴蜀四郡」注云「集解徐廣曰：漢中，巴郡，廣漢，蜀郡。」
〔註18〕 《史記·天官書》，卷27，頁1330。「益州」注「廣漢，今益州雒縣是也。」
〔註19〕 南朝宋·范曄撰，《後漢書》（台北：鼎文書局，1993），卷1下，頁62、59。
〔註20〕 《後漢書》，卷17，頁662。
〔註21〕 《後漢書》，卷18，頁681。
〔註22〕 《三星堆祭祀坑》，頁439。
〔註23〕 《史記》，卷4，頁112。
〔註24〕 晉·郭璞撰，《山海經》（《景印文淵閣四庫全書》，第1042冊，台北：台灣商務印書館，1986），卷18，頁2。

〈廣都之野與古蜀文明──古蜀農耕文化與蠶叢記憶〉〔註25〕，文中並指出「《山海經》言其葬都廣之野，其透露出的信息表明，古蜀與北方以至中原之間有著現今並不太清楚的文化交流，是高度發達的古蜀農耕文明的一種反映，也說明都廣之野在中國農耕文明史上所具有的重要地位。」且「雙流蠶叢祠，同后稷葬都廣一樣，二者都可視作是『歷史心性』的產物，其間有歷史記憶的成分，也有建構的影子，都充分顯示出這一區域在古蜀文明特別是農耕文化中的突出地位。」另外，任新建〈蠶叢、后稷與廣都農耕文明〉〔註26〕一文，也有文字詳述《山海經》記載的廣都農耕發達應與后稷教民務農有關，「故《山海經》才會記后稷葬于其野，也才能列舉當時廣都地方已在播種生產菽、稻、黍、稷等多種作物。」

　　是以《蜀王本紀》稱「蜀王據有巴蜀之地，本治廣都樊鄉，徙居成都。秦惠王遣張儀、司馬錯定蜀，因築成都而縣之。」〔註27〕都明確指出廣都為蜀王長久以來的政治中心，後徙居成都，與廣漢位置鄰近，「故此廣都之野必是古蜀文明的核心地區」〔註28〕並為姬蜀王國的肇基封地以及政治、經濟、文化的中心。

三、姬蜀王國興起的歷史沿革

　　說到姬蜀封國的世系，據《史記‧五帝本紀》所載，姬蜀的世系是──黃帝、昌意、高陽（帝顓頊）、窮蟬、玄囂之孫高辛（帝嚳）、摯、放勳（帝堯）、帝舜。文中並稱「虞舜者，名曰重華。重華父曰瞽叟，瞽叟父曰橋牛，橋牛父曰句望，句望父曰敬康，敬康父曰窮蟬，窮蟬父曰帝顓頊，顓頊父曰昌意，以至舜七世矣。自從窮蟬以至帝舜，皆微為庶人。」〔註29〕另外，〈夏本紀〉也載「禹者，黃帝之玄孫而帝顓頊之孫也。」〔註30〕是以「自黃帝至舜、禹，皆同姓而異其國號，以章明德。故黃帝為有熊，帝顓頊為高陽，帝嚳為高辛，帝堯為陶唐，帝舜為有虞，帝禹為夏后而別氏，姓姒氏。契為商，姓

〔註25〕劉復生，〈廣都之野與古蜀文明──古蜀農耕文化與蠶叢記憶〉，《中華文化論壇》，頁59～62，2009.11。
〔註26〕任新建，〈蠶叢、后稷與廣都農耕文明〉，《中華文化論壇》，頁67～69，2009.11。
〔註27〕漢‧揚雄撰，《蜀王本紀》（《叢書集成續編》，第272冊，台北：新文豐出版社，1975），頁2。
〔註28〕林向，〈廣都之野與古蜀農耕文明〉，《中華文化論壇》，頁56～58，2009.11。
〔註29〕《史記》，卷1，頁31。
〔註30〕《史記》，卷1，頁49。

子氏。弃為周，姓姬氏。」〔註31〕都可見自五帝以降，姬蜀與中華民族的共主——黃帝，和夏、商王朝間關係之緊密與源流。另外，據《山海經·海內經》載「黃帝妻雷祖生昌意，昌意降處若水生韓流，韓流擢首謹耳，人面豕喙，麟身渠股，豚止，取淖子曰阿女生帝顓頊。」〔註32〕其內容與〈五帝本紀〉所載也大致相符。

這個文化現象也反映在《三星堆祭祀坑·結語》所稱「成都平原的三星堆遺址及兩個祭祀坑中已存在著二里頭至二里岡時期中原夏商文化的因素，說明夏商民族經由長江三峽地區進入了川西平原。」〔註33〕事實上，三星堆遺址的文化架構，早在五帝時期，便已見其淵源，並在中原文化傳入後，於此生根繁衍。

同時，自五帝以降，對於祖先的祭祀便已極為虔敬，這樣的習俗其來有自。並可見於〈五帝本紀〉。如：言及帝顓頊高陽者「靜淵以有謀，疏通而知事；養材以任地，載時以象天，依鬼神以制義，治氣以教化，絜誠以祭祀。」帝嚳高辛則「順天之義，知民之急。仁而威，惠而信，脩身而天下服。取地之財而節用之，撫教萬民而利誨之，曆日月而迎送之，明鬼神而敬事之。」而帝堯放勳「乃命羲、和，敬順昊天，數法日月星辰，敬授民時。」〔註34〕尤其是其中的「絜誠以祭祀」、「明鬼神而敬事之」、甚或「敬順昊天」、「敬授民時」等記載，都說明自五帝以來，對於天地神鬼，即已有虔敬的祭祀行為。

說到祭祀天地神鬼（祖先）的思想與習俗，其濫觴早在七、八千年前的紅山文化牛河梁遺址中便可見其端倪。然而，商人尚鬼，其儀式更為繁複細密，這從甲骨文中大量出現與祭祀相關的文字，如：祭、祀、祖、祠、宗、祝等，以及祖甲、祖乙等稱謂，且〈殷本紀〉也有「帝武丁祭成湯」〔註35〕祠祀先祖的記載，都可見殷商時期祭祖風氣的盛行。同時，殷商時期已有馬車出現，和四方的交流也相當頻繁，政治、經濟、文化的相互影響，以致甲骨文字中也時有「蜀」字出現。因此，當位於川西平原富裕而又具黃帝世系身分的蜀國也出土大量的祭祀坑與禮器，這樣的現象無論是既有傳統文化的

〔註31〕《史記》，卷1，頁45。
〔註32〕《山海經》，卷18，頁1、2。
〔註33〕《三星堆祭祀坑》，頁448。
〔註34〕《史記》，卷1，頁11～16。
〔註35〕《史記》，卷3，頁103。

承襲，抑或是受到殷商大國的影響，然而，古蜀文化的本質與歷史淵源卻早已奠定，並是其他出土考古所不見，也就不足為奇。

說到甲骨文字中出現的「蜀」字，據《古文字詁林‧蜀》〔註36〕所輯，其意義可大別為二：指蠶或地名、國名。例如：「庚申卜，母庚示，蜀？不用。」（《南》明六一三）這是為祈求蠶事順利而在先妣示前所舉行的貞卜；至於蜀字在卜辭中又常作為地名或國名解，如：「貞：蜀受年？」（《合》二四八）；「至蜀，我又事。」（前八‧三‧八）；「至蜀，凶禍。」（乙一八一一）等，也都說明殷商時期「蜀王國」、「蜀文化」的存在，並與殷商王朝的關係密切，甚或極受重視，是以卜辭中一再成為卜問的對象。另外，《古文字詁林‧蜀》又述及「蜀」之地理位置，馬敍倫稱「路史國名紀謂蜀侯國乃帝嚳之裔」，陳全方則謂「孫星衍《尚書注疏》解釋道：『蜀地東接于巴，南接于越，北與秦分，西奄岷嶓。』顧詰剛先生也說：『蜀之北境本達漢中』。」這樣的詮釋也都與典籍可以相互吻合。

至於殷商晚期，武王伐紂。據《尚書‧牧誓》載：武王以「戎車三百兩，虎賁三百人。」與西土之人於商郊牧野為誓，「王曰：嗟我友邦冢君，御事司徒司馬司空，亞旅師氏，千夫長、百夫長，及庸、蜀、羌、髳、微、盧、彭、濮人。」傳曰「八國皆蠻夷戎狄屬，文王者國名。羌在西蜀，髳髳、微在巴蜀，盧、彭在西北，庸、濮在江漢之南。」〔註37〕則說明這些方國或聚落是殷商時期的八個部落，由於紂王暴虐無道，因此，在武王的號召下群起討伐，而姬蜀王國當時也是參與伐紂的方國之一。

蜀王國的發展，在蜀參與伐紂有功之餘，然而，周甲中卻又赫然可見「伐蜀」（H11：68）之語（見《古文字詁林‧蜀》繆文遠輯）。周甲的年代相當於西周早期，可知在西周早期，周已有伐蜀的戰役，只可惜無功而退。至於《蜀王本紀》載「秦惠王時蜀王不降秦，秦亦無道出於蜀。」其後，「秦惠王本紀曰：秦惠三欲伐蜀，乃刻五石牛。」並數度遣張儀等伐蜀，屢攻不克，又以女色誘之，終至「張儀伐蜀，蜀王開明戰不勝，為儀所滅。」〔註38〕

前言，蜀王國物產富饒，並是通西南夷的要道；然而，若從上述周、秦

〔註36〕古文字詁林編纂委員會編纂，《古文字詁林》（上海：教育出版社，2004），冊10，頁26～32。

〔註37〕十三經注疏《尚書》，疏11，頁15。

〔註38〕《蜀王本紀》，頁2。

數度亟欲「伐蜀」的舉動來看，更可見蜀王國受覬覦之程度，是以《史記·張儀列傳》載秦惠王滅蜀後，「蜀既屬秦，秦以益彊，富厚，輕諸侯。」〔註39〕則可知蜀王國在商、周時期雖然只是西南地區小小的一個方國，然而，由於其地理位置重要，且其國勢足以和殷商共存、文武併立、並能數度抗秦，種種跡象都顯示古蜀王國在政治、軍事、經濟、文化等各方面的能力不容小覷。至於三星堆遺址出土文物的質量俱佳，也正呼應了古蜀文明的富裕精湛與高度發展，不僅具有中土文化的傳承，更兼具地方性特色，實不應以西南蠻夷方國等閒視之。

四、先秦時期禘祫禮俗的遞嬗

祖先崇拜的信仰，這樣的習俗早在新石器時代便已形成，同時，隨著社會的演進，對祭祖儀式也有更慎重且明確的規範，這是宗族制度奠定的濫觴，並開西周宗法制度之先河，對中國政治、經濟、社會的影響十分深遠。畢竟，中國自古以來從不見任何社會福利政策或制度的樹立，然而，當歷史上天災、人禍頻仍之際，即使社會動盪，民生困頓，然而，在宗族血緣關係的牽繫下，卻仍能維持個人生命及種族的延續，這都是因為宗法制度結構完善的關係，著名的井田制度、范仲淹的義田壯舉，甚或明清以降宗族財產的鬮分制，也都是在宗祠制度明確且組織縣密的架構下展開，並成為社會安定的重要磐石。

至於禘、祫禮俗的變異與歧出，在文字、文獻的記述中已頗見差異，並引起歷代經學、禮學研究者的爭議，本文將就其歷史發展，禮俗沿革予以辨明，進而印證三星堆文物即是祫祭文化的具體儀式呈現。

（一）從新石器時代到殷商時期──禘祫同名

敬天與法祖的信念這是中國自古以降既有的思維與行為模式，也是華人地區長久以來恪遵謹守的文化本質，至於其淵源則可遠溯自七、八千年前新石器時期的紅山文化，並歷經凌家灘文化、良渚文化遺址等，以至商周時期具文形成宗法、禮俗制度，並明確記載於甲骨、青銅器物與典籍中，其流傳有緒，是宗族血緣的根本，也是國家種族發展的基礎大業。

事實上，這種「宗族」的觀念，早在新石器時代牛河梁墓葬群遺址中便

〔註39〕《史記》，卷70，頁2284。

已具體呈現。尤其從空照圖的分布來看，牛河梁墓葬群在努魯兒虎山各據
崗巒，其左右等距分布並具備宗法分支的形式，宛如「昭穆」排列有序，而
不同的「宗」或其「分支」各自獨立，卻又都在「祖廟」（即女神廟）的庇
佑卜向南延伸，衍生出紅山文化尊卑有序的社會宗族制度，這種在墓葬及
祭祀祖先的儀式中強調倫常的觀念與形式，即是中華民族禮俗制度的濫觴，
並明顯已有大宗、小宗，合祭（女神廟）、專祭（分據各地點）的分野，相
關的文字見俞美霞〈從牛河梁遺址論先秦壇廟制度之遞嬗〉〔註 40〕一文，
此處不予贅述。

其後，良渚文化中玉器（鉞、璧、琮、璜、冠形器、三叉形器等）上大
量鐫刻的鳥紋飾——梟鷲，俞美霞〈梟鷲文化考〉〔註41〕及〈陶匏祭天的鳥
紋符號探析〉〔註 42〕等論述中，也已印證這是「祖考」的文化符號象徵；
同時，俞文中藉梟鷲紋飾的演變，指出梟鷲紋飾「在祖廟則立，遠祖廟則
飛」，這種藉紋飾而衍生宗族遷移與分支的現象，和紋飾的分布與出土地點
及年代先後有極為密切的關係，其功能與作用有如「木主」的前身，是以反
山、瑤山出土的梟鷲紋飾多為「高壇立鳥」形式，其寓意有如大宗；至於良
渚晚期福泉山、花廳所出土的梟鷲紋飾則作「舉翅高飛」狀，其寓意有如小
宗並向外遷移拓展，都是藉祖考的文化符號作為祭祖的象徵內涵，自新石
器時代以降，即流傳有緒，也可見其脈絡與發展。

這種「敬天法祖」的思維深入人心，而梟鷲為祖考的觀念，也普遍見於
典籍文獻以及《詩經‧大雅‧生民之什‧梟鷲》、《舊唐書》、《宋史》等文字。
而其形成也正是《詩經‧大雅‧生民之什‧生民》所謂「生民尊祖也，后稷
生於姜嫄，文武之功起於后稷，故推以配天也。」〔註43〕以及《禮記‧郊特
牲》所稱「萬物本乎天，人本乎祖，此所以配上帝也。郊之祭也，大報本反
始也。」〔註44〕的文化傳承，並為歷代帝王所尊崇，引以為治國之根本，其

〔註40〕俞美霞，〈從牛河梁遺址論先秦壇廟制度之遞嬗〉，原文載2007「中國‧朝陽
　　　　牛河梁紅山文化國際論壇」；今收入《壇壝文化考》（台北：南天書局，2010），
　　　　頁 1～28。
〔註41〕俞美霞，〈梟鷲文化考——兼論高壇立鳥的公尸象徵〉，原文載2005「第五屆
　　　　中國玉文化玉學江陰研討會」；今收入《壇壝文化考》，頁29～62。
〔註42〕俞美霞，〈陶匏祭天的鳥紋符號探析〉，原文載浙江省社會科學院歷史研究所，
　　　　《良渚文化探秘》，人民出版社，2005.11；今收入《壇壝文化考》，頁 63～77。
〔註43〕十三經注疏《詩經》（台北：藝文印書館，1993），疏卷 17 之 1，頁 1。
〔註44〕十三經注疏《禮記》（台北：藝文印書館，1993），疏卷 26，頁 7。

影響直至清季仍然奉行。

事實上，三代時期先民對祖先極為敬畏，除了適時祭祖、告祖外，軍隊出師或巡守，也必定載遷廟之祖主及社主同行，以明賞罰。這樣的習俗早在虞舜時期即已有所記載。《尚書·虞書·舜典》載及舜「正月上日，受終于文祖。」又稱「十有一月朔，巡守至于北岳，如西禮，歸格于藝祖，用特。」其後「月正元日，舜格于文祖。」則是說明舜在即位之後，便告廟於文祖，並於服堯喪三年畢之後，將即政，復於文祖廟告。至於依注疏所云「文祖者堯文德之祖廟」，且「才藝文德，其義相通，故藝為文也，文祖藝祖，史變文耳。」〔註45〕即可知在虞舜時期，便已有「告祖廟」以祀先王的習俗，降及三代，亦然遵循，都可見其制度與源流。

另外，《尚書·夏書·甘誓》也稱「用命賞于祖，弗用命戮于社。」傳曰「天子親征，必載遷廟之祖主行，有功則賞祖主前，示不專。」又，「天子親征，又載社主謂之社事，不用命奔北者則戮之於社主前。社土陰，陰主殺，親祖嚴社之義。」〔註46〕都說明天子親征，藉祖主及社主同行，以期將士用命，明訂賞罰，並表示天子不專斷之意。

類似的文字也可見於《周禮·小宗伯》載「若大師則帥有司而立軍社、奉主車。」注曰「王出軍必先有事於社及遷廟，而以其主行，社主曰軍社，遷主曰祖。春秋傳曰：軍行祓社釁鼓，祝奉以從。」〔註47〕可見自夏、商、周以降，古人對祖先的敬重，是以天子出師或巡守，必定載木主而行，國有大事也必定告祖或祠祀祖先，而這些行為準則都顯示先民對生命的尊重，並是「法祖」思想的具體實踐。

至於殷商時期，祭天與祭祖仍是生活中重要的祭祀，尤其殷人「尚鬼」，凡事多卜吉於上天或上帝，同時，對祭祖的儀式也更見細密與慎重。表現於文字，即可見甲骨文字中有「褅」（帝）無袷，且卜「褅」之辭不在少數，至於就其祭祀形式、內容及對象來看，則有合祭與專祭，而其對象則是：先王始祖、先臣、四方神、自然神等，明顯可見對祖先崇拜與自然崇拜的信仰。今據董蓮池〈殷周褅祭探真〉〔註48〕一文所述，列舉甲骨文中卜褅之辭的對象

〔註45〕十三經注疏《尚書》卷3，頁4～20。
〔註46〕十三經注疏《尚書》，疏7，頁2。
〔註47〕十三經注疏《周禮》（台北：藝文印書館，1993），疏卷19，頁7。
〔註48〕董蓮池，〈殷周褅祭探真〉，《人文雜誌》1994年第5期，頁75～78。

及方式，以為佐證：

1. 以先祖（包括先公先王）為對象，或專祭、或合祭。如：

（1）貞：禘於王亥。(《甲骨文合集》14748)

據史書記載，王亥為上甲微之父，被有易氏綿臣所殺。卜辭又稱他為高祖亥，系殷之先公。殷代時王祭祀王亥，有時專祭，有時合祭。此辭所言之禘是一次專祭。

（2）癸未卜，禘下乙。(《甲骨文合集》22088)

「下乙」系商王祖乙的別稱，中丁之子。史書稱之為中宗祖乙。據《尚書‧無逸》「昔在殷王中宗，嚴恭寅敬，天命自度，治民祗懼，不敢荒寧。」《史記‧殷本紀》「帝祖乙立，殷興。」知他是位有為之君。時王祭祀祖乙，也分專祭與合祭兩種，此辭所載之禘，也是專祭。

（3）……亥卜，禘，伐，自上甲用。(《甲骨文合集》34050)

「上甲」即史書所載之上甲微，王亥之子，殷之先公，有易氏殺王亥後，上甲借河伯之兵討伐有易氏，將其滅掉，並領導商部族日益強大，故「商人報焉」。卜辭所見時王對上甲之祭十分隆重。他們以上甲為先公之首，凡祭先公六示或先公先王十二示、二十示等，均自上甲開始，系大合祭。但有時也對其專祭。此辭言「禘」「自上甲用」，則禘必為大合祭無疑。

2. 以先臣為對象，專祭。如：

（4）禘黃爽，三犬。(《甲骨文合集》3506)

「黃爽」唐蘭先生以為即史書所載之保衡或阿衡，島邦男先生認為即卜辭所見黃尹之別稱，辭中還記載了行禘用牲數量，以三犬為禘，可見「黃爽」在時王心目中的地位十分重要。

3. 以方神為對象，專祭。如：

（5）癸丑卜，禘東。(《甲骨文合集》34145)

（6）癸亥卜，禘西。(《甲骨文合集》34154)

（7）癸丑卜，禘南。(《甲骨文合集》34145)

（8）癸亥卜，禘北。(《甲骨文合集》34154)

（9）其禘方，一羌、一牛、九犬。(《甲骨文合集》32112)

（10）辛亥卜，小禘北巫。(《甲骨文合集》34157)

（11）禘東巫。(《甲骨文合集》5662)

（12）于西母酒禘。(《甲骨文合集》14345)

上舉諸辭之東、西、南、北、方、北巫、東巫、西母，都是殷人崇拜的方神。其中禘「方」要用一羌、一牛、九犬，可見其重視程度。禘之目的，當然是祈求四方之神給予福佑，以保四方安定。

4. 以其他諸神為對象，專祭。如：

（13）貞：禘鳥。三羊三豕三犬。（《甲骨文合集》14360）

「鳥」應指鳥神。

（14）丁丑卜，王惟豕、羊用，禘虎。十月。（《甲骨文合集》21387）

「虎」即虎神。虎為百獸之王，殷時，常危害人畜。殷人曾以虎為獵獲對象，卜辭中有不少田獵獲虎的記載，也有時王親自率人暴虎的記載。儘管這樣，也是除之不盡的；為保人畜安全，不得不祈求虎神，對其行禘。令其使虎不來傷害人畜。

（15）禘于河。（《甲骨文合集》14531）

「河」指河神。禘祭以求不興作水患。

（16）壬子卜，禘秋于□于土。（《甲骨文合集》14773）

「秋」應為主司穀物成熟之神，禘之以祈求豐年。

根據以上整理，可見殷代之禘祭，均由時王舉行，對象廣泛，但不包含上天。祭祀方式分為「專」、「合」兩種，除先公先王外，一律為專祭。

董蓮池一文舉例詳實，只是，對於「禘」祭的對象不包含上天，此說或有差矣！因為，卜辭中又有「帝」〔註49〕字，且羅振玉、徐中舒等皆以「帝」為「禘」之初文，是祭天的儀式，並只有天子可為，他人不得僭越。是以言及「禘」〔註50〕字，「漢儒說禘有三：郊祭之禘、殷祭之禘、時祭之禘。朱駿聲說文通訓定聲云『經傳凡禘郊連文者，言祭天之禘；禘祫連文者，言殷祭之禘；禘嘗連文者，言時祭之禘。』禘祭之禮多端，非止於一也。」證諸甲骨文，可知「帝」即是「禘」字，其內涵可做為祭天，其對象也可以是先臣、自然界諸神或方位神等；同時，「帝」做為祭名，也可做祭祀祖宗（先公先王）解，並有專祭、合祭之分，而合祭即是後起之祫字。足證殷商時期祭祖的形式雖已有禘祫之異，然而，卻是「一名二祭」，並同屬於「帝」字。

類似的觀點也可見於文尤發〈從古文字看商周祭祀制度的演變〉〔註51〕

〔註49〕《古文字詁林》，冊1，頁44～56。
〔註50〕《古文字詁林》，冊1，頁154～155。
〔註51〕文尤發，〈從古文字看商周祭祀制度的演變〉，《西南師範大學學報》，2000年

一文，並稱商代時期「祖神祭祀多在宗廟舉行，不過當時的宗廟概念與今天不同，不少是直接建在墓地上面的。隨著宗廟制度進一步發展，這些宗廟又集中建在一起，而在裡面放置不同的祖先神主，商代大約就處在這樣的演變時期。卜辭中有不少關于宗的記載，如：大乙宗、祖乙宗、祖辛宗、祖丁宗、父丁宗、祖甲宗、武乙宗、妣庚宗、母辛宗、河宗、岳宗。這些宗既是藏主之所亦是祭祀之所。」

從以上的論述來看，可以肯定地是：從新石器時代以至於殷商時期已見「宗廟」、「墳冢」有序的祭祀習俗和制度，且大宗、小宗分立，專祭、合祭共存，新石器時代，這樣的思想和行為雖不見於文字，卻明顯可見於出土挖掘，至於甲骨文字中，不論祭天或祭祖則一律稱之為「帝」。

這樣的觀點證諸古蜀王國，由於廣漢地區是其肇基封地，並是古蜀先民祭祖探源的精神重心，且三星堆遺址的地理位置極為優越、重要，出土文物豐富華美又多是唯一，可見這裡應是古蜀王國祖廟的所在，至於考古發掘中，三星堆遺址附近又有許多古蜀文明的祭祀坑遺址，其規模與出土文物都遠遜於三星堆，則應是古蜀王國子嗣小宗專祭的空間，其分野明晰，於出土中也可知其梗概。

（二）重視祭祖的西周——禘祫稱謂更替

新石器時代至殷商時期，由於「以祖配天」的觀念已深入人心，再加上壇、廟關係緊密，是以祭天與祭祖的地點也多為合一或鄰近。然而，隨著祭祖制度的遞變，卻也有其不得不權變與歧出的轉折，其重要關鍵即是在於西周。

周武王於伐紂一役，以一微小的諸侯之力，號召眾人與西土方國，竟然得以一舉殲滅強大的商王朝，周人認為這是祖先庇佑有功，是以在滅商之餘，更積極地規範制度，樹立廟寢，使祭祖、告祖的思想與儀式更受重視與尊榮，這樣的現象，證諸西周鐘鼎彝器上的銘文必稱先公、先王，並期許「子子孫孫永寶用享」，即是最好的證明。

祭祖是為大祭，於周則更為細密並訂定制度。《禮記‧王制》載「天子諸侯宗廟之祭。春曰礿，夏曰禘，秋曰嘗，冬曰烝。」漢鄭玄注曰「此蓋夏、殷之祭名。周則改之，春曰祠，夏曰礿，以禘為殷祭。詩小雅曰祠礿烝嘗于公先王，此周四時祭宗廟之名。」又載「天子犆礿，祫禘、祫嘗、祫烝。諸侯礿則

第 5 期，頁 110～115。

不禘，禘則不嘗，嘗則不烝，烝則不礿。諸侯礿犆，禘一犆一祫、嘗祫、烝祫。」注曰「天子諸侯之喪畢，合先君之主於祖廟而祭之謂之祫，後因以為常。天子先祫而後時祭，諸侯先時祭而後祫，凡祫之歲春一礿而已，不祫以物無成者不殷祭。周改夏祭曰礿，以禘為殷祭也。魯禮三年喪畢而祫于大祖，明年春禘於群廟，自爾之後，五年而再殷祭，一祫一禘。」〔註52〕在這段文字中，明確指出周時祭祖，天子諸侯宗廟「時祭」已將礿、禘、嘗、烝之名改為祠、礿、嘗、烝；而以夏、商之「禘」作為「殷祭」（五年大祭），明顯將時祭、合祭分立，以見其更名沿革。

只是，證諸甲骨文字，礿、禘、嘗、烝四字，除了禘（帝）字，有祭天、祭祖之意外，其餘礿、嘗、烝諸字皆少見於甲骨文〔註53〕，且其後各家釋意仍多根據《說文解字》之旨而衍生，並不能完全證實在殷商時期這些文字明確作為四時祭名之用。因此，即使前言董蓮池一文，已指出殷商時期即有合祭與專祭之實，然而，若從稱謂來看，甲骨文中似乎並未對合祭、專祭（或時祭）之形式有清楚的界定，而概以「帝」稱之，或是在不特定的時令行祭祖之實；因此，若從古文字的發展來看，殷商時期的祭祖儀式雖已有較細密的分類，次數也頗為頻繁，然而，到了周朝，祭祖則更為慎重，時祭、合祭也已形成制度，並有特定的專名稱之。

有關於周人對祖考敬重之文字，早已普遍見於典籍、文物。如：《詩·大雅·蕩之什·雲漢》一章仍叔美宣王之辭，即稱「不殄禋祀，自郊徂宮；上下奠瘞，靡神不宗。」箋云「宮，廟也。為旱則絜祀不絕，從郊而至宗廟，奠瘞天地之神，無不齊肅而尊敬之，言遍至也。」〔註54〕說明國有凶荒，帝王祭祀天地，不足之餘，則「自郊徂宮」，也就是在祭祀天地之外，更反求諸「祖考」，於宗廟所在之「宮」祈求祖考庇祐。

同時，古帝王在舉行郊祭之時，仍須恪遵禮制，並先告祖。所謂「卜郊受命于祖廟，作龜于禰宮，尊祖親考之義也。」疏「正義曰：郊事既尊，不敢專輒，故先告祖後乃卜，亦如受命也。故禮器云：魯人將有事於上帝，必先有事於頖宮是也。」〔註55〕都說明郊祭高於祭祖，是以古人必先告祖而後

〔註52〕十三經注疏《禮記》，疏卷 12，頁 16、18。
〔註53〕《古文字詁林》，冊 1，頁 151～154；冊 5，頁 72；冊 8，頁 664～666。
〔註54〕十三經注疏《詩經》，卷 18 之 2，頁 15。
〔註55〕十三經注疏《禮記》，卷 26，頁 4。

卜郊。

　　至於《周禮・春官・大宗伯》言及周人祭祀之事，則稱「大宗伯之職掌，建邦之天神、人鬼、地示之禮，以佐王建保邦國。以吉禮事邦國之鬼神示，以禋祀祀昊天上帝，以實柴祀日月星辰，以槱燎祀司中、司命、飌師、雨師。以血祭祭社稷、五祀、五嶽，以埋沉祭山林、川澤，以疈辜祭四方百物。以肆獻祼享先王，以饋食享先王，以祠春享先王，以禴夏享先王，以嘗秋享先王，以烝冬享先王。」〔註56〕則是更系統地將祭祀天地、山川、祖先等形成制度，並設官吏職掌，以示慎重。

　　因此，祫字雖不見於甲骨、金文，卻早在商、周祭祖的儀式中執行。《說文解字・祫》〔註57〕「大合祭先祖親疏遠近也。从示合，周禮曰三歲一祫。」即是明證。

　　另外，祫祭的文字除了見於典籍外，也可見於文物，西周早期康王時期小盂鼎上的銘文即是最佳印證。白川靜《白鶴美術館誌》第十二輯62〈小盂鼎〉〔註58〕即對此鼎銘文有詳盡的考釋與訓讀，影響後學極為深遠；李學勤《青銅器與古代史》〔註59〕一書中言及小盂鼎，也稱「小盂鼎是最著名的青銅器之一，銘文長達四百字左右，為西周早期字數最多的一篇金文。其內容對探討當時歷史和典章制度有很大的意義，如郭沫若所說：『此文所記，於古史古禮極關重要，惜殘泐過甚，苦難屬讀，而器亦不知去向。』」至於其內容據陳夢家、白川靜等學者的考釋，業已指出，「小盂鼎銘所載是周康王時征伐成功、獻俘慶賞的事蹟，涉及古代軍禮的主要內容，也為西周職官、宮廟等制度提共了寶貴的資料。」至於其銘文內容和祭祀有關的文字則有：

　　（1）惟八月既望辰在甲申，昧爽，三左三右多君入，服酒。明，王（2）格周廟，〔贊王、邦〕賓，延。

　　大采，三周入，（15）服酒。王格廟，祝延……二人，邦賓不祼。……用（16）牲，禘周王、〔武〕王、成王，……有逸。王祼祼，遂贊（17）邦賓。王呼……令盂以區入，凡區以品。

<hr>

〔註56〕十三經注疏《周禮》，疏卷18，頁1～10。

〔註57〕清・段玉裁，《說文解字注》（台北：蘭臺書局，1975），1篇上，頁11。

〔註58〕白川靜，《白鶴美術館誌》，（白鶴美術館，昭和40年），頁682～718。今收於《白川靜著作集・別卷・金文通釈1下》（平凡社，2004）。

〔註59〕李學勤，《青銅器與古代史》（台北：聯經出版社，2005），頁237～252。

粵若翼乙酉，（18）三事大〔夫入，服〕酒。王格廟，贊王邦賓，延。王令賞（19）盂……弓一矢百，畫皋一，貝冑一，金干一，（20）戈二，……用〔作〕……伯寶尊彝，惟王廿又五祀。

以上全銘七段，撮其要點如次：一，在宗廟，向王和邦賓獻酒；邦賓尊其旅服。二，盂用旂負鬼方首級，進入南門，向王報告斬獲數目。三，盂將鬼方三酋帶進大廷，王命榮審訊，斬殺三酋。四，盂帶俘虜和馘耳進門，進獻於西方道上；在宗廟舉行燎祀。五，盂率其部屬進入三門，依次向王報告戰績；向邦賓獻酒；王命人向盂等獻酒。六，在宗廟，禘祀先王；向邦賓獻酒；王命人使盂送進獲取的各種玉。七，次日在宗廟，向王和邦賓獻酒；對盂進行賞賜。

小盂鼎所載的內容是記述盂在宗廟向王報告征伐鬼方的戰績，並「禘祀先王」的經過，其時間是「惟八月既望辰在甲申」。事實上，先民對祫祭之月令早已有所規範。《尚書・商書・盤庚上》「茲予大享于先王，爾祖其從與享之。」句下疏曰「夏殷之制，天子春惟時祭，其夏、秋、冬既為祫又為時祭，諸侯亦春惟時祭，夏為作祫，不作祭秋、冬，先作時祭而後祫。周則春曰祠，夏曰礿，三年一祫在秋，五年一禘在夏，故公羊傳云：五年再殷祭。禮緯云：三年一祫，五年一禘，此是鄭氏之義，未知孔意如何。」〔註60〕則是明確指出夏殷之制祫於夏，周制則祫於秋；是以小盂鼎稱八月「禘祀先王」，應是祫祭，則為無誤。

至於周制改殷制祫於夏為秋，應是以「不祫以物無成者不殷祭」為由，俾便祭品可以更為豐盛，進而異動殷之夏祭「禘」（於殷是時祭，也是祫祭）於秋，而以「禘」作為五年大祭之專名，以便符合魯禮「五年一禘」之實，並將禘祫二祭的功能明顯區隔，除了在朝代更迭之餘，更突顯周人於祭祖時令上的差異與作用外，同時，此舉又可不違背前言「天子春惟時祭，其夏、秋、冬既為祫又為時祭」的傳統禮俗；於是，重視祭祖的西周，更易禘祫稱謂，使祫於秋更為盛大且慎重，其事出有因，也就不足為奇了。

（三）失序的東周禮制——禘祫之名混用

文獻中有關禘祫祭祀的記載不在少數，即以十三經為例，經文及注疏文字中大量的述及禘祫祭祀的內涵與儀式，而後之學者反覆詮釋，更說明禘祫

〔註60〕十三經注疏《尚書》，疏9，頁8。

祭祀的重要性與影響性。

說到祫祭，據中央研究院漢籍電子文獻「漢籍全文資料庫」檢索，十三經經文中只有《儀禮‧士虞禮》、《禮記》中的〈王制〉、〈曾子問〉、〈大傳〉以及《公羊‧文‧二》、《穀梁‧文‧二》所言及的「祫」字，不與「禘」字並釋為祭名，而是一獨立祭祀的儀式。是以漢劉歆、賈逵，唐孔穎達等人提出「禘、祫為一祭二名」之說；而鄭玄也有《禘祫志》一書予以考辨，只是，此書早已亡佚，今《詩‧商頌‧玄鳥》、《禮記‧王制》、〈曾子問〉孔穎達疏，其文字皆引自《禘祫志》，卻互有刪易，難以窺其原貌。

及至兩漢以降文獻中的「禘」，則無論是作為天子祭天的「郊禘」，或是天子諸侯於宗廟時祭的「時禘」，甚或是合祭於大廟的「殷禘」，前為祭天，後二者則為祭祖，其意義與作用都十分明確，並是「一名（禘）三祭」，同屬於大祭。只是，由於此「三祭」的稱謂在商周之際有所更替，且時有混用的現象，而後之學者不察，以致衍生訛誤。

關於祫祭的內涵與作用，《春秋‧穀梁‧文公二年》稱「八月丁卯，大事于大廟，躋僖公，大事者何？大是事也，著祫嘗。祫祭者，毀廟之主，陳于大祖，未毀廟之主，皆升，合祭於大祖。躋，升也。先親而後祖也，逆祀也。逆祀，則是無昭穆也，無昭穆，則是無祖也，無祖，則無天也。故曰文無天，無天者，是無天而行也，君子不以親親害尊尊，此春秋之義也。」〔註61〕則是指出祫祭的形式與內涵，這是國之大事，並稱無祖則無天，是春秋之義也。相較於小盂鼎「惟八月既望辰在甲申」，二者合祭的時間同樣是在八月，且行祼禮，並有焚燒的儀式，都可見這樣的祭祀是祫祭而非時祭。

至於《禮記‧曾子問》也稱「曾子問曰：古者師行必以遷廟主行乎？孔子曰：天子巡守，以遷廟主行，載于齊車，言必有尊也。今也取七廟之主以行，則失之矣。當七廟五廟無虛主，虛主者，唯天子崩，諸侯薨，與去其國，與祫祭於祖，為無主耳。吾聞諸老聃曰：天子崩，國君薨，則祝取群廟之主而藏諸祖廟，禮也。卒哭成事，而后主各反其廟，君去其國，大宰取群廟之主以從，禮也。祫祭於祖，則祝迎四廟之主，主出廟入廟必蹕。老聃」〔註62〕則是言及天子巡守，必遷廟主，乘金輅，載幣帛皮圭以行，藉以告祖示尊敬之意，而祫祭於祖，其為合祭，更須迎四廟之主，且廟主出入必清道以止行人，

〔註61〕十三經注疏《穀梁傳》（台北：藝文印書館，1993），疏卷10，頁4、5。
〔註62〕十三經注疏《禮記》，疏卷18，頁20。

儀式極為隆重。

只是，何以三年一祫，五年一禘？《詩・周頌・臣工之什・雝》「雝，禘大祖也。」句下疏則曰「聖人因事見法，以天道三年一閏，五年再閏，故制禮象之。」〔註63〕則是說明古人依天象而祭，這樣的行事法則也正是《禮記・禮器》所謂「禮也者，合於天時。」〔註64〕的觀念，是天子居宗廟行告朔之禮的規範，俾便與天象參合。

至於祫祭的舉行，由於只有天子諸侯有主，始可行禘祫之禮。《春秋・左氏・哀公十六年》載衛侯飲孔悝酒於平陽，「及西門，使貳車反祏於西圃。」句下疏曰「惟天子諸侯有主禘祫，太夫不禘祫，無主耳。」〔註65〕這樣的思想和《禮記・大傳》所謂「禮，不王不禘。王者禘其祖之所自出，以其祖配之。」〔註66〕也都可以相互印證。

同時，祭祖時依禮制只有嫡子可以參與。《禮記・喪服小記》載「王者禘其祖之所自出，以其祖配之。而立四廟，庶子王亦如之。別子為祖，繼別為宗，繼禰者為小宗。有五世而遷之宗，其繼高祖者也。是故祖遷於上宗易於下尊祖，故敬宗。敬宗所以尊祖禰也。庶子不祭祖者明其宗也。」正義曰「此一節論王者庶子之郊天立廟與適子同之義。」及「並論尊祖敬宗之義。」〔註67〕則是明確指出庶子不參予祭祖，正是明宗之義。

春秋時期，禮壞樂崩，風俗隳墮。《春秋・公羊・隱公三年》即載「九月，考仲子之宮，考宮者何？考猶入室也，始祭仲子也。」〔註68〕此段文字言及以妾入廟，有違禮制，故執不知問。而《春秋・公羊・莊公二十四年》也稱「二十有四年春，王三月刻桓公桷，何以書譏？何譏爾？刻桓公桷非禮也。」疏「解云：正以失禮宗廟例時，故如此注。」〔註69〕可見在春秋初期，諸侯僭越禮制的現象已時有所聞。

至於禘、祫之名的歧異或混用，則可見於《春秋・左氏・閔公二年》稱「夏五月乙酉，吉禘於莊公。」注云「三年喪畢，致新死者之主於廟，廟之遠

〔註63〕十三經注疏《詩經》，疏19之3，頁9。

〔註64〕十三經注疏《禮記》，疏卷23，頁2。

〔註65〕十三經注疏《左傳》（台北：藝文印書館，1993），疏卷60，頁2、3。

〔註66〕十三經注疏《禮記》，疏卷34，頁1。

〔註67〕十三經注疏《禮記》，疏卷32，頁7、8。

〔註68〕十三經注疏《公羊傳》（台北：藝文印書館，1993），疏卷3，頁2。

〔註69〕十三經注疏《公羊傳》，疏卷8，頁9。

主當遷入祧，因是大祭以審昭穆謂之禘。莊公喪制未闋，時別立廟，廟成而吉祭，又不於大廟，故詳書以示譏。」〔註70〕事實上，三年喪畢當入主於廟，且是合祭，只是，莊公喪制未滿，即別立廟，又不於大廟，明顯是有違禮制，且周之祫祭在秋，八月（見前《尚書・商書・盤庚上》、小盂鼎銘文及《春秋・穀梁・文公二年》所載），妄稱為禘，則是僭越古禮，並意味當時的名稱已經混亂，以「夏五月」於周應是「禴祭」，而時人有「禘大」之觀念，是以有所附會，這都是基於「夏禘」以及「禘大」等思想而衍生，以致魚目混珠。

只是，何以又有禘大？祫大？之爭議。如：《春秋・公羊・僖公三十一年》載及夏四月四卜郊，即言「禘嘗不卜，郊何以卜？卜郊非禮也。」其句下傳曰「禘比祫為大。嘗比四時祭為大。故據之。」至於何以禘嘗不卜，疏則曰「解云：即僖八年秋七月禘于太廟。桓十四年八月乙亥嘗之類。皆不見卜筮之文，故言此。」又稱「解云：禘之與祫，雖皆大祭，但禘及功臣，於祫則否，故以禘為大。」〔註71〕這樣的觀念實是來自於前言《禮記・王制》注「魯禮三年喪畢而祫于大祖，明年春禘於群廟，自爾之後，五年而再殷祭，一祫一禘。」依魯禮所載，五年一禘自然大於三年一祫，故以禘為大，且禘嘗時日既定，為禮遇天子，是以不卜郊。

另外，《春秋・公羊・文公二年》也有「八月丁卯，大事于大廟躋僖公，大事者何？大祫也。大祫者何？合祭也。其合祭奈何？毀廟之主陳于大祖，未毀廟之主皆升，合食于大祖。五年而再殷祭。」句下疏曰「解云：春秋、說文云三年一祫、五年一禘；爾雅云：禘大祭也。孫氏云：禘五年大祭也。然則三年一祫、五年一禘禮如然也。案：僖八年秋七月禘于大廟。從此以後三年一祫數，則十一年祫、十四年祫、十七年祫、二十年祫、二十三年祫、二十六年祫、二十九年祫、三十二年祫、文二年祫也；若作五年一禘數，則從僖公八年禘、十三年禘、十八年禘、二十三年禘、二十八年禘、三十三年禘、文五年禘，則文二年非禘年，正當合祫，故知此年大事為祫矣。」又稱「解云：正以祫小于禘，而文公加大，故執不知問。」〔註72〕宗廟合祭原本即是大祭、大事，然而，文公違背禮制卻又刻意言「大祫」，則是誇飾之詞，不足為取，後人望文生義，自然有所訛誤。

〔註70〕十三經注疏《左傳》，疏卷11，頁5。
〔註71〕十三經注疏《公羊傳》，疏卷12，頁19。
〔註72〕十三經注疏《公羊傳》，疏卷13，頁17、18。

是以《春秋・左氏・襄公十六年》言「冬，穆叔如晉聘且言齊故。晉人曰：以寡君之未禘祀，與民之未息，不然不敢忘。」杜預注「禘祀，三年喪畢之吉祭。」疏「正義曰：僖三十三年傳云，凡君薨卒哭而祔，祔而作主，特祀於主，烝嘗禘於廟，如彼傳文則既祔之後，可以為烝嘗也。」〔註73〕則都顯示前人已有將「禘祀」與「三年喪畢之吉祭」（祫）等同混用的情況。

另外，《論語》中言及「禘」字凡二處。《論語・八佾》稱「子曰：禘自既灌而往者，吾不欲觀之矣。」又「或問禘之說。子曰：不知也，知其說者之於天下也。其如示諸斯乎！指其掌。」注「孔曰：禘祫之禮為序昭穆，故毀廟之主及群廟之主皆合食于大祖。灌者酌鬱鬯，灌於太祖以降神也。既灌之後，列尊卑序昭穆，而魯逆祀躋僖公亂昭穆，故不欲觀之矣。」〔註74〕則是因祫禮之作用為序昭穆，時魯僖公亂昭穆，是以孔子不欲觀之，不答問。至於經文以及注疏中所稱之「禘」乃行灌禮，則明確是指宗廟祭祖「祫」之涵義。然而，孔子與時人應答「祫祭」卻仍以古禮「禘祀」稱之（或因魯禮禘為大而概稱），這個現象和《春秋・左氏・襄公十六年》所載如出一轍，後人不察，因襲前賢，以致釋義歧出而誤謬延年。

至於禘大？或是祫大？其合理的詮釋則應是祭天的禘祭大於祭祖的祫，而五年一祭的「禘」必然大於三年一祭的「祫」，至於作為夏日時祭的「時禘」則必不可能大於合祭大祖的「殷禘」（即祫祭），這樣的觀念也正是《禮記・郊特牲》所謂「萬物本乎天，人本乎祖，此所以配上帝也。郊之祭也，大報本反始也。」的思想。後人見「禘祭」一詞，未能仔細分辨禘祭之義在祭天與祭祖上的差異，以及夏、商、周之際禘祫稱謂的異同與轉換，至於又有因此而僭越禮制者，則非禘、祫之過。

這樣的觀念因襲，及至兩漢以降，遂衍生出郊禘、殷禘、時禘等各異的稱謂，並形成禘祫混用的亂象，其源起實肇因於周公制禮更名所致，再加上諸侯僭越，以及孔子應答「祫祭」時仍以魯禮「禘祀」稱之，後人未能詳察，是以衍生禘、祫稱謂有異，進而導致禮俗混亂。《後漢書・張純列傳》所謂「臣賢案：平帝元始五年春，祫祭明堂，諸侯王列侯宗室助祭，賜爵金帛。今純及司馬彪書並云『禘祭』，蓋禘、祫俱是大祭，名可通也。」〔註75〕即是明顯的訛誤。

〔註73〕十三經注疏《左傳》，疏卷33，頁4。
〔註74〕十三經注疏《論語》（台北：藝文印書館，1993），疏卷3，頁6、7。
〔註75〕《後漢書》卷35，頁1169。

五、廣漢三星堆遺址二號祭祀坑出土文物的袷祭印證

四川廣漢三星堆遺址是古蜀文明思想與歷史沿革的真實呈現，而祭祀坑的發掘更對上古時期的禮俗及宗廟制度研究，產生關鍵性的突破與發展。今以二星堆博物館編《三星堆──古蜀土國的神祕面具》一書為依據，並就其出土文物特色，略作條理如下，俾便知其文化脈絡和發展：

（一）三星堆遺址祭祀坑與文物的特色

要了解三星堆遺址的內涵與作用，首先，必須先對祭祀坑的形制、分布以及文物的放置部位有所認知，才能深入其旨。三星堆遺址包括一號坑與二號坑，這兩個祭祀坑無論是在形制、位置甚或器物出土的質與量方面，都有緊密的關係與類似性，本節據《三星堆──古蜀王國的神祕面具‧綜述》（p5～11）略做整理並歸納出六個要點如後，以便參酌印證：

1. 一號坑為長方形，口大底小，坑底長 4.01 米、寬 2.8 米、坑深 1.46～1.64 米；二號坑也是長方形土坑，坑口略大於坑底，坑底長 5 米、寬 2～2.1 米、坑深 1.4～1.68 米。二號坑比一號坑稍大，出土的文物，無論是在種類上還是數量上，都要豐富得多。

2. 一號祭祀坑坑口三面各有一條寬 1 米的坑道，與一號坑形成品字形佈局，祭祀坑及三條坑道內均填土，層層夯實。填土色澤相同，打夯情況也相同，並無打破關係，由此推測，坑道與祭祀坑同時建成的。至於二號坑位於一號坑東南約 30 米處，則未設坑道。

3. 一號坑、二號坑的年代，相當於殷商中期至晚期，埋藏年代距今 3300～3200 年，前後相距約 100 年，兩坑朝向的一致性及其他許多相同因素，說明兩坑具有不可分割的內在聯繫和傳承關係。而且，這兩個祭祀坑中埋入的器物，能明顯地看出時代差距。他們都不是專爲這兩次祭祀而鑄造的祭祀用品和用器，而是各自經過數十載乃至上百載的使用過程中積累下來的宗廟用器。

4. 一、二號祭祀坑出土的器物件數，舉其大要者對照，分別是：金器 4/61 件，玉器 129/486 件，青銅器 178/735 件，石器 70/15 件，象牙 13/60 根，海貝 62/約 4600 枚。

5. 坑內器物的堆積擺放有一定的規律，上層為象牙，中層是大型的青銅器，下層是小型的青銅器和玉器。且器物掩埋時或掩埋前明顯經過有意的焚燒和破壞，或燒焦、崩裂、變形、發泡甚至融化、殘損、斷裂並碎成數

塊。（圖 8-1）

圖 8-1　三星堆二號祭祀坑

出土金、玉、青銅、石器、陶器、象牙、海貝等，多數文物在入坑前已被毀損。

　　6. 經科學檢測，一號坑中出土的燒骨碎渣應為豬、羊、牛等動物骨，多數泛白，少數呈藍黑色。這說明在燎祭中使用的犧牲，經過殺死放血的過程。二號坑則沒有燒骨渣，甚至連火燒的灰燼也極少帶入坑內。

　　前言，「玄囂降居江水」、「昌意降居若水」，且三星堆遺址是姬蜀王國的肇基封地，因此，蜀王國後裔於此舉行宗廟祭祖儀式，的確是深具緬懷先祖，慎終追遠的意義。然而，若從遺址出土的紀錄來看，一號坑、二號坑的形制近似，卻又同中有異，最明顯的差異即是：一號坑較小，二號坑較大；一號坑有坑道的設置，二號坑則無；一號坑約當殷商中期，二號坑約當殷商晚期；一號坑出土有金杖（王權的象徵），二號坑則無；一號坑有燒骨渣，二號坑則無；然而，更引人注目地是，二號坑出土的文物，無論是在質與量上卻又比一號坑要豐富許多，且青銅器物中的大型立人像、人頭像、面具、神樹等，都是一號坑所無。

　　從一號坑、二號坑形制的近似、地理位置緊鄰、朝向的一致性，文物多類似卻又具差異性的特徵來看，可知這兩個祭祀坑的作用的確大不相同。個人以為：一號坑應是黃帝嫡長子玄囂專祭的小宗祠，因其地位特殊，是以才能擁有金杖、鳥形玉璋等代表身分象徵的專屬器物，且有坑道與二號坑

相連；至於二號坑則是古蜀王國合祭先祖的大宗祠，坑中出土大量的人頭像、面具、神樹等器物，這些都是寓意祖考或種族命脈的象徵，並在合祭儀式結束後予以焚毀掩埋，這是祫祭「毀廟之主」必然的過程而非燎祭形式。

事實上，這樣的形式在現今台灣「合祭」的儀式中仍然留存，親人喪後奉一形制簡易的木主，於滿周年時則行「小祥」之禮，滿二年則行「大祥」，及至滿三年（或有簡化至第 25 個月起），才能於大宗祠舉行「合祭」儀式，並將舊有的神主牌位焚燒，而另立一形制較為莊嚴華麗的新木主。

這樣的思想內涵和典籍所載的「祫祭」、「祔祭」（遷廟主儀式）並無二致，其禮並見於《朱子家禮》所載，且更能符合「三年一祫」的儀式準則。只是，古蜀王國的木主，其形制更為寫實慎重，並是運用當時最珍貴的材質——青銅製作，這樣的觀念和新石器時代將「祖考」的符號——梟鷙刻畫於玉器上，都有異曲同工之妙，並見其對祖先禮敬的文化傳承。

（二）金 器

「三星堆金器種類豐富，量多體大，主要器型有金杖、金面罩、金箔虎形飾、金箔璋形飾、金箔魚形飾等。金器的製作工藝精湛，體現出以錘拓、模壓、黏貼、鏨刻、鏤空等技術為主的工藝特點，代表了中國早期黃金冶煉工藝的最高水平。另外，三星堆金器多為金銀二元合金，含金量在 85%左右。根據地質調查，金礦在四川盆地西北部和盆地周緣都有廣泛的分布，三星堆金器原料可能來自四川西南部的大渡河、雅礱江流域。」（p93）

至於三星堆金器原料的來源，也可見於唐世貴、唐曉梅〈山海經與金沙江文化〉〔註76〕一文所稱「金沙江流域自古盛產黃金，因而金沙江文化的總體特徵便是以沙金彪炳于華夏歷史（徐仲舒先生生前對麗水黃金的開採與轉運有專文研究），所以金沙江被人們稱為『中國西部龍』。」並指出「金沙江裂谷一帶地方是人類最早活動的一個區域，也是原始人群南北遷徙、東西交往的走廊。」

「金」是太陽的顏色，燦爛奪目，古蜀人將金箔製成虎形、魚形或璋形飾物，都有光明之意，並具有厭勝辟邪的作用。至於覆蓋在杖及青銅面具上，除了表示尊貴，是身分與地位的象徵之外，同時，金箔上的紋飾都是魚、鳥

〔註76〕唐世貴、唐曉梅〈山海經與金沙江文化〉，《樊枝花學院學報》，第 28 卷第 1 期，2011.2，頁 9～14。

以及人物跪坐的形式，則具有「祖考以配天」的祭祀內涵，並都是王權象徵的飾物。

這種以金為飾的文化符號習俗，可與典籍所載文字相互印證，《周禮·春官·司尊彝》即稱「春祠夏禴，祼用雞彝、鳥彝，皆有舟，其朝踐用兩獻尊，其再獻用兩象尊，皆有罍，諸臣之所昨也。秋嘗冬烝，祼用斝彝、黃彝，皆有舟，其朝獻用兩著尊，其饋獻用兩壺尊，皆有罍，諸臣之所昨也。凡四時之間祀，追享、朝享，祼用虎彝、蜼彝，皆有舟，其朝踐用兩大尊，其再獻用兩山尊，皆有罍，諸臣之所昨也。」其注曰「追享、朝享謂禘袷也。在四時之間故曰間祀。」又曰「玄謂黃目以黃金為目。郊特牲曰：黃目鬱氣之上尊也。黃者中也，目者氣之清明者也，言酌於中而清明於外。追享謂追祭遷廟之主，以事有所請禱；朝享謂朝受政於廟。春秋傳曰：閏月不告朔，猶朝于廟。」至於昨，讀為酢字之誤也。〔註77〕

從這段文字的記載來看，所記述的是時祭、四時之間祀（專祭），追享、朝享等禘袷儀式內涵。至於鄭玄稱周人以「黃金為目」的裝飾習俗又有尊貴、清明之意，其目的在於追祭「遷廟之主」。這樣的觀念與《周禮·夏官·方相氏》謂方相氏「掌蒙熊皮，黃金四目，玄衣朱裳，執戈揚盾，帥百隸而時難，以索室毆疫。大喪先匶，及墓入壙，以戈擊四隅毆方良。」〔註78〕的作用極為類似，且「黃金四目」的意義與功能，也正是以金為面具藉以改變身分的裝扮，同時，二者都運用於喪葬儀式中，並都具有驅邪除惡的功能與作用。

尤其重要地是，三星堆遺址中的青銅人像，或有金箔貼於「縱目」四周，或無金箔為飾，而金箔「縱目」的青銅人像，其內涵據前言《周禮·司尊彝》所述則是表示「遷廟之主」的身份，這是袷祭儀式中重要的祭祀對象，且目當清明，是以貼金箔於縱目之外，不使有所掩蔽，也可見先民對「遷廟之主」的態度恭敬與慎重，不僅完全符合三星堆遺址二號祭祀坑的內涵，以及坑內出土大量的尊、罍、盤等祭祀器物，並可以呼應《論語·為政》「子張問：十世可知也。子曰：殷因於夏禮，所損益可知也；周因於殷禮，所損益可知也。其或繼周者，雖百世可知也」〔註79〕的論點，以及《禮記·禮器》所謂「三

〔註77〕十三經注疏《周禮》，疏卷20，頁2、3。
〔註78〕十三經注疏《周禮》，疏卷31，頁12。
〔註79〕十三經注疏《論語》，疏卷2，頁8。

代之禮一也，民共由之，或素或青，夏造殷因。」〔註80〕這樣一脈相承的禮俗制度。

這種以「黃金為目」以追享「遷廟之主」的觀念，證諸三星堆遺址一號祭祀坑出土的金器有：金杖、金面罩、虎形飾等各1，由此論斷，此坑應是早期蜀王專祭的場所，且金杖是權高位重的象徵，只有古蜀王國的開國祖——嫡長子玄囂始有權利執持，而金面罩則是「遷廟之主」的身份。

另外，一號坑又有虎形飾（K1:11 附1，圖 8-2），出自 11 號青銅頭像內，係金箔壓模而成，長 11.6 釐米，則應是青銅虎形器（K1:62，圖 8-3）上的裝飾，因脫落而分離，事實上，就器型來看，二者無論是形制、大小（虎形器長 11.4、殘高 10.8 釐米）都極為相當，並是文獻中所謂「祼用虎彝」的禮器（據載：虎形器中空的部份原應套有某種材質的柱形器。p83）寓涵祫祭的作用。

至於一號祭祀坑又有其 1 件脫落的金面罩，由此來看，這應是一次為特定對象「遷廟主」的儀式，屬專祭性質，其意義有如古文字中的「祔」，或現代祭祖制度中的「小宗祠」，毀舊廟附新祠，是以文物均有砸毀焚燒的痕跡；同時，由於一號祭祀坑這一世系的身分特殊，並是金杖的擁有者，然而，文獻中對黃帝嫡長子——玄囂的記載卻頗為有限，應是其子嗣並無特別建樹，是以日趨式微，其形式發展則有如現代的「大房」；同時，一號坑與二號坑相距約 30 公里，並有坑道相連，也可見此二坑的關係密切，此世系據一號坑出土的 13 尊青銅人頭像來看，共傳十三代。

圖 8-2　金箔虎形飾

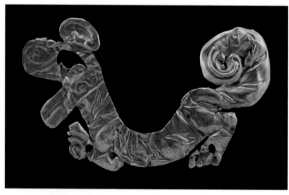

一號祭祀坑出土，通長 11.6、高 6.7cm。

〔註80〕十三經注疏《禮記》，疏卷 23，頁 23。

圖 8-3　青銅虎形器

一號祭祀坑出土，圈足徑 7.8、虎身長 11.4、殘高 10.8cm。

　　另外，二號祭祀坑出土的金器則有 61 件，青銅人頭像 44 件，而覆金箔的青銅人頭像則有 4 尊，另有 2 件金面罩，應是自青銅人頭像上脫落所致，而這些覆金箔的青銅人頭像（圖 8-4）也都是「遷廟之主」的文化符號象徵，是祫祭儀式中祭祀的主要對象，為有所區別並彰顯其身分，是以覆金箔為飾，至於就祭祀坑中出土文物的質與量來看，可知這是一次大規模的合祭儀式。

圖 8-4　金面罩銅人頭像

二號祭祀坑出土，通寬 22、通高 48.1cm。

（三）青銅器

青銅器在商周時期是祭祀中重要的禮器，也是貴重的物質文明象徵，而三星堆出土的青銅器物製作精良、數量豐富，其形制並完全符合典籍所載「袷祭」儀式的內涵與宗旨。今《家禮》、《家禮大成》〔註81〕等書，仍可見開基五世祖之排列（圖8-5），這樣的習俗至今台灣仍然如是，不敢有所逾越。

圖8-5　祠堂神位圖

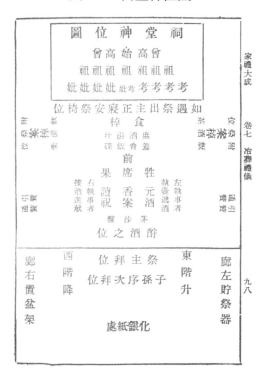

呂子振，《家禮大成》，開基五世祖置於中央正前方。

徐福全《台灣民間傳統喪葬儀節研究》一書稱：我國自姬周之世，即有文武周孔諸聖，根據當時之習俗，衡以人情義理，制定禮樂，垂諸載籍，儀禮十七篇即其類也，而李唐以降，歷朝皆嘗本諸儀禮而修訂禮書，民間亦有儒者為求實用而私修禮書者。而「傳世者有宋司馬光書儀、朱熹文公家禮、明丘濬家禮儀節、黃佐泰泉鄉禮、呂坤四禮翼、清呂子振家禮大成等；無論官修私撰皆本於禮經而損益之，是以全國各地之風俗習慣除地方特色外，更有其共通性，此一共通性自姬周以迄於今相承不墜。台灣開發雖晚，然台人之

〔註81〕呂子振，《家禮大成》，瑞成書局，1985。

祖先多來自閩粵兩省，由此移民所構成之社會，其習俗亦不能自外於內地而不具其共通性也，此一傳續數千年，廣佈全中國之共通性，端在禮儀傳統有以見之也。」〔註82〕這樣的觀點，證諸《朱子家禮》與《臺灣文獻叢刊》等文獻，都可見臺灣禮俗尤其是吉禮和凶禮（祭天、祭祖和喪葬），其來有自，並是承繼三禮之遺緒。

至於三星堆青銅器物的內涵，依其作用可略分為五類：種族命脈的象徵（命樹）、祖考的象徵（面具）、祖考世系（人頭像）、與祭者（立人像）和禮器（尊罍之屬）等，今略述如下。

1. 命樹──種族命脈的象徵

「三星堆二號祭祀坑共出土 8 株青銅樹，分大、小兩種，在埋入祭祀坑前均被砸爛並經火燎，大多殘缺不全。其中以修復後的一號銅樹體量最大、造型最複雜且最具代表性。目前可大致了解造型特徵的尚有兩株中小型銅樹以及銅樹座、銅樹枝、銅花果、銅鳥等局部構件。青銅樹造型各異，應有各自特定的涵義，且有特定的使用場合。大型銅樹與一件中型銅樹都是採用分段鑄造法鑄造。小型銅樹因殘損過甚，不能拼接復原，難以確知原來的工藝特色。」（p60）

關於銅樹的意義與作用，俞美霞〈從命樹論搖錢樹之內涵與源起〉〔註83〕一文中已有詳盡的考證，以為命樹（即銅樹）是種族或個人生命的象徵。至於二號祭祀坑共出土 8 株青銅樹，一號坑則無，則更能印證二號祭祀坑具備「合祭」的功能與作用，且其數量為 8，則是說明古蜀王國世系的發展，至祫祭舉行時的分支有八，並有大小宗之別，是以作為種族命脈象徵的神樹也有大小株之分。

尤其是一號神樹（圖 8-6），這是三星堆出土神樹中個體最大、復原情況最好、飾物內容最豐富、形制也最具特色的一棵神樹。在其底盤基座、支座上滿佈紋飾對稱的弧線雲雷紋，其形有如山巒雲氣繚繞，而一根粗大的樹幹則筆直穿雲而出，樹上並有立鳥、盤龍、果實、短劍、人手、火焰狀圓盤等大量飾物；這樣的敘述與《山海經・海內經》所載建木「有木青葉紫莖、

〔註82〕徐福全，《台灣民間傳統喪葬儀節研究》，頁 1，自印，1999。

〔註83〕俞美霞，〈從命樹論搖錢樹之內涵與源起〉，原文載《如玉人生——慶祝楊伯達先生八十華誕論文集》，2006.12，北京：科學出版社；今收入《壇墠文化考》，頁 79～105。

玄華黃實名曰建木，百仞無枝有九欘，下有九枸，其實如麻，其葉如芒，大
皞爰過，黃帝所為，有窫窳龍首是食人，有青獸人面名曰猩猩。」〔註84〕
極為類似，尤其重要地是，這樣的「建木」地近黑水地區，是庖犧特別於此
經過，並是黃帝所治護的對象；《山海經廣注・海內南經》「其名曰建木」句
下注「任臣案：《淮南子》云建木在廣都，張衡〈思玄賦〉躔建木于廣都兮，
撫若華而躊躇。」〔註85〕都可見所謂的神樹即應是典籍中所稱的「建木」，
不僅位於廣都地區，且是黃帝所治護之，其文化內涵與古蜀王國之淵源與
發展可以說完全吻合。

圖 8-6　三星堆一號神樹

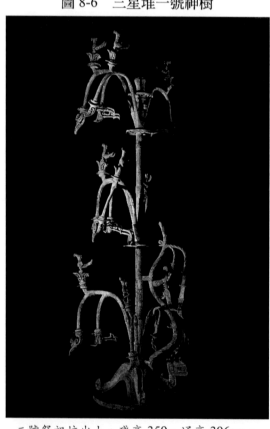

二號祭祀坑出土，殘高 359、通高 396cm。

　　另外，二號神樹雖然尚未修復，然而，從樹座和殘缺的情況來看，也是
以山為基座，整體形態並與一號神樹大致相同，其間最大的區別則是二號神

〔註84〕《山海經》，卷18，頁2、3。
〔註85〕《山海經廣注》，卷10，頁6。

樹樹幹上沒有盤龍，而是在樹座上有 3 個跪祭人像。至於從神樹和這些飾物來看，這些器物都明顯是當時信仰的重心，人們戒慎謹懼、誠惶誠恐，以跪祭的姿態對「神樹」表示內心的景仰和敬畏，其重要性自然可知。

因此，三星堆遺址中所稱的「神樹」，應是指「命樹」的內涵，並是上古時期先民信仰中人神溝通的管道，這樣的「通天之樹」是個人或種族生命的象徵與延續，是經籍中所謂的「建木」，也是早期道教經典《太平經》中「命樹」的思想和傳承，這種重視個人生命以及種族延續的信仰和形式，流傳久遠，於新石器時代即分布於長江中下游以及黃河流域中上游，晚商時期又影響到長江中、上游的三星堆遺址，其間的演化變遷，脈絡極為分明，而「命樹」作為種族或個人生命的象徵，並出土於祭祖儀式中的「祫祭」，其意義與作用都十分吻合，而不同大小的青銅神樹，則分別代表不同的宗族世系，在祖先合祭的儀式結束後，予以焚毀並恭敬掩埋，也就合乎古禮並瞭然於心了。

另外，出土銅器中又有許多跪坐人物、人首鳥身、鳥、雞、花果與立鳥（圖 8-7），以及銅鈴、掛飾等小型器物，原本都應是懸掛於神樹上的祥瑞飾物，並具有文化象徵內涵，如：梟鷲是祖考的文化符號象徵，置放於象徵種族命脈的神樹上，其作用也頗為符合，至於尊、罍上也有相同的立鳥紋飾，以及作為三牲的牛、羊紋飾，都可見對祭祖一事之慎重，並完全符合祫祭的精神與內涵。

圖 8-7　銅鳥

二號祭祀坑出土，寬 15.4、通高 27.8cm。

2. 面具——祖考的象徵

著面具是身分地位的改變，也是祖考或神明的象徵，類似的現象如：儺、方相氏，甚或是台灣信仰中遶境的家將、三太子等，也都是這個習俗的流傳。前言，《周禮‧方相氏》謂「掌蒙熊皮，黃金四目，玄衣朱裳，執戈揚盾，帥百隸而時難，以索室毆疫。大喪先匶，及墓入壙，以戈擊四隅毆方良。」注曰「蒙，冒也。冒熊皮者以驚毆疫癘之鬼，如今魌頭也。時難四時作方相氏以難，卻凶惡也。月令季冬，命國難索庾也。」又，疏「釋曰：喪所多有凶邪，故使之導也。」這種於喪禮中著面具的形式，實寓意毆疫逐鬼、去凶邪的功能，至於祭禮中則是公尸或神主、木主的內涵，也就是祖考的象徵，新石器時代出土的玉人，即具有這樣的功能，至於殷商時期，以當時的貴重物質——青銅製作，除了可以模擬先祖的形貌特徵之外，也更見其慎重與虔敬，古蜀王國是黃帝的嫡嗣，其對傳統文化之保存與重視，於此也可見一斑。

三星堆遺址出土的青銅面具，其形式雖然有異，並可大分為三類，然而，這些面具卻都是祭祖儀式中祖考的文化象徵，本文將就此部份予以闡述。

（1）縱目面具

「在三星堆出土的眾多青銅面具中，造型最奇特、最威風的要算青銅縱目面具。縱目面具均出自二號祭祀坑，共3件，分大小兩型。其中A型2件，體量相對較小；B型1件，體量巨大。兩型縱目面具造型大體相同，差異之處主要表現在：一、A型面具額部鑄有額飾，而B型面具額部正中為一方形穿孔；二、兩型面具的耳部造型、大小及取勢不同。」（p48）

這樣特殊的造型，並且形體碩大，和一般與真人大小相似的青銅人頭像的面具造型頗有差異，若以宗廟主的觀念和祭祀習俗來看，B型縱目面具（圖8-8）只1件，應為姬蜀王國的開基始祖——黃帝，且其面具額部正中為一方形穿孔，應另有特別的額飾裝飾，同時，B型縱目面具的耳、目特別巨大突出，則是象徵黃帝的智慧與能力，是以特別藉「耳聰目明」的造型予以強化或誇飾，這樣的文化內涵也是上古時期先民與自然抗爭時生存必要的條件，是以特別表現於形貌；至於A型縱目面具（圖8-9）2件，依其形式、大小來看，則應是黃帝之子及孫，也就是昌意和顓頊，這是姬蜀王國的先祖，是為二世與三世。

圖 8-8　青銅縱目面具

二號祭祀坑出土，寬 138、高 66cm。

圖 8-9　青銅戴冠縱目面具

二號祭祀坑出土，面具高 31.5、寬 77.4、通高 82.5cm。

（2）人面具

「三星堆共出土青銅人面具 20 餘件，絕大部份出自二號坑。一次性出土如此多的青銅人面具，這在中國考古發現中尚屬首次。除此之外，三星堆青銅重器上附鑄的跪坐人像（如銅神樹等）及部分銅人頭像面部本身也鑄戴有面具。

這些面具的兩側上下及額部正中多有方形穿孔，估計它們是在面具鑄成之後補鑿的，或者說可能是在使用過一段時間以後再加工鑿鑿的，因為有些面具的方孔並沒有鑿穿。如果在面具上預設穿孔，經澆鑄成型即可，而在已製作成型的面具上重新鑿孔，相對來說就費工費時。」（p42）

這些人面具（圖 8-10）的大小多與真人相當，應是可以穿繫佩戴之用，其功能有如「尸」，而造型則是臥蠶眉、瞑目、大耳、寬嘴、闊鼻，十分強調「五官」的線條，至於從緊閉的雙眼和嘴巴來看（不見唇齒，出土時或塗朱砂，具辟邪的作用），則應是袷祭時作為祖考木主的象徵，並以形體大小來區分世系輩份的先後。

圖 8-10　青銅人面具

二號祭祀坑出土，面具高 25.5、寬 40.2cm。

（3）銅獸面具

「銅獸面具共 9 件，均出自二號祭祀坑。器形為薄片狀，少數獸面的眼、額、口部尚可見到描繪的黑彩。獸面具分為三型，每型各 3 件。A 型大小不等，形制大體一致，獸面造型為一對向兩面作展開狀的夔龍。B 型獸面形制與 A 型基本相同，只不過在其頷下增飾了一對相向的夔龍以承托獸面。相對前兩種類型而言，C 型獸面的造型元素的運用顯得較為簡化，但左右外側眼角直達龍尾端的賦形卻使之別具奇逸之氣。據推測，形式上的差異可能代表三種類型的獸面在神巫文化意義上的等級差別，存在著神力大小之不同或功能上的差異。」（p36）

然而，個人以為：三星堆遺址銅獸面具最大的特色是──核桃圓眼、細長眉、小鼻、頭戴花冠，且其造型與縱目面具或其他類型的人像大異其趣，

線條並明顯柔和許多。竊以為，就獸面具（圖 8-11）的造型及身分地位來看，應是祭祀中的祖妣，且獸面具的四角都有小孔，應是穿繫之用；同時，無論是典籍文獻或現今台灣祭祖儀式中，除了開基始祖考妣木主置於中，其後四世的祖考、祖妣等木主必定分列左右，至於六世以降，則祖考妣合為一木主，且左昭右穆，排列有序，並是合祭儀式中不可或缺的重要腳色。

圖 8-11　青銅獸面具

二號祭祀坑出土，寬 23.4、高 20.4、厚 0.2cm。

3. 人頭像——祖考世系

「三星堆兩個祭祀坑共出土銅人頭像 57 件，其中一號坑出土 13 件，二號坑出土四 44 件。兩坑所出銅人頭像共分六種類型，各型又分兩種或三種亞型。

一號坑出土人頭像分三型。A 型造型風格較寫實，其頭頂子母口原當套接有頂飾或冠飾。據寫實程度的不同又分兩種亞型。B 型為平頭頂，其頂蓋與顱腔分鑄，面部似戴面罩，依其面部造型及髮式差異，大致分三種亞型。C 型則為 1 件似戴雙角形頭盔並戴有面罩的頭像。

二號坑也分三型。A 型為 1 件圓頂戴帽箍頭像。B 型為平頭頂，分平頂編髮與平頂戴冠兩種亞型。該型絕大多數人頭像的頭頂蓋與顱腔的構合方式係採用分鑄法鑄造。這一類型的人頭像頸部都比較粗壯，面部特徵大體相同；下頜部位方整，粗眉立眼，鼻型為蒜頭鼻。C 型為 2 件圓頭頂人像，分戴髮簪和椎髻二亞型，均採用渾鑄法鑄造。

　　兩坑大多數人頭像的頸下端前後均鑄成倒三角形，且部分青銅人頭像面部殘留黑彩或朱砂痕跡，說明這是一類原施彩繪的人頭像。人頭像頸前後鑄成倒尖角形，正是頸下部在 V 形衣領中裸露部分的形狀，根據有些人頭像頸以下兩側鑄有穿孔分析，應另有銅質或其他材質的身軀或木桩與之結合使用。」（以上見 p22）

　　同時，就三星堆祭祀坑青銅人頭像（圖 8-12）的鑄造風格來看，臥蠶眉、寬鼻、闊嘴、大耳、瞑目如沉思狀，其造型與人面具極為類似，並都是木主的寓意，至於又有頭飾或冠飾，莊嚴肅穆的姿態，的確很能傳達姬蜀先祖的音容神情。且一號坑出土人頭像的風格寫實，較具親和力；而二號坑出土人頭像的風格則較制式化，並多強調瞑目（死亡的象徵）、顴骨銳利的綾條。且兩坑出土時，並都經過砸毀、焚燒的過程而後掩埋，這是毀廟之主的儀式，也是袷祭的過程。

圖 8-12　青銅人頭像

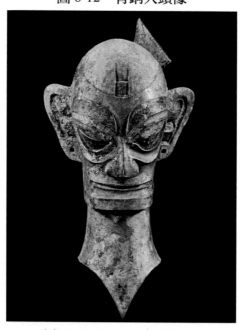

二號祭祀坑出土，通高 260.8cm。

4. 立人像——與祭者

（1）青銅立人像——主祭者蜀王

　　青銅立人像（圖 8-13）——二號祭祀坑出土，銅人整體分立人像和台座兩大部份，並採分段澆鑄法接鑄而成。人像高 180 厘米、通高 260.8 厘米，銅

人著高冠、衣左衽、窄袖、敞膝，赤足立於獸面台座上，其服飾華麗，儀態莊嚴肅穆。

圖 8-13　青銅大立人像

（局部）

二號祭祀坑出土，高 180、通寬 23.8、通高 51.6cm。

　　只是，令人注目地是：銅立人手部的比例極為誇張，雙臂平抬，手指彎曲成環狀，似乎握持並高舉一弧形物，這樣的造型應是高舉犧牲以為獻禮的虔敬姿態，因此，銅立人的手持物雖然早已不存，然而，從銅立人肅穆華麗的衣著來看，仍可見銅立人在祭祀儀式中所扮演的重要角色與地位。

　　有關於宗廟祭祀牲禮的記載，可見於《禮記‧禮器》言及天子大饗祫祭，諸侯各貢其方物以助祭，並稱「君子曰：禮之近人情者非其至者也。郊血大饗腥，三獻爓，一獻孰。」疏曰「大饗腥者，大饗祫祭宗廟也；腥，生肉也。

宗廟為私比郊為劣，故薦去人情稍近之腥，示為敬降於天也。」又言「大饗其王事與，三牲魚腊、四海九州之美味也。籩豆之薦四時之和氣也，內金示和也，束帛加璧尊德也，龜為前列先知也，金次之見情也，丹漆絲纊竹箭與眾共財也。其餘無常貨，各以其國之所有，則致遠物也，其出也，肆夏而送之，蓋重禮也。」都明確指出祫祭時有「三牲魚腊」，且必以「腥肉」為祭，至於「大饗腥」的意義與作用，則是「示為敬降於天也」，也間接說明祫祭次（小）於祭天的地位。

另外，《周禮‧內饔》也稱「凡宗廟之祭祀，掌割亨之事，凡燕飲食亦如之，凡掌共羞，脩刑膴、胖骨鱐，以待共膳。」〔註86〕此段文字言及內饔不掌外神，凡四時及祫禘并月祭等，皆掌其割亨煎和之事。至於宴饗之事，也以刑膴（夾脊肉，或曰膺肉）、骨鱐（乾魚，或謂有骨有肉）烹之。疏曰「乾則為脯，不乾而腥則謂之胖。」此文所言之牲禮其釋意各家雖略有出入，然而，「不乾而腥」卻也可見四時、祫禘并月祭祀用牲之儀節，必以上好的「生肉」（多為川燙或略涮煮）為禮，以示對祭祀神鬼對象之區隔，這樣的習俗直至現今的台灣仍然留存，人們在祭祀天地、祖先時必以「生肉」或「半生肉」為牲禮，而不似中元普渡時則以「熟食」為獻。

類似的文字又可見於《史記‧禮書》所謂「大饗上玄尊，俎上腥魚，先大羹，貴食飲之本也。」《集解》鄭玄曰「大饗，祫祭先王，以腥魚為俎實，不膮孰之也。」〔註87〕在這段文字中，無論是《史記‧禮書》或《集解》中所稱之大饗，都明確指出這是祫祭先王的大祭，儀式中所使用的禮器為玄尊，而禮書與史料中祫祭的犧牲則必有腥魚與大羹，這是飲食之本，也是祫祭先王必備的獻禮。至於其中的「膮」字則可作羊豕之臂或爛熟解，然而，若就「以腥魚為俎實」的文字來看，祫祭先王的「腥魚」應是仍未經烹煮的生魚（是以為腥），而非作羊豕之臂解。

因此，據文獻所載，再相較於三星堆青銅立人像之出土，便可知銅人的手持物應是未經烹煮的「俎上腥魚」，是以銅人雙臂平抬，手指彎曲成環狀，兩隻手則是高低握持的形貌，正是因為手持生魚以致於呈現緊張敬慎的姿態，且「腥魚」是祫祭必備的牲禮，也完全符合文獻所載；至於銅人立於台座上獻牲，其身分則應是主祭者——蜀王的地位，是以衣飾華麗，冠冕莊

〔註86〕十三經注疏《周禮》，疏卷4，頁12。
〔註87〕《史記》卷23，頁1169。

嚴，也和他的身分極為相當。

同時，就立人像服飾左衽的風格而言，《蜀王本紀》載「蜀之先稱王者，有蠶叢、柏濩、魚鳧（案文選蜀都賦劉注引下有蒲澤二字）、開明，是時人萌椎髻，左衽，不曉文字，未有禮樂，從開明已上至蠶叢積三萬四千歲（案御覽引作凡四千歲）。」〔註88〕文字中「左衽」的記載與出土銅立人像的服飾也完全符合，其為蜀之先王，自是無庸置疑。

（2）銅獸首冠人像──與祭者大祝

銅獸首冠人像（圖 8-14），二號祭祀坑出土，全器殘高 40.2 厘米。「人像僅存上半身，估計是在入坑前舉行宗教儀式時被有意火燎及砸損所致。人像體態端莊，神情冷峻肅穆，兩臂呈環抱狀置於胸前，雙手皆作執握中空的手型。所穿對襟衣服紋飾精麗繁多，估計是法衣。總體來看，人像造型及手勢與大立人像相類。

圖 8-14　青銅獸首冠人像

二號祭祀坑出土，全器殘高 40.2cm。

造像最引人注意的是奇特的獸首冠。獸口寬扁，口部兩側各飾一太陽紋，冠兩側為獸眼，冠頂中部鑄呈象鼻卷曲狀的飾物，後部兩側鑄向外伸展的獸

耳。獸首怪異莫名，顯然是綜合多種動物局部特徵的複合型神獸形象。」（以上見 p16）

　　二號坑出土的這兩尊青銅人像，衣著華麗，姿態莊重，都具有尊貴的身分，然而，最大的不同卻是在雙手的姿態。立人像的手部比例和姿態都特別誇張，雙手並上下環抱成弧形斜角，前言，這是袷祭的主祭者獻牲（腥魚）的姿態；而獸首冠人像雖也雙手作執握中空的手型，卻是平舉並不誇張，由此姿態也可分辨其身分與地位。

　　《古文字詁林・祭》〔註89〕載《說文解字》「祭，祭祀也。從示，以手持肉。」羅振玉謂「此字變形至夥，然皆象持酒肉於示前之形。」商承祚也稱「甲骨文祭字變體至夥，然皆象持酒肉而祭；其從示者，與篆文近。」同時，古文字中又有「隋」〔註90〕字，許慎釋為「裂肉也。從肉從隓省。」又「段玉裁曰：隓省聲。王筠曰：六書故引唐本作列肉也。歺部，列骨之殘也，知殘物皆謂之列。周禮守祧，既祭則臧其隋。注：隋，尸所祭肺脊黍稷之屬。案祭之地者零星殘餘，故曰列肉。倫按裂肉當依六書故引作列肉，謂分肉也。然非本訓。」且不論「祭」或「隋」之肉是裂肉或分肉（有分福之意），卻說明祭祀之物，必為小塊末粒。這樣的文字釋意，證諸禮經與卜辭，都可以互相呼應。

　　因此，即使獸首冠人雙手皆中空（手持物已脫落），且雙臂環抱皆作持物狀，呈現莊嚴的祭祀姿態，然而，根據文獻所載歸納，則可知獸首冠人像必是左手執酒器，右手持脯醢裂肉，這是祭祀的儀節，不可錯置，證諸禮書所載。則如：

　　《儀禮・士冠禮》「冠者即筵坐，左執觶，右祭脯醢。」〔註91〕

　　《儀禮・大射禮》「賓坐，左執觚，右執脯醢。」〔註92〕

　　《儀禮・士虞禮》「尸，左執爵，右取肝，擩鹽，振祭。」〔註93〕

　　《儀禮・特牲饋食》「祝，左執角，右取肝，擩于鹽，振祭。」〔註94〕

　　這種左手執酒器，右手持肉（或置於容器內）而祭的行為，普遍見於《儀

〔註89〕《古文字詁林》，冊1，頁121～127。
〔註90〕《古文字詁林》，冊4，頁463～464。
〔註91〕十三經注疏《儀禮》（台北：藝文印書館，1993），疏卷2，頁13。
〔註92〕十三經注疏《儀禮》，疏卷16，頁13。
〔註93〕十三經注疏《儀禮》，疏卷42，頁12。
〔註94〕十三經注疏《儀禮》，疏卷45，頁9。

禮》所載並各個層面的祭祀儀節。事實上，「祭」即是以酒、肉祀先祖神鬼，此字適用於各個階層與類別，且無論祭祀者的身分是冠者、賓客、尸或祝，祭祀時則必定以左手執酒器，右手持肉，這是既定的儀節。

至於三星堆二號祭祀坑這麼盛大的宗廟祫祭活動，這位衣著華麗，臉覆面具且頭戴高冠的銅人，其地位尊貴，並在祭祖的儀式中雙手分別持酒肉參與祭祀；同時，獸首冠人所戴的冠冕又有類似象鼻、象耳以及神獸特徵的裝飾，前言，象齒具有辟邪除穢的功能，種種跡象顯示，這位獸首冠人的身分應是「大祝」無疑。

5. 尊、罍和盤——祫祭禮器

「三星堆祭祀坑出土的銅禮器有尊、罍、瓿、盤、器蓋等容器和瑗、戚形方孔璧等祭品，尤以尊（圖 8-15）和罍（圖 8-16）最具特色。

圖 8-15　青銅圓尊	圖 8-16　青銅圓罍

二號祭祀坑出土，通高 54cm。　　二號祭祀坑出土，口徑 26.5、口徑 42.6、通高 45.5cm。

三星堆銅尊分圓尊和方尊兩種形制，以前者數量最多且最具代表性。其中，一號坑銅尊均被火燒殘，從殘片中可識別出龍虎尊和羊首犧尊兩種形制，經修復復原各 1 件。二號坑出土圓尊 8 件，根據器物形態可分為五式。

二號坑出土的銅罍亦皆被火燎、砸損，可識別出 6 個個體，分方罍與圓罍兩種。其中方罍 1 件、圓罍 5 件，經修復的 3 件圓罍分為三式。

三星堆青銅尊、罍出土時，器內多盛裝有海貝或璧、瑗、環、鑿等玉石

器，表明其功能用途主要是用以盛裝祭品、祭器以向神明做奉獻。」（p68）

至於又有學者質疑，「商周時代中原地區出土的青銅禮器以鼎、尊、罍、壺等為大宗，其中以鼎的地位最高，是國家、政權的象徵。但蜀地幾乎從不出鼎，尊則較多。這或許意味著古蜀國與中原王朝政體形式之間的差異而導致彼此最高權力象徵物的不同，是不是尊在蜀地的地位與中原地區的鼎相當呢？」（p68）

事實上，鼎是祭天的禮器，只有天子才可以舉行這樣的儀式，而蜀只是諸侯方國，不具備這樣的權力，再加上三星堆遺址是古蜀王國祭祖的根據地，而非祭天，二者的作用不同，出土的禮器有異，也是必然。

前言，《周禮‧司尊彝》載「春祠夏禴，祼用雞彝、鳥彝，皆有舟，其朝踐用兩獻尊，其再獻用兩象尊，皆有罍，諸臣之所昨也。秋嘗冬烝，祼用斝彝、黃彝，皆有舟，其朝獻用兩著尊，其饋獻用兩壺尊，皆有罍，諸臣之所昨也。凡四時之間祀，追享、朝享，祼用虎彝、蜼彝，皆有舟，其朝踐用兩大尊，其再獻用兩山尊，皆有罍，諸臣之所昨也。」可見祭祖時所用的禮器即是彝、尊、罍之屬，並「皆有舟」，而所謂的「舟」，「鄭司農云：舟，尊下臺，若今時承槃。」

這樣的文獻記載和三星堆二號祭祀坑所出土的青銅禮器大致吻合。承槃也就是承盤，祭祀坑也都有出土；同時，二號祭祀坑出土的尊、罍，其上又有許多牛、羊和鳥形的紋飾與形制，這是「三牲」和「祖考」的象徵，並都是祭祖時必備的禮器，和文獻所載完全符合，也再度印證三星堆二號祭祀坑所舉行的儀式是和祭祖有關，又因其為合祭性質，是以器物之紋飾與形制都是歷來先王個別所專屬，年代先後有別，便也是自然。

（四）象牙器

「象牙在三星堆遺址內也有大量出土，其中一號祭祀坑出土象牙 13 枚，二號祭祀坑出土象牙 60 枚。1997 年在三星堆遺址西城牆外的仁勝村土坑群也發現了 1 枚象牙。經鑑定，這些象牙屬亞洲象的門齒。兩坑象牙出土時，覆蓋在玉器和青銅器之上，處於最上層，縱橫交錯地疊壓在一起，並有明顯的燒焦痕跡。如此多的象牙一次性集中掩埋，在國內十分罕見。」（p123）

象牙的質地堅韌，光澤細膩，無論在現代或是上古時期，都是貴重的器物。《詩‧魯頌‧駧之什‧泮水》有言「憬彼淮夷，來獻其琛，元龜象齒，大賂南金。」疏曰「是彼淮夷來就魯國，獻其琛寶，其所獻之物是大龜、象

齒，又廣賂我以南方之金。」〔註95〕可見以象牙作為貢物或方物，都是珍貴的物品。同時，就出土文物的發掘來看，無論是新石器時代的河姆渡、良渚文化，甚或殷商婦好墓中，也都有象牙器的出土，只是，象牙隨葬物品的數量卻都極為有限，即使是尊貴如婦好，隨葬的象牙製品也只有 3 件牙杯和 2 塊雕花殘件，並不是隨意可得，相較於三星堆遺址出土整隻且數量龐大的象牙，則更凸顯三星堆祭祀坑的重要性與特殊性。

至於象牙的作用，除了是珍貴的貢物或方物外，據文獻所載，又具有厭勝的意義與功能。《周禮・秋官・壺涿氏》稱「壺涿氏掌除水蟲，以炮土之鼓毆之，以焚石投之，若欲殺其神，則以牡橭午貫象齒而沉之，則其神死，淵為陵。」〔註96〕即是明確指出象齒具有驅邪除穢的作用。

證諸三星堆遺址的象牙出土：一號祭祀坑出土象牙 13 枚，由於一號坑是專祭性質，其數量與青銅人頭像，也就是廟主的數量正好相當，也可再次印證一號祭祀坑的小宗祠功能；至於二號祭祀坑則出土象牙 60 枚，這樣數量龐大的貴重器物，絕非一人、一時、一地所能完成，除了青銅人頭像（廟主）44人外，由於是祫祭性質，且庶子又不得與祭，因此，這個數字應是包含相關子嗣的貢物或方物，並共同祈求先祖予以庇蔭，福祐子孫，是以將珍貴的象牙覆蓋在具有身份表徵的玉器和廟主象徵的青銅器上，驅邪除穢，其厭勝的意義與作用鮮明，並更顯示對祭祖功能的尊崇。

（五）玉　器

「三星堆出土的玉石器中以禮器的數量最多。禮器種類繁多，自成體系，包括璋、璧、瑗、環、琮等，另外還有大量的具有禮儀用途的玉制兵器和工具，具有鮮明的地域特色和時代特徵。大量玉石禮器的出土，足以證明古蜀國已擁有相當強盛的綜合國力和與之相適應的較為完備的宗教禮儀制度。」（p101）

在這些自成體系的玉石器中，「玉璋是三星堆出土玉器中最大宗的一類。其中，一號坑出土玉璋 40 件，絕大多數被火燒後殘斷。二號坑共出土 17 件，全部被火燒過，多數殘斷。對兩坑器物進行比較分析，形制短小、兩側齒飾簡單的玉璋，年代可能稍早，形制寬長、齒飾複雜的玉璋，年代可能稍晚。此

〔註95〕十三經注疏《詩經》，疏20之1，頁20。
〔註96〕十三經注疏《周禮》，疏卷37，頁7。

外，在遺址內其他地點也零星出土了 10 來件玉璋。

　　這些玉璋大致可分為三類。一類為邊璋，斜邊平口，略呈平行四邊形。一類為牙璋，呈長條狀，柄部有鋸齒狀扉棱，端部分芽開叉。該類器物在陝西神木石峁龍山文化、偃師二里頭文化遺址中均有發現，但以三星堆遺址出土的牙璋數量最多，製作最為精美。還有一類為魚形璋（圖 8-17），璋的射部酷似魚的身體，射端呈叉口刃狀，宛如微張的魚嘴。魚形璋是蜀地特有的器型，目前僅見於三星堆遺址和金沙遺址。」（p102）

　　璋是禮器之一，也是身分地位的表徵。古人臣執璋以覜聘、以起軍旅，並又可作為祭祀宗廟、山川之用。《詩經‧大雅‧棫樸》有言「濟濟辟王，左右奉璋。奉璋峨峨，髦士攸宜。」箋云「璋，璋瓚也，祭祀之禮，王祼以圭瓚，諸臣助之，亞祼以璋瓚，左右奉之。」〔註97〕此言王行祼事，「左右奉璋」以助之，則是專指宗廟祭祀之禮，而非覜聘、起軍旅或祭祀山川之用。這和三星堆二號祭祀坑所出土的 1 件青銅持璋跪坐人像（圖 8-18），以及通長 54.2 釐米的大玉璋可以相互印證，敬慎恭謹的態度，無論是青銅鑄造或玉器刻畫，都非常直觀且具體地表現了璋在古代做為祭祀禮器的用途，並完全符合三星堆遺址祠祀祖考的禮儀規格。

　　另外，《周禮‧春官‧鬱人》也稱「鬱人掌祼器。凡祭祀賓客之祼事，和鬱鬯以實彝而陳之。凡祼玉濯之陳之，以贊祼事。」注「祼器，謂彝及舟與瓚。」而「祼玉，謂圭瓚、璋瓚。」疏「釋曰：天地大神至尊不祼，至於山川及門社等事，在鬱人亦無祼事，此云祭祀，唯據宗廟耳。」〔註98〕更明確指出祼與璋的緊密關係在於「宗廟之事耳」，至於祭祀天地、山川、門社等，則無祼事，而覜聘非祭祀則更不見祼祭之意。

　　這樣的文獻記載，證諸三星堆遺址祭祀坑大量出土的「祼器」：尊罍——彝器、承盤——舟、玉圭璋——瓚，的確是內容符合，並可以肯定是作為宗廟祭祀之用。至於在舉行祫祭儀式的同時，毀廟與未毀廟之主皆合食於太祖，因此，將所有代表毀廟之主身分的玉璋、青銅器等，皆有意識地予以毀損、焚燒，並掘坑藏之，這是毀廟主必經的形式與過程，並是其他祭祀對象如：天地、山川、門社等所不可能有的現象。於是，三星堆遺址這樣大規模、令人震撼、莊嚴而又華麗的祭祀活動，不僅是宗廟祫祭儀式的思想反映

〔註97〕十三經注疏《詩經》，疏 16 之 3，頁 2、3。
〔註98〕十三經注疏《周禮》，疏卷 19，頁 19、20。

與具體呈現，並可補文字、文獻之不足，其對歷史、文化、禮俗、制度、工藝等各方面之影響與印證，則又更意在言外了。

| 圖 8-17　玉璋 | 圖 8-18　青銅持璋跪坐人像 |

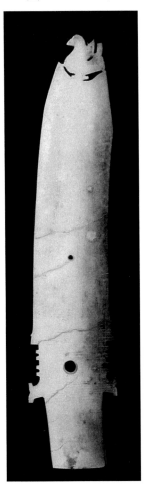 

二號祭祀坑出土，高 4.7、寬 1.8cm。

一號祭祀坑出土，通長 38.2、寬 5.3cm。

六、結　論

綜上所述，四川廣漢三星堆遺址是中華民族祭祖文化的具體呈現。一號祭祀坑是專祭性質，二號坑則是合祭的特色，至於三星堆附近又有許多古蜀文明的遺址則應是古蜀王國相關子嗣的祭祖場所，這樣的形式，在現今台灣祭祖的儀式中仍然保留，且不論宗族世系的分房、分支，大宗祠、小宗祠以

及合祭與專祭，其目的都是對先人祖考表達慎終追遠的虔敬心意。

　　至於三星堆遺址二號祭祀坑出土的文物均有毀損與火燒的痕跡，這是祫祭儀式中「毀廟主」必經的過程，而且，祫祭時，所有和「廟主」身分相關的文物，如：青銅立人像、冠人像、人頭像、面具、神樹等，以及玉璋、玉戈，並祭祀禮器尊、罍、盤之屬等，都合祭於大祖，祭後一併予以毀損、焚燒。而這許多獨一無二，色彩鮮明，珍貴而又華麗的器物，則具體反映了殷商中晚期古蜀文明豐饒的祭祖文化儀式。

　　同時，三星堆遺址的重要性，不僅因為三星堆是姬蜀文明的肇基封地，並又是黃帝嫡系後裔祭祖的重要場所。因此，無論是中華文化的傳承，甚或是民族根源的濫觴，古蜀文明都扮演著承先啟後，甚或是中流砥柱的關鍵腳色。今日，經傳典籍中的祫祭思想、制度與禮俗文化，都可自三星堆祭祀坑得到具體的印證，不僅可見典籍文獻的思想其來有自，並非妄言；且古文字所反映的社會思想以及文物在科學的挖掘與記錄下，彼此更能相互呼應證實，不僅可以清晰明確地呈現上古時期祫祭儀式的全貌與真相，並可補史料與文字之不足，文物、文獻與古文字三重辯證的重要性與周延性也於此可見。

七、引用書目

（一）傳統文獻

1. 十三經注疏《詩經》，台北：藝文印書館，1993。

2. 十三經注疏《尚書》，台北：藝文印書館，1993。

3. 十三經注疏《周禮》，台北：藝文印書館，1993。

4. 十三經注疏《儀禮》，台北：藝文印書館，1993。

5. 十三經注疏《禮記》，台北：藝文印書館，1993。

6. 十三經注疏《左傳》，台北：藝文印書館，1993。

7. 十三經注疏《公羊傳》，台北：藝文印書館，1993。

8. 十三經注疏《穀梁傳》，台北：藝文印書館，1993。

9. 十三經注疏《論語》，台北：藝文印書館，1993。

10. 唐・司馬貞撰，《史記索隱》，《景印文淵閣四庫全書》，第 246 冊，台灣：商務印書館，1986。

11. 晉・郭璞撰，《山海經》，《景印文淵閣四庫全書》，第 1042 冊，台灣：商務印書館，1986。

12. 清・吳任臣注，《山海經廣注》，《景印文淵閣四庫全書》，第 1042 冊，台灣：商務印書館，1986。

13. 宋・羅泌撰，《路史》，《叢書集成新編》，第 110 冊，台北：新文豐出版社，1986。

14. 漢・揚雄撰，《蜀王本紀》，《叢書集成續編》，第 272 冊，台北：新文豐出版社，1975。

15. 漢・司馬遷，《史記》，洪氏出版社，1975。

16. 南朝宋・范曄撰，《後漢書》，台北：鼎文書局，1993。

17. 晉・常璩撰，任乃強校注，《華陽國志校補圖注》，上海古籍出版社，1987。

18. 清・段玉裁，《說文解字注》，台北：蘭臺書局，1975。

（二）近代論著

1. 王明編，《太平經合校》，北京：中華書局，1960。

2. 呂子振，《家禮大成》，瑞成書局，1985。

3. 袁珂，《山海經校注》，巴蜀書社，1993。

4. 陸思賢，《神話考古》，北京：文物出版社，1995。

5. 徐福全，《台灣民間傳統喪葬儀節研究》，自印，1999。

6. 四川省文物考古研究所編，《三星堆祭祀坑》，北京：文物出版社，1999。

7. 陳德安，《三星堆──古蜀王國的聖地》，四川人民出版社，2000。

8. 古文字詁林編纂委員會編纂，《古文字詁林》，上海教育出版社，2004。

9. 三星堆博物館編，《三星堆──古蜀王國的神祕面具》，五洲傳播出版社，2005。

10. 李學勤，《青銅器與古代史》，台北：聯經出版社，2005。

11. 俞美霞，《壇墠文化考》，台北：南天書局，2010。

12. 董蓮池，〈殷周禘祭探真〉，《人文雜誌》1994 年第 5 期，頁 75～78。

13. 錢玄，〈鄭玄魯禮禘祫志辨〉，《古籍整理研究學刊》1994 年第 5 期，頁 15～22。

14. 文述發，〈從古文字看商周祭祀制度的演變〉，《西南師範大學學報》，2000 年第 5 期，頁 110～115。

15. 〔日〕戶崎哲彥著、蔣寅譯，〈唐代的禘祫論爭及其意義〉，《咸寧師專學報》，第 21 卷第 4 期，2001 年 8 月，頁 12～17。

16. 郭善兵，〈略析漢晉時期皇帝宗廟四時祭、禘祫祭問題〉，《歷史教學問題》，2003 年第 4 期，頁 46～49。

17. 左高山，〈論論語中的禘及其政治倫理意蘊〉，《孔子研究》，2005 年第 1 期，頁 31～41。

18. 郭善兵，〈魏晉皇帝宗廟祭祖禮制考論〉，《平頂山學院學報》，第 22 卷第 4 期，2007.2，頁 27～33。

19. 郭善兵，〈隋代皇帝宗廟禮制考論〉，《河南大學學報》，第 47 卷第 2 期，2007.3，頁 129～134。

20. 郭善兵，〈南朝皇帝宗廟禘、祫（殷）祭祖禮制考論〉，《鄭州大學學報》，第 40 卷第 4 期，2007.7，頁 140～143。

21. 何易展，〈中唐禘祫之議與巴蜀文人仲子陵〉，《史壇縱論》，2008 年第 2 期（總第 134 期），頁 64～65。

22. 柳臘梅，〈淺析殷代晚期至春秋時期「禘祭」的變化〉，《黑龍江史志》，2009 年（總第 212 期），頁 119、125。

23. 林向，〈廣都之野與古蜀農耕文明〉，《中華文化論壇》，頁 56～58，2009.11。

24. 劉復生，〈廣都之野與古蜀文明——古蜀農耕文化與蠶叢記憶〉，《中華文化論壇》，頁 59～62，2009.11。

25. 任新建，〈蠶叢、后稷與廣都農耕文明〉，《中華文化論壇》，頁 67～69，2009.11。

26. 江玉祥，〈蠶叢、瞿上、廣都與雙流之關係——兼論雙流早期歷史上的農耕文化〉，《中華文化論壇》，頁 190～195，2009.11。

27. 唐世貴、唐曉梅〈山海經與金沙江文化〉，《樊枝花學院學報》，第 28 卷第 1 期，2011.2，頁 9～14。